写给孩子看的

# 世界历史

[美] V.M. 希利尔⊙著

任显楷⊙译

天地出版社 | TIANDI PRESS

**图书在版编目（CIP）数据**

写给孩子看的世界历史 / ［美］V.M. 希利尔著；任显楷
译.—2版.—成都：天地出版社，2016.1（2019.12重印）
ISBN 978-7-5455-1574-9

Ⅰ.①写… Ⅱ.①希…②任… Ⅲ.①世界史—青少年读
物 Ⅳ.①K109

中国版本图书馆CIP数据核字（2015）第201204号

# 写给孩子看的世界历史

XIE GEI HAIZI KAN DE SHIJIE LISHI

［美］V.M. 希利尔⊙著　　　任显楷⊙译

—— 阅读·成长 ——

| | |
|---|---|
| 出 品 人 | 杨　政 |
| 策划组稿 | 漆秋香 |
| 责任编辑 | 孙　晖 |
| 封面设计 | 叶　茂 等 |
| 电脑制作 | 跨　克 |
| 责任印制 | 田东洋 |

出版发行　天地出版社
　　　　　　（成都市槐树街2号　邮政编码：610014）
网　　址　http://www.tiandiph.com
电子邮箱　tianditg@163.com

印　　刷　山东省东营市新华印刷厂
版　　次　2016年1月第二版
印　　次　2019年12月第四次印刷
成品尺寸　168mm×240mm　1/16
印　　张　21.25
字　　数　326千
定　　价　42.80元
书　　号　ISBN 978-7-5455-1574-9

# 出版说明

这是一套专门为孩子写的课外读物，也是一套畅销世界近百年的名著。

20世纪初，身为美国卡尔维特学校校长的V.M.希利尔，认为孩子们在数学、语言之外，还应该接受历史、地理、科学和艺术等方面的教育。他痛感当时这些方面适合孩子看的书太少，就立志为孩子们写一套此类读物，于是便有了《写给孩子看的世界历史》，接着是《写给孩子看的世界地理》，最后是《写给孩子看的艺术史》。

希利尔学识渊博，周游过世界，熟知世界历史，对地理和艺术也深有研究。同时，作为老师的希利尔，具有丰富的教学经验，了解儿童的认知能力。这使得他在写这些作品时，能从自己的所见所闻出发，从孩子身边熟悉的人、事、物着笔，还穿插生动有趣的故事。所以，希利尔写的世界历史、世界地理、艺术史读来妙趣横生，颇具吸引力。

希利尔在书中展现出的对孩子真诚的爱、循循善诱的讲述方式、平等对话式的提问方法，深深地打动着读者的心。这三部作品虽然写于20世纪二三十年代，但是对今天的孩子来说，仍然具有很强的可读性。为了让孩子们充分感受到经典作品的"原汁原味"，译者完整保留了作者的行文方式和所涉及的内容。对于有些物是人非、略显陈旧的知识点，未做过多的改动，而是以"译者注"的形式对相应内容进行解释说明。这既是对作者的尊重，更是对历史本身的尊重。

希望希利尔的这套呕心之作能得到广大家长和孩子的喜爱，能真正开拓孩子们的视野，若还能对他们未来的学习、生活有所裨益的话，我们就更感欣慰了。

亲爱的孩子们，这一页不是给你们读的，是给更年长的人读的——那些二十岁、三十岁、四十岁的人读的。如果他们好奇心起，想翻一翻这本书，那他们就会从这一篇开始读。

# 前　言

本书是为了给那些孩子们一点点基本知识，让他们知道在他们来到这个世界之前，世界上已经发生了些什么事情。

本书希望把孩子们从他们自我的小小世界中带到一个更加广阔的人类历史长河中去。任何一个封闭在自己小世界中的孩子，都可能一叶障目，缺乏广阔的视野。

本书就是要拓展孩子们的眼界，给他们展示一幅人类漫长历史中的多彩画卷。

本书还希望让孩子们了解那些发生在人类历史中的重大事件，记住那些重要的人物，为他们在今后更进一步的学习打下基础，使他们可以用今后学到的知识不断填充现在构建起来的框架。

本书给孩子们提供了一些历史的线索。因为有了这些线索，尤其是对这些线索的讲解，那么他们在今后的历史学习中可以不断巩固这些知识……

以上就是本书希望达到的目的。

亲爱的孩子们，这一部分也不是给你们读的。这是给爸爸妈妈，或者老师读的。他们管这一章叫作：

# 序　言

我与和我同年纪的美国孩子一样，也是学着美国历史长大的。在学校里，我们这一代人都只学习美国历史，不学习美国以外的历史知识。就这样一年又一年，总共要学习八年或者更长时间。

因此，在我的历史观里面，1492年就是世界的开端。如果我在某些场合意外地接触到任何在这个年份之前发生的事件或者出现的人物，我都会自然而然地把它们归为神话。我在主日学校了解到耶稣和他的时代，但我认为这些都是虚构的东西，毫无真实性。因为这些事情从来没有在任何一本历史书上出现过，所以我认为这些事情都不可能发生在历史上某个确切的时间和地点，它们仅仅是精神性的存在。

毫无疑问，只给美国孩子讲授美国历史，是一件眼界狭隘的事情。这就好比只给德克萨斯州的孩子讲授德克萨斯州的历史。对于这种狭隘的历史教学观，爱国主义是最好的辩护词。可是，这样的结果就是，只能培养出头脑迂腐、盲目自负的人来，因为他们丝毫不知道历史上别的人是如何一步步走到现在的。最终，我们将会造就出罔顾事实根据的偏执个人主义者。从世界大战以来，美国教育者越来越重要的目标，是把美国儿童培养成具有世界眼光、了解他国历史、拥有智慧、毫不偏颇的现代人。

作为九岁的儿童，他天然地对过去的时代发生的故事具有好奇心，他也做好了接受"世界历史"这样的观念的准备。因为这样的确信，所以在我领导的卡尔维特学校里，已经给九岁的学生开设"世界历史"这门课程好几年了。尽管这样做遭到了同行和家长们的质疑和抗拒，可是随后我也看到了人们对于这门课程越来越接受的态度。同时出现的，还有对于适合小孩子使用的历史教科书的需求。然而，通过对现有的历史教材的观察，我发现这些教材一来大幅度简化了历史内容，二来加入了作者大量的解释和评论，作者似乎想要通过这些手段表明，他们比小孩子更聪明。

新近对于儿童智力水平发展的研究揭示出不同年纪的孩子可以理解什么和不可以理解什么——什么样的日期、比喻性措辞、词汇、中心思想的归纳，以及抽象的概念。很有可能，在不远的将来，所有教科书的写作都必须依据孩子们在理解力上的不同而做出相应的调整。否则，一刀切的教材一定会让孩子们难以适应，尤其是对于那些理解能力相对较差的孩子，不顾其接受能力的教学，只会让孩子们产生挫败感。

本书的作者常年同儿童打交道，对儿童心理有长期的观察。然而，尽管如此，他仍发现，不论他在书房里把课堂上要讲的内容准备得多么充分，等他在课堂上跟孩子们讲完之后，依然需要把原稿拿出来做大量的修改，甚至是重写好几遍。尽管在准备的时候，他已经把第一稿的语言尽量简化，但是他还是发现，他所用的每一个词、每一个表达依然得经受课堂的检验，看孩子们是不是能够正确地理解这些词试图传达的意思。很多时候，一个词意思上很微小的变化，或者一词多义的情况，都会造成孩子们的误解。举个例子，"罗马建在台伯河上面"这个表达，就经常被孩子们理解为罗马城真的建在台伯河的水面上。他们还会据此展开想象，想象房子是如何一层层地搭建在水面上的。一个九岁的孩子依然还很小——他依然会相信圣诞老人是真实存在的事物，他的智力还不足以理解概念、词汇等等大部分成年人认为很自然的东西。这些成年人或许是孩子的父母或者老师，可是他们也许根本意识不到孩子的能力有限，他们只是觉得很多新知识很难用简单的语言传达出来。

因此，在编写儿童阅读的历史的时候，选择哪些内容就很值得思考。有些内容在历史上非常重要，但是并不适合讲给儿童。我们须选择那些对于儿童来说，是最重要和最受欢迎的东西。大部分政治的、社会的、经济的，乃至宗教的议题都超出了儿童的理解程度。不论你再怎么用简单的语言来讲述这些内容，孩子们都会觉得难以理解。我们得有这样的观念，所谓的历史，对于孩子们而言就是些故事而已。

因此，我们得从历史中找出有趣的人物传记和好玩的事件，把它们写成故事。可是，如果单纯是人物传记又不能体现出历史的线性发展。我们希望在这一阶段让孩子们对历史的时间发展建立起一个初步的框架，这样等他们将来长大以后，学习了更多的历史知识时，可以把这一历史线索填充得越来越丰满。单纯的人物传记完全不能搭建起一条完整的历史线索，如果没有相应的时间和空间串联，那么这些人物传记在孩子们的脑海里就只能是一些片断性的故事，连不成线。

因此，本书在讲述历史故事时，采取的是编年史式的处理方式——一个世纪一个世纪，一个时期一个时期地往前推进。我没有采取把一个国家从史前讲到现代，然后又把下一个国家从史前讲到现代的做法。一个国家的故事在我这里会被另一个国家的故事打断，又融合起来，这就像在一部小说里，要把同时发生的不同情节一致地往前推进一样。这一处理方式同全书的目标是一致的，就是要向孩子们展现一个连续的历史场景，像一幅时代的全景画一般。我不会把希腊的历史从头讲到尾，然后又回过头去，把罗马的历史从头讲到尾。我的追求是画一幅历史全貌的素描画，其中留下很多空白，让孩子们在今后的学习中不断去丰富和填充。要知道不少画家也是这么做的，先用素描打底，之后再用颜色填充空白。这样一种处理方式既有利于对历史知识进行分类，也符合材料归档以便合理使用的原则。

本序言之后的"时间阶梯"将给孩子们一个形象化的方式，帮助他们理解时间在人类历史进程中的展开和延续。每一级阶梯代表一百年——也就是一个世纪。每提升一层楼，就表示时间演进了一千年。如果你家里有一面空白的墙，不论是在娱乐室，还是在阁楼，或是在谷仓，你都可以在墙上画上这样一个"时间阶梯"。你可以从墙脚一直往上画，直达天花板。你还可以在每一个时间节点上添加你自己的注释，画一幅画，讲述这个时候发生的历史故事；或者画一个人，他是这个时候最重要的人物，如此等等。如果这面墙正对着孩子的床，那就再好不过了。因为孩子在早上醒来一睁开眼睛，或者别的什么时候，他都可以一眼就看到这面墙上的"时间阶梯"以及相关的历史故事，而不会对着墙纸上莫名其妙的图案胡思乱想。不管怎么说，要想在孩子的心中切切实实地建立起一个过去时间的线索，他就真的得不断地围绕所学习的历史知识，来复习这个"时间阶梯"或者类似的大事年表。

根据我的教学经验，我知道一开始孩子们对历史年份或者日期的数字表达是非常不敏感的。当看到2500 B.C.这样的标记时，他们可能会念成二十五百B.C.，或者二十五千B.C.，甚至二十五百万B.C.。这些读法在他们的心目中是没有区别的，因此只有不断地把年份或者日期放到"时间阶梯"或大事年表中相应的位置上，孩子们才可能通过视觉形象建立起正确的时间概念。当你听到某个孩子说第一次奥林匹克运动会发生在公元776千年，或者他说意大利坐落在雅典，又或者说亚伯拉罕是特洛伊战争的英雄时，你可以觉得好笑，但是千万不要觉得吃惊。

如果你进到一个全是陌生人的房间，被一次性地介绍给这些人，我想你一定也不可能把这些人的名字一一记住吧？更不用说把他们的名字和脸对上号了。而要想记住这其中某个人的名字，最好的办法就是听一段发生在这个人身上的有趣故事。有了这样的准备，你会发现再记住他就容易多了。同样的道理用在我们的历史教学上，对于孩子们而言，这些历史人物或者地名就是一个个的陌生人，你一定得多讲一些跟这个人物或地名相联系的事情，这样孩子们才能够记住它们。同时，还得小心，你一次不能讲太多，否则孩子们马上就会把这些"陌生人"的名字和相貌忘得干干净净。同时，对于新的名字，历史老师还需要不断地重复，否则孩子们很容易搞混淆这些奇怪的人名和地名。只有不断地重复，才能让孩子们逐渐熟悉起来。

我们前面已经说过了，现阶段的历史学习，只是为了给孩子们搭建起一个基本的历史框架，其余的内容留待今后他们慢慢填充。而为了达到这一目的，我认为，一份详尽的大事年表应当是孩子们从始至终都需要认真掌握的内容。对于这份大事年表，孩子们应当像背诵"乘法口诀表"一样把它百分之百准确无误地背下来，只有这样，这些"死知识"才能完完全全地内化成孩子头脑中的知识储备。最后，当老师提到某一个时代的时候，孩子们能够说出这个时代发生的重大事件，那就达到教学的目的了。这样做的目的是为了让孩子们在掌握了本书的历史知识之后，可以从原始时代一直历数到当代，能够给出一条基本的历史线索，并说出每个时期的重大事件及其日期。并且，他对这些内容应当了然于胸，不需要老师给他提示，就能够非常流利、准确无误地复述出所有这些内容。可能有人会质疑我，认为这样的要求有点过于苛刻了。其实，如果本书的所有教学指示都能够完整无误地体现在教学过程中的话，那么达到上述目标并不是像想象的那么困难。这些教学指示包括把不同的历史事件连贯成一个整体，以及把人名、地名及其事件凝练到一个足以记住的程度。每年，卡尔维特学校里上百名学生都能达到这一要求。

教师们经常会有这样一种看法，"即使学生把课堂上教的内容全忘了，但无论如何总还是会有一点点印象留下来"。而我认为，这是为不负责任的教学和敷衍了事的学习所找的借口。历史学习同其他很多学科一样，也可以成为一种"精神训练"。但是，要使历史学习达到这样的高度，就必须在教学中要求学生记住历史事件的日期和某些抽象概念，而学生也必须克服畏难情绪，努力记住并理解这些内容，而不仅仅是在背过这些知识之后就又全部忘记。历史故事相对而言很好记住，但是人物、时间、地点和原因这些内容却更加重要，这些才是需要准确记住的东西。举个例子，"很久很久以前，有一个人"，这是故事；而"1215年，国王约翰在伦尼米德……因为……"这才是历史。

基于以上所有考虑，本书并非一本补充历史知识的故事书，而是一本针对基础历史知识的教材。书中的叙述性部分是为了让历史的骨架变得丰满易读而设计的，但添加这些叙述内容的原则，是做减法而非加法：修去不必要的芜枝，保留最最基本的框架，同时把上千页的历史内容压缩到现在的篇幅内。

不论教师如何编纂教材，呈现他试图呈现的历史内容，最终最重要的环节还是在于学生自己的学习，在于他如何把自己的思考投射到这些对象中去。检验学生是否真正达到这一学习效果的方式，是在教授完每一章之后，请学生来复述这一章的内容。在这个过程中，老师可以不时提问，要求学生准确无误地讲出其中的人名、地名、日期乃至历史事件。只有通过这种复述和问答的方式，老师才能确切地知道学生是否完全记住并消化了这一章所学的东西。

我现在还记得当年有个才从大学毕业的小伙子，第一次走上讲台教授历史课的情形。他就像足球场上一个热情高涨的运动员一样，在讲台上又讲又唱，在黑板上、墙上、地板上画满了地图。他用图画讲述历史事件，他在桌子上跳上跳下，甚至倒立在地上来说明某些问题。他的学生被他的这些举动完完全全地吸引住了。他们睁大眼睛，竖起耳朵，张开嘴巴，沉浸在历史的世界里。他的学生没有遗漏他讲的任何一点，而且始终充满对新知识的渴求。可是，他只顾上了教学，却忽略了学生的接受度。在第一个月结束之后，学校的校长建议他进行一次测验，看看孩子们学得怎么样。这位年轻的老师对测验结果信心满满。

测验只有三个问题：

1. 关于哥伦布，你知道些什么？

2. 关于詹姆斯顿，你知道些什么？

3. 关于普利茅斯，你知道些什么？

其中一位对历史兴趣最浓厚的学生给出了他的答案：

1. 他是一个伟大的人。

2. 他是一个伟大的人。

3. 他也是一个伟大的人。

# 这就是——时间阶梯

时间阶梯从这幅图的最最最下面开始，然后一直往上升啊，升啊，升啊，升到我们的"现在"——每一个台阶代表一百年，每一层楼就是一千年。时间阶梯会一直不停地往上升，直到它升到天上。让我们从我们的"现在"往下看，然后听我讲过去岁月中发生的故事吧。

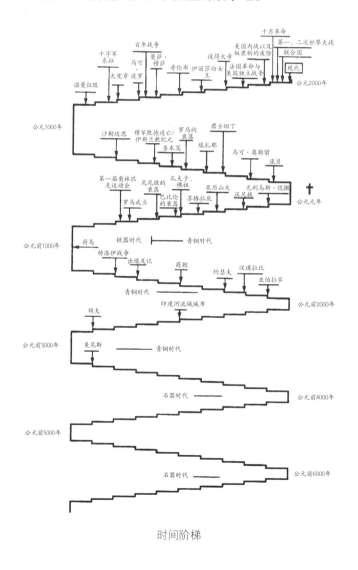

时间阶梯

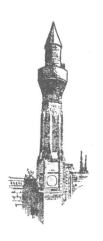

写给孩子看的世界历史
由此开始······

# 第一章　万物起源

很久以前，有一个小男孩——

他像我一样。

他的爸爸妈妈每天早上七点才起床，在这之前，他都得躺在床上乖乖等着。

我也一样。

可是这个小男孩总是在七点之前老早就醒来了。于是他躺在床上，脑子里胡思乱想着各种稀奇古怪的问题。

我也一样。

他总是琢磨这样一件事儿：

如果这个世界上没有爸爸，也没有妈妈，

没有叔叔和阿姨，

也没有兄弟姐妹，或者其他一块儿玩儿的小朋友，

甚至除了他自己，什么人都没有！

那么，这样的世界会是什么样子呢？

你是不是脑子里也曾经出现过同样的问题？

我也是呢！

他这样想着，到最后仿佛真的觉得这世界上就只剩下他自己孤零零的一个人了。这样一个世界那可真不太妙！于是，在这个时候，他就跑向妈妈的房间，跳上床去，躺到妈妈的身边。这样那些古怪的念头就都烟消云散了。

我也一样——因为我就是那个小男孩。

可是，在很久、很久以前，那个时候真的没有爸爸、妈妈和小朋友，连

人都没有。当然也没有房子——因为没有人，就不会有人来修房子，也没有人需要房子来住在里面。而没有一间间的房子，也就不会有城市、乡镇，什么人造的东西都没有。那个时候只有野生动物，比如说熊啊、狼啊，各种鸟、蝴蝶、青蛙和蛇，或者海龟和鱼什么的。你能想象得出那样的一个世界吗？

可是，在比这早得多的很久、很久、很久以前，世界上不要说没有人，就连上面说的那些动物也都没有。那个时候只有各种植物，像树啊、灌木啊，或者草和花儿。你能想象得出那样的一个世界吗？

可是，还有比这早得多的很久、很久、很久、很久、很久、很久以前，

太阳喷溅出无数火星

世界上没有人，没有动物，连植物也没有，到处都只是光秃秃的石头和东一处西一处的大洪水。你还能想象得出那样的一个世界吗？

可是，还有比这早得多的很久、很久、很久、很久、很久、很久——继续说，别停下来——"很久、很久、很久"——你可以一直这么说"很久"说上一整天，说到下个星期、说到明年——这样都可能还不够久的那个时候。那时，连我们生活的这个世界都没有！

那时，宇宙中只有星星。

其他什么都没有！

星星是什么样子的？有五个尖尖的角，像你总能在旗子上看到的那样，是吗？或者是圣诞节的时候，你挂到圣诞树上的金色星星那样，对吗？嗯，真正的星星不是这样子的。天空中真正的星星没有尖角，它们是熊熊燃烧着的火球。有些火球巨大无比，我们的世界上没有什么东西可以比得上。这些火球的一小块儿，就可能比我们的整个世界都要大得多。

这些星星中的一个，就是我们的太阳——没错，我们的太阳。如果我们能够靠得足够近的话，就能看得清，其他的所有那些星星跟太阳也是一样的。只不过，在很久很久以前的时候，太阳并不像今天我们看到的这个样子，是个挂在天上又大又圆、红彤彤、热腾腾的大火球。那时，太阳更像是我们在国庆节看到的夜空中的烟花，一边旋转一边喷溅出无数的火星。

无数火星中的一颗被太阳喷射出来，慢慢冷却。这就好像从我们的壁炉里噼啪作响的柴火中爆裂出的火星落在地上慢慢变凉一样。这颗冷却的火星，就是——

你觉得是什么？

看你能不能猜到？

啊！这颗火星就是我们的世界——我们此刻正居住在上面的世界。

然而，一开始，我们的世界，或者更准确地说，我们的地球，只是一颗巨大的岩石球，这颗岩石球被浓雾一样的水蒸气包裹着。

接下来水蒸气变成了雨落到地面上。

雨　　雨　　雨
不　　不　　不
停　　停　　停
地　　地　　地
下　　下　　下
啊　　啊　　啊
，　　，　　，
下　　下　　下
啊　　啊　　啊

　　直到地面上低洼的地方都蓄满了水，形成无数个巨大的水坑，这些水坑就是我们现在叫的海洋。而干燥的地方，依然是光秃秃的岩石。

　　在这之后，最初的生命出现了！微小的植物，这些植物小得你只能在显微镜下面看到。一开始这些植物只生长在水里，之后蔓延到了水面的边缘，再之后爬上了岩石。

　　接下来，我们所说的尘埃或者土壤覆盖在了岩石的表面，慢慢地，岩石变成了陆地，而植物开始在陆地上到处生长，并且越长越大，越长越高。

　　在这之后，微生物在水中出现了。这些微生物是极其纤小的虫子，看上去就像果冻的碎屑。

　　在这之后，出现了昆虫。有些生长在水里，有些生长在水面上，有些生长在陆地上，还有些飞翔在空中。

　　在这之后，出现了鱼类。鱼类只生长在水中。

　　在这之后，出现了蛙类。蛙类既能生长在水中，又能生长在陆地上。

　　在这之后，出现了蛇和庞大的蜥蜴类动物。这些蜥蜴比鳄鱼还要大，看起来有点像我们想象中的龙。可是，蜥蜴类动物因为长得太大，很难找到充足的食物，也没法到处跑，最终全部都饿死了。

　　在这之后，出现了鸟类。鸟类通过下蛋繁衍后代。同时还出现了像狐狸啊、大象啊、牛啊这样的动物，它们生下孩子后，哺乳喂养下一代。

　　在这之后，出现了猴子。

　　在这之后，终于，出现了——你觉得是什么？啊，答对啦！是人——男人、女人和小孩。

下面就是万物起源的顺序。你能记住吗?

星星,太阳;

太阳,无数的火星;

一颗火星,我们的世界;

世界,水蒸气;

水蒸气,雨;

雨,海洋。

海洋,植物;

植物,微生物;

微生物,昆虫;

昆虫,鱼类;

鱼类,蛙类;

蛙类,蛇类;

蛇类,鸟类;

鸟类,哺乳动物;

哺乳动物,猴子;

猴子,人类;

我们就在这儿!

你觉得人之后,会出现什么?

# 第二章　呜噜呜噜和痒痒挠

这些事情发生在很久很久以前，你觉得我是怎么知道的？

其实我并不是真的知道。我是猜出来的。

只不过，就算是猜，也有不同的类型。比如说，我在你面前握紧双手，让你猜哪一只手里有硬币，这是一种。你有可能猜对，也有可能猜错。能不能猜对全凭运气。

另外一种猜，比如大雪天，我在雪地里看到一串鞋印。我猜，这一定是有人从这里走过，因为鞋子自己是不可能走路的。这种猜，靠的就不是运气，而是常识和推理。

凭借常识和推理，就算没人看到或者没人讲给我们听古代发生的事情，我们也可以猜测出很多很多发生在古时候的事情。

人们在全世界的各个角落往地下挖啊挖啊，挖到很深的地方，然后他们发现了——你觉得他们发现了什么？

我想你肯定猜不到。

他们发现了各种各样的箭头、长矛和斧头。

你可能会觉得，这些箭头啊、长矛啊、斧头啊，是用钢或铁做成的。可是不对。非常有意思的是，这些东西都是用石头做成的。

在我们发现了这些东西之后，让我们用常识来推理一下。第一，我们可以肯定的是，这些东西一定只会是人做的和由人来使用的。因为鸟啊、鱼啊或者其他的动物一定不可能用斧子或者长矛。第二，我们也可以想到，制造和使用这些东西的人一定生活在没有钢铁的时代。而那个时候一定离现在非常久远，因为我们是在地下很深很深的地方才挖到这些东西的，一定要用很长的时间，才可能让这些东西被泥土埋到这么深的地方。更有意思的是，人们还发现了制造和使用这些石头工具的人的骨头。这些人也一定生活在成千上万年以前，那时，还没有人可以写下当时发生的历史。我们推测，那时候的人，和我们今天的人一样，要玩耍、吃东西和打仗。

那个时代，因为没有人记录历史，所以我们叫它"史前时代"。又因为那个时候的人们用石头做工具，所以那个时代也叫"石器时代"。

生活在石器时代的最早的人类，被我们叫作"原始人"，意思就是最开始出现的人。原始人和野生动物差不多，只不过动物用四肢行走，而原始人站了起来，像你和我一样用腿走路。

原始人的样子和我们今天的人很不一样。我们身上只有头顶有头发，可是原始人全身都长着又长又厚的毛，就像你家里的小狗浑身毛茸茸的似的。他们也没有房子住。到了晚上，他们就在地上找个平坦的地方躺下睡觉。当天气变冷或者有暴风雨时，他们就跑到山洞里面去住。这样不但冻不着，淋不着，还可以躲开可怕的野兽。慢慢地，人们发现住在山洞里挺不错，就过上了这样的生活。于是，我们把这时候的原始人，叫作"穴居人"。意思就是住在山洞里的人。

穴居人的生活是什么样的呢？有些动物不吃人，穴居人就去猎捕这些动物。另外有些动物很凶猛，穴居人就得小心翼翼地躲开它们。他们捕猎的方式也很原始，要么在地上挖个坑，在坑上铺上一层草做伪装，然后等着动物自投罗网。要么，有机会的话，他们也用棍棒或者石头来打死动物。当然，他们自己做的石头斧子或者弓箭也是打猎的工具。有意思的是，穴居人在他们住的山洞里画画，画的内容就是他们猎捕的动物。他们没有画笔，就用有尖角的石头在洞壁上刮出动物的样子来。这些画有些今天还能看到呢。

除了吃猎到的动物，穴居人还吃各种浆果、果仁，或者草的种子。他们也从鸟窝里掏鸟蛋来吃。只不过，那个时候他们没有火，所有的东西都是吃生的。他们喜欢喝猎到的动物的血，这些血热乎乎的，对他们来说就像我们今天喝的牛奶那样美味可口。

穴居人说话吗？他们说！可是他们不像我们今天这样说话，他们相互之间交谈是这样子的：

"呜噜呜噜，咕嘎咕嘎。"

穴居人那个时候也没有我们今天做衣服的布。他们把捕到的野兽的皮剥下来，披在身上，就成了衣服。

所以你看，尽管这些穴居人已经是人了，但是他们的生活还是像动物一样。所以我们也把穴居人叫作"野人"。

原始人的生活很辛苦。他们既要担心随时会被比他们凶猛的动物吃掉，同时又得残忍地杀死那些比他们弱小的动物。为了生存，他们抓住每一个捕猎、杀戮和掠夺的机会。

穴居人要想找个老婆的时候怎么办？他会偷偷溜进别的穴居人住的洞穴，找到合适的目标，看准时机，把他心仪的女孩子敲昏，然后拽着她的头发把她拖走。穴居人懂得怎么战斗，但他们也不会冒险去牺牲自己的性命。他们猎杀动物，也会干掉别的穴居人。可是如果对手比自己强壮的话，他们一定会逃掉或者躲起来。只有当对手比自己弱的时候，或者在对手没有防备、让他们有机可乘的时候，他们才会与之搏斗，想办法干掉对手。

那个时候，唯一的生存之道就是：杀死你能对付得了的，躲开你打不过的。这就是最重要的自然法则——人人为己。因为大家都知道，如果你不杀死对方，你自己就会被对方杀死。因为没有法律或者警察来保护你。

这些生活在远古的穴居人就是我们的祖先。我们今天天性中那些野蛮的东西，就是来源于他们。抛开规范我们行为的宗教、礼仪以及教育，今天依然有不少人在一有机会的时候就为了一己私利而为所欲为。

监狱就是给这些人准备的。

假如你是生活在石器时代的一个小男孩或者小女孩，你的名字就叫作，嗯，"痒痒挠"。我猜你会喜欢那样的生活。

让我们来想象一下。早上你起床的时候，没有热水给你洗澡。甚至你想洗洗手，洗洗脸，刷个牙，梳个头都不可能——也用不着。

你用手抓东西吃。因为那个时候没有刀叉，没有勺子，没有杯子和碟子。你只有一只碗，而且这只碗还是泥巴做的。你妈妈用泥捏了一个碗，放在太阳下面烤干后，就用来盛水给你喝。没有盘子摆在桌上，饭后也不用洗餐具。没有餐桌和椅子，更不用讲什么餐桌礼仪了。

没有书，没有纸，没有笔。

没有星期六和星期天，也没有一月份和七月份的区别。除了天气冷暖，晴天下雨，每天都一样地过。不用上学，每天都是假期。

这样的日子里，每天做什么呢？说实在的，除了糊泥巴、摘浆果、和兄弟姐妹们捉迷藏，没什么其他事可做。

我猜你喜欢那样的生活！

"好极了！这样的生活太棒了——就像在野外露营一样！"你真的这样认为吗？

可是，上面我说的这些，只是这种生活的一部分。我还没告诉你它的另一部分。

你居住的山洞又冷又湿又黑。睡觉就躺在光秃秃的地上，最多铺上一层树叶当床。跟你一起住在山洞里的，还有蝙蝠和大蜘蛛。

你也没有衣服穿，最多就是在身上裹上爸爸打猎得来的动物的皮毛，要想全身都裹满是不可能的。而且，因为没有火，冬天只有挨冻。如果遇上严寒的冬天，你还有可能被冻死。

吃的东西也很差。早饭吃晒干的浆果或者草籽，顶多加上一块生肉。午饭还是吃这些。晚饭也一样。

没有面包，没有牛奶，没有淋上糖浆的煎饼，也没有甜甜的燕麦粥，更没有苹果派和冰激凌。

一天到晚都没有什么真正的事情可做。但是，因为住的山洞没有门也没有锁，你得时刻提防着熊啊、老虎啊这些野兽。一旦你被老虎发现了，那可不得了！你跑到哪里，老虎就跟到哪里。就算你跑到山洞里，它也会抓住你，然后把你吃掉！

更可怕的事是，也许有一天，你的爸爸早上出去打猎，但是再也回不来了。你明白他一定是被什么猛兽给撕成了碎片。而且你也明白，有一天你也可能遭受同样的厄运。

现在你是不是还觉得你喜欢这样的生活？

# 第三章 火！火！火！

最早出现的总是最有趣的——第一个宝宝，第一颗牙，第一次走路，第一次讲话，第一次跑步。这本书要讲的故事，几乎都是关于第一次的。而那些第二次、第三次、第四次、第五次的故事，你可以今后再慢慢地学。

一开始，原始人并不知道火是什么。他们不像我们有火柴或者别的东西来生火。晚上他们也没有火光照明，没有篝火取暖。食物都是生吃，因为没有火来煮。不过，在我们没法说得清的某个时刻、某个地点，他们终于学会了如何生火，如何使用火。

如果你双手来回飞快地搓，你的手就会发热。不信？试试看！你搓得越快，你的手就越热、越烫。如果我们不是搓手，而是摩擦两根木棍，木棍同样会发热。如果我们摩擦这两根木棍，只要够快够久，最终，木棍就会燃烧起来。哇！我们成功地生着了火！印第安人和童子军就是用这样的方式生火的。

生火是原始人类的早期发明之一。这项发明对他们的意义非凡，正如电灯的发明对我们的时代意义非凡一样。

石器时代的人类留着长长的头发和胡须。因为没有刀或者剪子，所以他们从不剃头发、刮胡子。因为就算他们想剪，他们也没有办法。

他们也没办法剪指甲，只有等指甲长得自己折断。所以他们的指甲都长长的，像鸟或者其他动物的爪子一样。

他们也没有布来做衣服。而且，就算他们有，他们也没有工具裁剪布匹、缝制衣服。

他们也没有锯子切割木板，没有锤子和钉子把木板钉在一起，做成家具。

他们没有叉子和勺子；没有壶，没有锅，没有水桶和铲子；没有缝衣针和别针。

石器时代的人们从来没有见过或者听说过钢、铁、锡、黄铜这些金属，更不用说用这些金属制成的东西了。好几千年，他们的生活当中都没有任何金属制品。

直到有一天，一个石器时代的原始人非常偶然地发现了一些不寻常的东西。这真是一个重大发现。

他生了一堆火。对我们来说，火实在是太普通太常见了。可是，对他来说，火真是一样神奇的东西。然后，他又在火堆周围堆上了一圈石头，就像我们宿营的时候做成的篝火堆一样。没有人会想到，他随手放在火边的石头，并不是普通的石头，而是我们说的"矿石"，因为它里面含有铜。篝火烘烤着石头，熔化了矿石里的铜，这些铜结晶一颗一颗地落了下来。

咦？这些闪闪发亮的东西是什么？

这个原始人拾起了一颗铜结晶，好奇地左瞧右看。

还真是漂亮啊！

他又多放了一些同样的矿石在火里，于是得到了更多的铜。

这就是人类第一次发现金属的经过。

一开始，人们用得到的铜结晶做珠子，串起来戴在身上做饰品。铜珠子亮晶晶地闪着光，很漂

一个穴居人正在观察铜结晶

亮。没过多久，他们又发现铜可以被锤炼成锋利的刀刃和箭镞。这可比他们以前用的石刀、石箭头好用多了。

不过，请注意，他们最开始发现的并不是铁，而是铜。

我们认为，继发现铜之后，原始人又发现了锡。发现锡的过程跟发现铜的过程差不多。再往后，他们发现，如果把锡和铜混合在一起，新得到的金属比仅仅是锡或者铜更硬，更好。这种锡和铜的合金，我们今天叫作青铜。在接下来的两三千年间，人们就用青铜打造工具和武器，用这些武器来打猎和作战。我们把人们使用青铜的那个时代叫作"青铜时代"。

再往后，人们终于发现了铁。人们立刻认识到，用铁来制造东西比用黄铜和青铜要好得多。因为铁的发现，我们把那个时代称作"铁器时代"。我们现在依然还在使用铁，所以我们依旧生活在铁器时代。

随着金属的发现和使用，生活在青铜时代和铁器时代的人们能做很多生活在石器时代的人不能做到的事情。他们的生活和我们今天的生活越来越接近，所以我们把生活在青铜时代和铁器时代的人们称为"文明人"。

或许你在神话或者童话故事里听到过一个词——"黄金时代"，可是这个词所说的意思和"青铜时代""铁器时代"完全不一样。如果某一个时期，一切事物都非常美好，人们都又聪明又善良，那我们就用这个词来形容这个时期。世界历史中曾有一些时期差不多是这样，我们就管这些时期叫黄金时代。

只是，一个真正的遍地都是黄金的时代，我想恐怕从来都没有过吧。这只是童话故事里才有的想象。

# 第四章　从飞机上看下去

青铜时代和铁器时代的人们认为世界是平的。对整个世界，他们仅仅知道他们居住的那一小块地方。并且，他们还认为，如果你走得太远，你就会走到世界的边缘，然后，你就会——

　　　　掉

　　　　　　下

　　　　　　　　去

　　　　　　　　　！

那时候的人们把遥远的未知的地方叫作"天涯海角"。这个名字念起来真不错——天涯海角，天涯海角——遥远的天涯海角。

让我们来想象一下：如果你坐在飞机上，从天上往地下看青铜时代和铁

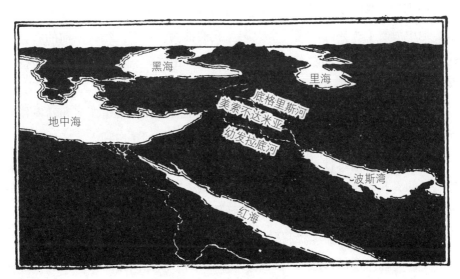

美索不达米亚和地中海地图

器时代的人们居住的世界，你会看到两条河流，一片海洋和一个海湾。从飞机上你的位置看下去，它们看起来就是下面这个样子的：

你可能从来没有听说过这些河流和海洋，可是，比起世界上其他的地方，它们更早被人们所熟知。这两条河流，一条叫"底格里斯河"，另一条叫"幼发拉底河"。它们挨得很近，最后汇合在了一起，流入了波斯湾。

你可以在你家后院或者花园的地上自己挖两条小沟，把它们叫作底格里斯河和幼发拉底河。又或者，如果你妈妈同意，你也可以在你家里的地板上画上这么两条河。再或者，如果你觉得这样更好玩，你也可以把你的水杯叫作"底格里斯河"，玻璃杯叫作"幼发拉底河"。因为你杯子里的水最终都会流到你的嘴里去，所以你就可以把你的嘴巴叫作"波斯湾"。今后你会不断地学到越来越多的新名词。既然大人们会给他们的房子啊，小船啊起名字，更不用说家里的马或者狗也都有自己的名字，那为什么你不也给你自己的东西起一个名字呢？你看，在这本书中，我们已经学习了不少新词儿，你完全可以用这些词儿来给你的椅子、床、桌子、梳子、刷子起个名字，甚至就连你的帽子和鞋子，你也都可以给它们起个名字。

让我们回到我们的飞机上继续往西边飞。不久我们就会看到一个国家，它叫"埃及"。那里又有一条大河，叫作"尼罗河"；还有一片海洋，名叫"地中海"。因为地中海被陆地包围着，所以它得了这么一个名字。说起来，地中海看上去还真的像一个大湖。我们推测，在很久很久以前的石器时代，这片海里一点水都没有，只是一个干涸的山谷。石器时代的人们还曾经在那里居住过呢！

青铜时代的文明人居住在尼罗河流域，也居住在底格里斯河和幼发拉底河流域。居住在底格里斯河和幼发拉底河流域的人都是白种人。我们现在还不清楚其他肤色的人种是在什么时候和什么地方出现的，他们的生活方式是怎么样的，我们也不知道。当然如果你愿意猜猜看，也是很有趣的。如果只说我们知道的白种人，我们认为，当时的白种人总共只有三个大的家族。一个是印欧人，又被叫作"雅利安人"；一个是闪米特人，还有一个是含米特人。今天的白人都是由这三个家族发展而来的。西方国家的白人孩子可以从自己的姓名上猜出他们的祖先曾经属于哪一个家族。

绝大多数西方白人属于雅利安人，有一些是闪米特人，只有很少一部分是含米特人。

如果一个白人孩子名叫亨利，或者查尔斯，或者威廉，那他一定是雅利安人。

如果一个白人孩子名叫摩西或者所罗门，那他一定是闪米特人。

如果一个白人孩子名叫述非或者拉美西斯，那他一定是含米特人。

在上面的地图上，我们认为，雅利安人居住的地方比其他两个家族居住的地方要更靠北。最早驯服了马匹的人也是雅利安人。他们骑马，用马来拉大车。他们还驯服了牛和羊，从此人们有了牛奶和羊毛。

# 第五章　真正的历史由此开始

你自己生活中经历过的"大事件"，你一定记得清楚得很。

你肯定也听你爸爸讲过他自己生活中经历的事情——比如他年轻时在第二次世界大战中跟德国人打仗的英雄事迹。

如果你的祖父还活着，他一定也可以告诉你很多在你爸爸都还没有出生之前发生的故事。

也许，你的

曾

　　曾

　　　曾祖父

生活在华盛顿当总统的时代。而你的曾曾曾祖父的

曾

　　曾

　　　　曾

　　　　　曾

　　　　曾祖父

生活的时代，美国大地上只有印第安人。

尽管我们的这些祖先们已经去世很久很久了，但是他们活着的时候的那些故事都被记在了书里，这些故事就是历史。从英语的字面上看，历史这个词的意思就是"他的故事"。

耶稣生于公元1年——不过，一定不可以理解成这是我们这个星球诞生的第一年。

你知道耶稣诞生那年，也就是公元1年离现在有多少年吗？

如果你知道今年是多少年，那你就说得出这个问题的答案。

如果耶稣现在还活着，你觉得他多少岁了？

一千九百多年应该是一段很长很长的时间了吧。可是你也一定见过或者听说过某个老爷爷或者老奶奶活了一百岁，对吧？

如果是这样，那好，我们来这样想一想：一千九百年，也不过就是十九个一百年，要是有十九个老爷爷或者老奶奶，他们一个人过完一百年之后，下一个人又接着过一个一百年。这样十九个一百岁的老人排着队，从耶稣诞生那会儿开始，一直生活到现在。嗯，这样想一想，一千九百年似乎也不是多么长久的时间。

在纪年的时候，我们把耶稣诞生的那一年看成是"公元元年"，也就是公元的第一年。所有发生在耶稣诞生之前的故事，我们都叫作"公元前"。"公元前"的英文缩写是B.C.，B表示"在……之前"，C是"耶稣"的第一个字母，合起来的意思就是"在耶稣诞生之前"。很简单，对吧？

而所有发生在耶稣诞生之后的故事，我们都叫作"公元后"。这个词的英文缩写是A.D.。A可能表示的是"之后"，可是D却不是"耶稣"的第一个字母。实际上，A.D. 是两个拉丁语单词"Anno Domini"的首字母缩写。Anno的意思是"在某一年"，Domini的意思是"主的"。所以这两个拉丁词连起来的意思就是"在主的那一年"。在基督教里，"主"也就是耶稣，所以用我们日常的话来讲，"公元后"也就是"从耶稣诞生那个时候以来"。

前面几章的好多故事，我说过，我是猜出来的。这些没有文字记录而靠常识推理出来的历史，我们叫作"史前史"，意思就是"有文字记录以前的历史"。而当人类开始有能力记录发生在他们生活的那个时代的事情时，那些故事我们不用猜，就真正地叫作"历史"了。

能够为人所确信的最早的历史由含米特家族开始。你应该还记得，含米特人是我说过的生活在底格里斯河和幼发拉底河流域的三个白色人种之一。我们相信，含米特人早在有历史记录之前很久，就从底格里斯河和幼发拉底河流域往南迁徙到了埃及。

含米特人迁徙的时候，是不是也像今天我们搬家的时候那样，把他们所有的家具什么的，都搬上大车带走呢？当然不是的。含米特人生活在帐篷而不是房子里，他们也没有多少东西。所以当他们要搬家的时候，只是把所有的东西，连同帐篷都卷起来，放在骆驼背上，然后就可以走了。而且，他们每次迁徙时移动的距离也不会太长，就一天的路程而已。早上起来打好行装，走到天黑又再次扎营。这很像今天那些在户外露营的人，或者吉普赛人旅行的方式。实际上，"吉卜赛"这个词本来的意思就是"埃及人"的简称。当时的含米特人居无定所，他们在一个地方住得厌倦了，或者吃光了那个地方附近所有能吃的东西，就动身离开，走到一个新的地方，住一段时间以后又离开，寻找下一个居住地点。从地理上说，他们是向南移动，慢慢地，最终他们走到了今天我们叫埃及的那个地方。当他们到达埃及之后，发现这个地方真的非常适合居住，于是他们就定居下来，不再迁徙了。从此之后，他们就被叫作"埃及人"。

你一定会问，为什么他们觉得埃及是一个很适合居住的地方呢。前面我们说过，埃及有一条叫作尼罗河的河流。这条河有一个很有规律的"习惯"——这个习惯你一定会觉得很不好，那就是，每年尼罗河都要发一次洪水。

每年春天尼罗河流域就会下很大的雨。雨水引得尼罗河水暴涨，然后冲溃河堤，在河的两岸泛滥开来。淹没的范围很广，可是水倒不深。这情形就好像你打开了水龙头，水就不停地流。又或者好像你用水管浇花园，可是你走之前忘记了关上水龙头，于是水就淌满了整个花园的地面。

可是埃及人对尼罗河的这个"习惯"倒是很欢迎。他们知道尼罗河的洪水什么时候来。在洪水退去之后，他们就把漫过河堤的水围成水塘，将水储存起来以便干旱季节有水可用。而当这些水塘在旱季逐渐干涸之后，留下来的就是一层肥沃湿润的黑土。尼罗河洪水泛滥的面积越大，最后留下的这层黑土的面积就越大，而这层黑土非常适合种植椰枣、小麦和其他的农作物。

如果没有尼罗河每年一次的洪水，埃及就会变成沙漠，就像离埃及不远的撒哈拉大沙漠一样。在沙漠里，植物和生物很难生存，因为不论是动物还是植物都需要水，如果没有水动植物就会死掉。所以，正是因为尼罗河洪水的灌溉，埃及的土地才会如此肥沃，农作物不需要人付出很辛苦的劳作就能自己生长得很好。生活在埃及，真是很轻松。不光吃的东西来得容易，埃及的气候也很温暖。人们不需要穿很多衣服，也用不着煤来生火取暖。

埃及的第一个国王名叫美尼斯。可是关于这个人的生活，我们知道得很少。我们认为，他修建了一些水利工程，让埃及人能够更方便地利用尼罗河水。他生活在公元前3100年，你可以把这个年份想象成某个人的电话号码，就好像这样：

美尼斯，第一个埃及国王……公元前3100年。

美尼斯像

# 第六章　写谜语的人

石器时代的人们已经学会了如何相互交谈，但是他们还没有发明出字母或者文字，所以没法书写。要跟别人说个什么事儿，只能当面谈，没法写个便条或者留个言什么的。当然，他们也就不可能把发生的事情记录下来。古埃及是最早拥有自己文字的地区之一。

不过古埃及人不像你我一样用文字书写，他们使用的是像图画或者图形一样的符号。这些符号看上去就是一小幅画：一头狮子、一柄长矛、一只小鸟、一条鞭子，这些东西本身是什么样子，就画成什么样子。这种用图画来表示意思的文字，我们叫作"象形文字"。报纸上有时有猜谜语那么一栏会用图画来表达一个故事，读者们就根据图画来猜故事的内容。如果你见过报纸上这样的画谜，那么象形文字的情形就跟这差不多。

象形文字书写的"克利奥帕特拉"

我知道一个古埃及王后，她的名字也是用象形文字"画"出来的，就是左面那幅图的样子。看上去是不是很有趣？可是如果我不告诉你，你一定想不到这幅图是个人名，你肯定更不知道它应该怎么读。这个名字的发音，让我来告诉你，是"克利奥帕特拉"。

就像你在左面的图片上看到的那

样，古埃及的国王或者王后的名字都会用一条线圈起来，因为这样才显得他们身份高贵，不同凡响。这很像现代西方人在签自己的名字的时候，也会用一些方框或者圆形来勾出他们名字中的第一个字母。

古埃及人的这些象形文字是写在什么东西上的呢？要知道，他们那个时候可没有纸。不过这难不倒古埃及人。那时候，在尼罗河沿岸的水边，长满了一种叫作"莎草"的植物，这种植物的叶子又宽又大。埃及人把莎草的叶子采下来，做成有点像今天的纸一样的东西，这就可以在上面写字了。英文中把纸叫作paper，而莎草叫papyrus。这两个单词看上去是不是差不多？它们的读音也很相似。现在，纸有了，笔呢？你肯定也猜到了，我们今天用的铅笔啊、钢笔啊，在那个时代一样也统统都没有。墨水？也没有。古埃及人把芦苇的尾部剖开，削尖，就成了笔。而墨水则是用煤灰加上水混合成的。

古埃及人的书也不是一页一页的，不像我们今天读的书的样子。他们把莎草做成的纸一张张粘起来，一本书就是长长的一片，不读的时候就卷成一个卷轴，就像中国人的书画作品卷成一卷的样子，要读的时候，再摊开来。

除了在莎草纸上记录事情，其他有关国王和战争等重大事件也会被刻在房屋的墙上或者纪念碑上。把文字刻在石头上，要比写在莎草纸上保存得更长久。

会写、会读象形文字的古埃及人早就死去上千年了。在很长一段时间里，没有人知道这些象形文字是什么意思。不过，后来有个人在很偶然的情况下找到了解读象形文字的方法。从那时起，人们就又可以阅读这些像图画一样的文字了。下面我就给你讲讲这个人是如何解读出象形文字的。

埃及境内的尼罗河在汇入地中海之前分出了很多支流，这些支流叫作"河口"。其中有一个河口被称作"罗塞塔"。

有一天，在罗塞塔河口附近，这个人意外地挖出了一块石板，看上去很像块墓碑，上面有好几种不同的字体。石碑最上面部分的文字是图画，没错，那就是古埃及象形文字。不过在当时没人知道这些象形文字的意思。在象形文字下面，是希腊文，其讲的内容同象形文字是一样的，而懂希腊文的人就很多了，这样一来事情就简单多了，只要用希腊文对照着读，人们就能够弄明白上面那段象形文字的意思。这就好像我们破译密码时一旦知道了每个密码的意思，很自然地就能读明白整段文字了。杂志上也经常有类似的字谜游戏，通过希腊文解读象形文字就和你玩杂志上的字谜游戏一样，只不过有的杂志的另外一页会有字谜的答案，而解读象形文字却没法儿有准确答案罢了。

不过，解开象形文字这个谜可不像我们这里说的那么简单，人们花了差不多二十年的时间才逐渐弄懂它。用二十年来猜一个字谜，这花的时间也太长了点儿，是吧？可是，当时发现的这块石碑非常重要，它给了人们解读象形文字的一把钥匙。有了这把钥匙，人们慢慢地解开了全部的象形文字之谜，知道了在耶稣诞生很久之前，这一地区发生的事情。

这块石碑是在罗塞塔河口发现的，所以它就被叫作"罗塞塔碑"，它现在收藏在英国伦敦的大英博物馆里，是世界闻名的珍贵文物。要是没有这块石碑，我们可就没法知道那么多古埃及的历史了。

古埃及的统治者，被称为"法老"。当法老去世之后，他的儿子又成为新的法老，王位就这样一代传一代。整个古埃及的人都被分成不同的等级。一般情况下，孩子的父亲属于哪个等级，这个孩子将来也还是属于那个等级。通过个人的努力，从低等级奋斗到高等级的情况在古代埃及非常罕见。

等级最高的人是祭司。祭司掌管宗教和律法。每个人都得服从宗教和律法的约束，这就和今天的人们要遵守法律一样。

祭司同时也是医生、律师和工程师。他们是整个古代埃及受教育程度最高的一群人，只有他们懂得如何读和写象形文字。你可以想象，学习读、写象形文字是一件非常困难的事情。

比祭司低一个等级的人是士兵。再往下，就是下层阶级了，像农民啊、牧羊人啊、小贩啊、商人啊、手工艺人啊什么的。最低贱的，是养猪人。

古埃及人相信每一种事物都有一个神，那个神掌管或者控制着那种事物，所以他们崇拜的神数量很多，如农地有农神，家庭有家神，等等，等等。有些神是好的，有些神是坏的，不过古埃及人对所有的神都一样地崇拜。

欧西里斯是众神的领袖，他的妻子叫伊西斯。欧西里斯掌管着农业和死亡，死去的人都要在他面前接受审判。他们有一个长着鹰头的儿子叫荷鲁斯。

古埃及的神大多数都是人的身子，动物的脑袋。能够成为神的脑袋的动物，都是神圣的，其中包括猫和狗。朱鹭是一种像鹳的鸟，就被认为是神圣的；还有一种神圣的动物是甲壳虫，被古埃及人称作圣甲虫。如果有人杀死了一只神圣的动物，那这个人就要被处死，因为古埃及人认为比起杀人来说，杀死神圣的动物罪过要大得多。

公元前3000年

# 第七章　建造坟墓的人

　　古埃及人相信，人死后灵魂依旧停留在身体附近，等到审判日到来之时，灵魂又会重新进入身体，让人复活。因此当人死后，古埃及人就把这个人生前用过的所有东西都一起放入这个人的坟墓中，好等着这个人复活之后，还可以继续使用这些东西。所以，在古埃及人的坟墓中，可以找到吃的、喝的、家具、碗碟、玩具等等。可是我们都知道，人一旦死去，身体就会腐烂，这样到了审判日，灵魂就不能重新回到身体里了。为了避免这样的结果，古埃及人想出了防止身体腐烂的办法。他们把死去的人的躯体长时间放在一种名叫碱粉的矿物质里浸泡，然后再用布把身体一层一层地包裹起

图坦卡蒙之墓中保存的食物

来，就像我们用绷带包裹伤口一样。之后就放在干燥处存放。经过这种方法处理之后的尸体，久而久之就成了木乃伊。这种方法确实可以减缓尸体的腐烂速度，所以即使经过了上千年，不少古埃及法老的木乃伊依然保持完好。后来人们在古埃及的坟墓中发现了这些木乃伊，并把它们送进了博物馆。你要是想看的话，去博物馆就能看到。但毕竟经过了几千年，这些木乃伊已经变得焦黄干枯，看上去——

"还是人的样子，可是已经是皮包骨头了。"

最开始的时候，只有法老或者上层阶级中的达官显贵才会被做成木乃伊。但渐渐地，除了最低阶层的人，其他的人都会在死后被做成木乃伊。就连那些被认为是神圣的动物，从圣甲虫到奶牛，也都会被做成木乃伊。

古埃及人死后，首先被做成木乃伊，然后，他的亲友们会把石头堆在这个木乃伊身上，一来是掩埋尸体，二来也是防止尸体被偷，或被食腐动物吃掉。可是，对于法老和富人来说，这样的墓葬实在是太简单、太寒碜了，他们希望自己的坟墓比普通人的石堆更高更大。因此，为了确保自己的坟墓高大风光，很多古埃及法老在自己还活着的时候就开始动手造墓了。每个法老都希望自己的坟墓比别人的更高大，这样一来，我们现在看到的像山一样高的金字塔就出现了。古埃及的法老们在他们还活着的时候就开始为自己修建金字塔，等他们死后就被葬进去，而高大的金字塔就成了这些法老的纪念碑。相比活着的时候给自己造房子，古埃及的法老们对为死后的自己修建坟墓更感兴趣。所以他们不修建宫殿，而是把更多的人力和物力都用在修建金字塔上。因此在尼罗河沿岸，能看到很多金字塔，我们认为，其中很大一部分是修建在公元前3000年之后。

这么高大的金字塔是怎么建造起来的呢？我们今天建房子，得用到起重机、大吊车，才能搬运、吊起沉重的石头和巨大的椽子。可是古代埃及人哪里有这些机械啊？他们运送用来修建金字塔的巨大石头，都是靠大量的人力：有人在前边拉，有人在后边推，把巨石从很远很远的地方慢慢运到修建金字塔的地点。然后还是靠人力的推拉，把巨石一块块垒在设计好的位置上。在全埃及所有的金字塔中，三座最高大的都在埃及现在的首都开罗附近。其中最高大的一座，叫作大金字塔。修建这座金字塔的古埃及法老名叫胡夫，所以这座金字塔也可以被称作胡夫金字塔。要记住胡夫生活的时代，也很简单，只要在你的人名电话簿上写下第二条就可以了：

胡夫……公元前2900年。

据说共十万人用了整整二十年的时间才修好这座大金字塔。这是世界上最大的建筑物之一，它上面的一些大石条，跟一座小房子一样大。我曾经爬到这座金字塔的顶上去过，往上爬时就跟攀登一座陡峭的石山一样困难。我还曾经进到这座金字塔的里面去。我进到了曾经停放胡夫的木乃伊的那间石头房子，那石头房子很小，像个山洞，里面除了在黑暗中飞来飞去的蝙蝠什么也没有。胡夫的木乃伊并不在那儿——它不知在什么时候被盗墓贼给偷走了。

胡夫在修建他的金字塔

在胡夫金字塔旁，是一座巨大的狮身人面像，叫斯芬克斯，它足有一座教堂那么大。而且更厉害的是，这么大的雕像，是在一整块石头上凿出来的。古埃及人发现了这块大石头，然后就在原处开凿，最终完成了这么一座无与伦比的雕像。这座雕像是以掌管早晨的神的名字命名的，它的头像是另一个古埃及法老哈夫拉。这个法老在胡夫金字塔的附近也建造了他自己的金字塔。狮身人面像矗立在沙漠中，沙子经常会蔓延过来掩埋掉雕像的脚和大部分身体。尽管人们经常会清理，但是风吹着沙子，很快又会把雕像下半部分给盖住。

埃及神庙

除了狮身人面像，古埃及人还在岩石上雕刻了很多男男女女的巨大雕像。这些雕像都比真人要高大好多倍。雕像有坐着的也有站着的，但是无一例外，这些雕像的姿态看上去都很僵硬：双脚并拢地立在地上，双手紧靠身体垂直地放平。你小的时候拍照片时是不是也是这样直挺挺地"坐"着的？古埃及的雕像就是这个样子。

古埃及人为他们的神修的房子叫作神庙。神庙巨大无比，柱子又粗又高，普通人站在这些神庙下面看上去就像小矮人一般。上面那张图画就是古埃及人的神庙，看到那个人了吧？显得多小！

古埃及人用图画来装饰他们的神庙、金字塔和存放木乃伊的棺材。不过他们画的画看上去很简单，有点像小孩子的画。比如说，如果他们想画水，就用Z字形的线条来表示水的波纹；如果要画两排人，就会把后一排人放到前一排人的头顶上面去；如果画面中有法老，他们就把他画得比其他的人大上好几倍。在画画的时候，他们画的那个人或者东西本身是什么颜色都无所谓，因为他们只用他们认为漂亮的颜色。一般来讲古埃及人喜欢的颜色是蓝色、黄色和棕色。

# 第八章　没有金钱的富饶之乡

　　你一定在童话故事里读到过这么一个地方，树上长满了各种各样好吃的好玩的东西，只要你一伸手，就可以摘到蛋糕、糖果和蜜饯，想吃多少有多少。嗯，不过，这个地方只存在在童话故事里。可是，在很久很久以前，人们倒是真的相信有这么一个富饶之乡。你猜猜看，人们认为这个地方在哪儿？你还记得底格里斯河和幼发拉底河吧？这些名字可真奇怪，是不是？不过，古时候的人们相信，这个富饶之乡就在底格里斯河和幼发拉底河附近的某个地方。他们管这个富饶之乡叫作"伊甸园"。古人描绘的伊甸园美好得不得了。可是，到今天，我们也不知道这个伊甸园究竟在哪儿。

　　埃及只有一条河，就是我们前面说过的尼罗河。底格里斯河和幼发拉底河所在的两河流域，则有几个不同的名字。

　　让我们又来想象一下坐着飞机在天上往地面看的情形。我们先找到底格里斯河和幼发拉底河。然后看两条河之间的那片地方，这个地方的名字叫作"美索不达米亚"。这个词来源于两个希腊单词，合起来的意思就是"河流与河流之间"。

　　我们继续看。你看到底格里斯河上游的那片土地了没有？那个地方叫"亚述"。你又看到两条河汇合的那块地方了没有？那儿叫"巴比伦"。再看两条河流入地中海的地方，那儿是"迦勒底"。再往远一点的地方看，有座山，叫"亚拉腊山"。今天还有不少人相信，挪亚方舟最终就搁浅在这座山上。

　　哇哦！一下子出现了这么多的新名字。我们怎么来记住这些名字呢？我认识一个小朋友，他有好多辆玩具汽车，有一次他去坐火车的时候发现他坐的那节火车车厢有个神气的名字，所以他回家以后，就给自己的玩具汽车也都取上了名字，用的就是上面我们说的这些地名。这些地名由玩具汽车排成一排，就像这样：

亚述　　　　　　　　美索不达米亚
　　巴比伦　　　　　　　　亚拉腊
　　　迦勒底　　　　　　　幼发拉底

　　巴比伦是一个非常富庶的国家。因为底格里斯河和幼发拉底河给这个地方带来了大量肥沃的泥土，跟尼罗河给埃及带来的好处是一样的。面包是人们每天吃的主食，它是用小麦磨成粉以后做成的，所以小麦对于我们的生活来说实在是太重要了。而最早种植小麦的地方，据说就是巴比伦。除了小麦，另一种对古巴比伦人极为重要的食物是椰枣。在巴比伦，椰枣是随处可见的农作物。今天你一定是把枣子当作零食来吃的，可是在古巴比伦，椰枣就是人们每天吃的饭。古巴比伦人还捉鱼。因为两条大河都从那儿流过，河里面的鱼又多又大，有时候人们捉鱼甚至只是为了好玩儿而已。你看，古巴比伦人的生活是不是很幸福？他们住的地方食物充足，人们不用怎么干活儿，就能吃得很不错。也正是因为这个原因，人们不需要、也没有钱。人们养牛养羊，如果一个人的牛羊多，那他就是个富人。如果一个人想买或者卖什么东西，那他就得用自己有的东西和别人交换。

　　巴比伦人修建了一座极为宏伟的高塔，叫作"巴别塔"。你可能听说过有关这座塔的故事。尽管我们管巴别塔叫作"塔"，可是实际上巴别塔更像是一座小山。像巴别塔这样的人造的山，在巴比伦还有一些。那么，巴比伦人为什么造这样奇怪的东西呢？有人说，这是为了躲避洪水，当发洪水时人们就可以爬到巴别塔或者其他那些塔上去避难。可是另一些人不同意这种说法，他们认为，修建这些"塔"的人是从北方迁徙到巴比伦来的，他们喜欢把祭坛修在山顶上，这样祭坛离天更近。巴比伦在平原地区，没有山，这些迁徙过来的人原先生活在北方，而北方是有很多山的。当这些人迁徙到美索不达米亚和巴比伦地区这样的平原时，依然希望保留他们从前的习惯。所以他们专门在平地上修起一座座山来，以便依然可以把他们的祭坛放在山顶。我们今天爬山也好，登塔也好，都是踩着一级一级的阶梯上去，可修这些"塔"的古巴比伦人不这么干。他们在山的外围开出一个盘旋上升的斜坡，斜坡顺着山势旋转着向上，直至山顶。

你一定还记得，古埃及人用石头修建他们的神庙。可是，在巴比伦及其附近的地方几乎没有什么岩石，所以古巴比伦人住的房子也好，巴别塔这样的建筑也好，都是用砖砌起来的。他们那时候的砖，其实就是把泥土做成块状，然后放到太阳底下晒干变硬制成的。可是，我们都玩过泥巴，你也应该知道，泥土堆成的东西，无论当时多么结实，一旦时间久了肯定会干裂碎掉。巴比伦的那些泥砖砌成的建筑也是这样。现在上千年的时间过去了，这些建筑早就坍塌变成了黄土。这就是我们今天几乎看不到巴别塔和其他巴比伦时代的建筑的原因。

古埃及人在莎草纸上写字，也把他们的历史刻在石头上。可是古巴比伦人既没有莎草纸也没有石头，他们只有泥土，所以他们就只好在还没有干透的湿泥板上写字。古巴比伦人的笔也很简单，就是一根削尖了头的细棍子。他们用棍子的尖头在湿泥板上划出文字来，这种文字我们今天叫作"楔形文字"。因为用棍子在泥板上不容易划出圆弧，所以楔形文字的笔画都是直愣愣的横竖折，看上去就像鸡爪印。我见过有些小男孩儿写的字，一笔一画都是愣头愣脑的，看上去不像英文倒很像古巴比伦人写的楔形文字。

前面我们说了，古巴比伦人养牛养羊。在放牧的时候，牛羊吃草，人无事可做，抬头能见的，就只有日月星辰在天际起落。这样日复一日，古巴比伦人对天体的了解越来越丰富。

我来问你一个挺有意思的问题：你有没有在白天见过月亮？

也许你的第一反应是：嘿，这怎么可能！可是，别急，听我说，你可以的。

我们都知道，月亮在天上围绕着我们居住的地球转。而每过一段时间，月亮一定会走到地球和太阳之间的位置，在我们看来，月亮就把太阳给"挡住了"。打个比方，你用一张纸板放到灯前面，那挡住一面的灯光就会被遮住，遮住了灯光的那面的光线也就变暗。这盏灯就是太阳，你举着的纸板就是月亮。下面让我们来想象一下这样的场面：大约上午十点钟的样子，阳光照得地球上一切都亮堂堂的，突然月亮走到了太阳与地球之间的位置，挡住了太阳光，就好像你举着的纸板挡住了灯光一样。此时一切都暗了下来，

巴比伦人在观看日食

天空变得像夜晚一样黑；星星也都亮了起来；鸡以为晚上到了，于是回巢睡觉。可是，月亮并不是就停在太阳与地球之间不动了啊，它只是打那经过，所以过不了多久，月亮移开了，阳光又重新照到了地球上。这样的场面是不是很神奇？我们管这种天体现象叫"日食"。

也许你还从来没有见过日食，不过总有一天你会有机会见到的。你现在懂得了日食发生的原因，可是古代巴比伦人，甚至包括今天不懂日食出现的原因的人，他们会很恐惧日食。他们以为日食会预示灾难——比如世界末日即将降临。他们不明白这只不过是一种很普通的自然现象，随着月亮在天上的运行，每隔一段时间就会发生一次日食，并不会有危害。

尽管古巴比伦人对日食心怀恐惧，但是通过长期的观察和计算，大约在公元前2300年的时候，他们已经能够预测出下一次日食发生的时间。他们首先观察月亮通过整个天际的时间，然后根据这个时间计算出它和地球、太阳下一次重合的时间。你看，古代巴比伦人对于天体运行很了解吧！我们把研究星星和其他天体的人叫作天文学家，这样看来，古巴比伦人应该是很杰出的天文学家了。

古埃及人崇拜动物，而古巴比伦人热衷于天体研究，所以古巴比伦人崇拜的对象自然也是这些天体。他们崇拜太阳、星星和月亮。

关于古巴比伦的第一个国王我们了解得不多，只知道他叫萨尔贡一世，他生活的时代大约等同于古埃及人修建金字塔的时代。

公元前1770年

大约在公元前1770年的时候，巴比伦出现了一位非常有名的国王汉谟拉比。而他之所以有名，是因为他颁布了一部有名的法典——《汉谟拉比法典》。这部法典用楔形文字刻在一块石板上，一直保存至今。我们今天还能看到这块石板，只是上面的法律条文我们不再遵守了，因为今天我们有自己的法律。萨尔贡和汉谟拉比是不是都是挺奇怪的名字？你肯定从来没有听过谁叫这样的名字。可是这些人确实是历史上真实的人物，他们统治的国家和人民在历史上真真正正地存在过。

# 第九章　漂泊的犹太人

你还记得你排着名字的小汽车吗？还记得那个叫作"迦勒底"的地方吗？迦勒底是巴比伦的一部分，在迦勒底有一个叫作"乌尔"的地方。在英文里，"乌尔"只有两个字母：Ur，算是我知道的名字里头最短的了。大约公元前1900年，在乌尔这个地方住着一个名叫亚伯拉罕的人。亚伯拉罕一家人丁兴旺，生活富裕，他虽然没有金钱，但是养的山羊、绵羊多得不得了，这在那个时代是很大的一笔财富。亚伯拉罕跟今天的西方人一样，相信世界上只有一个神。而他周围的那些古巴比伦人崇拜日月星辰，还给他们崇拜的各种神塑像。因此，亚伯拉罕不喜欢这些古巴比伦人，而古巴比伦人也不喜欢他，他们觉得亚伯拉罕的念头实在是太古怪了，简直疯狂。因为他们彼此间相处得很不融洽，大约在公元前1900年的时候，亚伯拉罕带着他的家人、羊群离开乌尔，搬去了一个叫迦南的地方。迦南离巴比伦很远，在地中海的边儿上。

公元前1900年亚伯拉罕离开乌尔

亚伯拉罕很长寿，他的家族也很庞大。在他的曾孙子当中，有一个叫雅各的人，人们也叫他以色列。雅各最喜欢他的小儿子约瑟，给了他一件色彩鲜艳的衣服。因此，约瑟的哥哥们都很嫉妒他。小孩子，甚至小狗，都会嫉妒比自己受宠的同伴，这也是人之常情。可是约瑟的哥哥们把约瑟扔到一口枯井里，后来当一队埃及商人经过的时候，埃及商人把约瑟带去了离迦南很远的地方——古埃及，再后来他们就把约瑟卖给了埃及人做奴隶。而他的哥哥们回到家中后却对父亲雅各说，约瑟被野兽吃掉了。

约瑟到了古埃及之后，一开始是当奴隶。我们知道在古埃及一个人一旦属于某个阶级，就很难摆脱那个阶级了。可是约瑟实在是个非常聪明的人，他在古埃及干得很成功，最终成了古埃及的宰相。

就在约瑟当埃及宰相期间，迦南发生了严重的饥荒，一点粮食都没有了。可是在古埃及，由于约瑟治理国家有方，粮仓里粮食充足。约瑟的坏哥哥们从迦南来到埃及买粮食，他们哪里想得到当初他们想害死的弟弟，现在成了埃及的大官，他们现在正是要从这个人手里买粮食呢！当约瑟的哥哥们最终发现事情的真相时，他们又吃惊，又羞愧，你能想象得出他们当时的样子吗？

约瑟现在手握大权，如果他想向他的坏哥哥们报仇的话，他可以什么吃的东西都不给他们，任由他们饿死，甚至可以把他们关进监狱。可是约瑟完全没有这样做，反而是以德报怨，不仅给了他哥哥们比他们预期还多的粮食，还给他们准备了上好的礼物，让他们回家把家族的人全部都接到古埃及来。约瑟答应给全部族人一块名叫歌珊的土地，那里没有饥荒，全族人可以在那里快快乐乐地生活。约瑟的哥哥们按照他吩咐的做了。就这样，大约在公元前1700年的时候，雅各，也就是以色列，带着他的子孙们来到了歌珊，开始了新的生活。这一族人也被叫作以色列人，即以色列的子孙的意思。以色列人相信他们是神选中的人，我们今天也把他们叫作犹太人。

约瑟，这位以色列人的大英雄去世之后，古埃及的法老非常讨厌这些异族人，对以色列人非常不好，在后来的历史中，以色列人不断地遭到残酷的对待。从约瑟请他哥哥们带族人（以色列人）进入古埃及以来，犹太人在古埃及已经生活了四百年之久，他们的子孙后代也已经繁衍了很多，可是，他们越是兴旺，古埃及人就越是讨厌他们。

犹太人进入古埃及的时间大约是公元前1700年。四百年后，也就是公元前1300年左右，埃及出了一位非常强硬的法老——拉美西斯大帝。

拉美西斯大帝

　　拉美西斯非常不喜欢犹太人，他下令杀掉古埃及境内所有的犹太男婴，他以为这样就可以把犹太人全部消灭掉。可是，有一个犹太男婴逃脱了屠杀，他的名字叫摩西。摩西长大以后，很有本领，成了犹太人的伟大领袖。他看到自己族人在古埃及的悲惨境遇，决心要带领犹太人离开这个可怕的国家。而且，犹太人崇拜一个神，古埃及人崇拜很多神，他们的宗教信仰也有抵触。最终，摩西带领着他的族人们，历经千辛万苦，终于离开了埃及，渡过红海，到达对岸。他们的这次大迁徙在历史上叫作"出埃及记"。

离开埃及以后，犹太人在一座叫作西奈山的山脚下扎营休整。他们的领袖摩西只身一人登上山顶，接受神的训示。在山顶上，神向摩西显现，告诫摩西什么该做，什么不该做，并要摩西将这些训诫传达给所有的犹太人。摩西在西奈山顶上祈祷了四十天，然后他带着写有神的训示的"十诫"回到山脚。如今西方人每个星期天都要去教堂，这"十诫"就是十条规定，是大家星期天在主日学校都要学习的。摩西回到山脚之后发现，由于他在山顶上停留的时间太久，山脚下的犹太人在彷徨无计之时铸造了一座金牛犊像，像埃及人一样对着金牛犊像祭拜和祷告。犹太人在埃及居住了四百年，他们对埃及人的习惯很熟悉，所以当摩西不在的时候，就很自然地学起古埃及人来了。

看到这种情形，摩西大为光火。他想，不能再等了；是时候让犹太人彻底消除从埃及人那里受到的"坏"影响了。经过好一番努力，摩西终于让犹太人重新坚定了对上帝的信仰，并且让大家都接受"十诫"，谨遵诫命做事。因此，摩西也被看成是犹太教的立法人和创立者。摩西去世之后，犹太人继续四处漂泊了很多年，最终他们又回到了迦南，并在那里定居下来。

当时的犹太人没有国王，领导他们的人叫士师。士师过着非常简朴的生活，和普通人没有什么两样，不像国王一定要衣着华丽，佩戴珠宝，住在宫殿里，还有一大帮仆人照顾起居。可有意思的是，犹太人本没有国王，但是他们却希望像别的国家那样有一个国王来统领他们，而那些有国王的国家，反而都尝试着废除国王呢！

后来，有一个名叫撒母耳的士师，站出来推举扫罗为犹太人的国王，大家都赞成。于是撒母耳就用橄榄油从扫罗的头顶上浇下去，经过这样一个古怪的仪式，扫罗就正式成了犹太人的王。你可能会觉得这个仪式很怪，但其实它的意义和后来在国王的头上戴王冠是一样的，都是表明这个人被正式确立为王。撒母耳成为犹太人最后一个士师，而扫罗就是犹太人的第一位国王。

在那个时代，除了犹太人，其他民族都和古埃及和迦勒底地区的人们一样，崇拜各种不同的原始神灵，并且为这些神塑造雕像。而犹太人只崇拜一个神，那就是上帝。他们还有一本神圣的经卷，是由他们的先知们写作的。这个经卷就是今天基督教《圣经》中的《旧约》部分。

嗯，上面就是漂泊的犹太人的故事。犹太人给今天的西方国家留下了《圣经》的《旧约》和有法律意义的"十诫"。他们漂泊迁徙的历程如下：

从吾尔到迦南——公元前1900年；

从迦南到古埃及——公元前1700年；

从古埃及回到迦南——公元前1300年。

# 第十章  神话中的众神

曾几何时，有一个男子，名字叫"赫楞"。这个名字跟西方人名里的"海伦"读起来差不多，可是"海伦"是女孩子的名字，一个男人的名字听上去跟女孩子的名字差不多，真是有点怪怪的，是不是？赫楞的孩子很多，他的孩子们又生了很多孩子，这一大家族人管自己叫"赫楞人"，管他们住的地方叫"赫楞斯"。这个地方是伸进地中海的一小块陆地。你如果拿出地中海的地图来看，就会发现这一地区的形状很不规则，有很多零零星星的小岛散布在海里。有一次我不小心打翻了桌上的墨水瓶，墨水洒出来，在桌上留下蜿蜒曲折的痕迹，简直就和地图上的赫楞斯差不多。尽管赫楞斯的面积还没有美国的许多州大，但是它的历史可实在是太重要了。别的任何一个面积和它差不多的国家在这一点上都比不上它。今天我们把赫楞斯叫作"希腊"，生活在这片土地上的人就是"希腊人"。

赫楞斯或者赫楞人，也就是希腊或希腊人，进入人类历史的时间大约是在公元前1300年。这个时候差不多也是人类开始使用铁器，从青铜时代进入到铁器时代的时候，同时也是犹太人离开埃及的时候。

希腊人是多神崇拜，这跟只信仰一个上帝的犹太人和今天的很多美国人都很不同。而且，更有意思的是，希腊人的神态毫不像那些庄严肃穆、正襟危坐的神明，一副让人没法亲近的样子，他们的神更像是神话故事里面的角色，跟你我一样，有七情六欲。人们为这些神塑造了很多漂亮神气的塑像，还写了很多关于他们的诗歌和故事。

古希腊神话中的主神有十二位——刚好一打。据说他们居住在希腊境内最高的山，奥林匹斯山上。这些神并不总是善良的，他们跟人一样，吵架、骗人，有时候还会干出更坏的事儿。这些神也要吃东西，他们吃的是仙果，喝的是琼浆。这些玩意儿是什么，那可就没人知道了，不过一定比我们每天吃的东西味美多了。而且，据说吃了仙果，喝了琼浆之后就能长生不老，所以希腊的神应该是不会死的。

下面让我来给你讲讲古希腊神话里的这些神和他们相互之间的关系吧。他们互相之间都是亲戚。你一定对他们的故事很感兴趣吧。认真听，古希腊的神很多都有两个名字呢。

朱庇特，又叫宙斯，是众神之父，也是统治全人类的王。他端坐在宝座上，手里握着"Z"字形的闪电。一只鹰总相伴他左右，这只鹰是所有鸟儿的王。

朱诺，又叫赫拉，是宙斯的妻子，也就是王后。她手里握着权杖，她的宠物是孔雀，时时待在她的身边。

尼普顿，又叫波塞冬，是宙斯的兄弟之一。尼普顿掌管着全天下的海洋。他坐在一辆由海马拉的战车上，手里握着一柄三叉戟。三叉戟看起来很像干草叉，只不过有三个尖头。尼普顿本事很大，他能在海上发起一场风暴，也能平息风浪，这些都只消他用三叉戟轻轻一指就行了。

乌尔坎，又叫赫菲斯托斯，是火神。乌尔坎是个瘸腿的铁匠，终日在打铁铺里工作。据说他的打铁铺在一个山洞里，每当他打铁时，生的火、冒的烟就从山洞里喷出来。人们都说，火山喷发就是乌尔坎正在里面打铁呢。

阿波罗，是众神里面最英俊的一位。他是太阳神，也是歌曲和音乐之神。太阳就是阿波罗的战车。希腊人说，每天早上，阿波罗驾着他的太阳战车从东到西在天际间跑过，而这就是一天的日升日落。

狄安娜，又叫阿尔忒弥斯，是阿波罗的胞妹。她是月亮神，也掌管狩猎。

玛尔斯，又叫阿瑞斯，是厉害之极的战神。他只有在战争发生的时候才觉得开心——不过既然人类的战争那么频繁，我想玛尔斯应该总是挺开心的吧。

墨丘利，又叫赫尔墨斯，是众神的信使。他的头盔和鞋子上都有翅膀，他手里拿的一柄手杖上也有翅膀。这柄手杖可神奇了，如果两个人吵架，只要把这柄手杖伸到这两个人中间，这两个人马上就会和和气气，成为朋友。

据说，有一天墨丘利看见两条蛇在打架，他就把他的手杖伸到它们中间，神奇的事发生了，两条蛇停止了打斗，并且爬到手杖上缠起来，看上去就好像这两条蛇围着手杖拥抱在一起一样。这两条蛇到现在还缠在墨丘利的手杖上，所以这柄手杖也叫"双蛇杖"。

弥涅尔瓦，又叫雅典娜，她是智慧女神。雅典娜出生的故事非常有意思。有一天，宙斯头痛得不得了，就像我们所形容的"头痛欲裂"一般，而且还越疼越厉害，宙斯简直要受不了了。于是他想了一个很奇怪的办法来治疗头痛。宙斯叫来了火神乌尔坎，吩咐这位瘸腿的铁匠拿他打铁的大锤子照自己的脑门上重击一下。乌尔坎当时一定也觉得这个要求实在荒唐可笑，可是既然宙斯是众神之父，那自己就一定得听从宙斯的命令。于是乌尔坎提起大锤，照准宙斯的脑门狠狠地敲了一下。没想到，神奇的事情发生了，就这一下，从宙斯的脑袋里蹦出了一个披盔戴甲的女神。这个女神就是雅典娜，就是她让宙斯头痛欲裂的。既然雅典娜被敲出来了，宙斯的头痛自然也就好了。而又正因为雅典娜是从宙斯的头里面出来的，所以她是智慧女神。她在希腊建立了一座非常重要的城市，并且用自己的名字给它命名。这座城市就是雅典。她始终都守护着这座城市，就像妈妈保护自己的孩子一样。

维纳斯，又叫阿芙洛狄忒。她是爱神，也是美神。阿波罗是男神当中最英俊的，而维纳斯是女神当中最美丽的。据说维纳斯是从海面的泡沫中诞生的。维纳斯的孩子叫丘比特。相信大家都知道丘比特吧，是一个胖胖的小男孩儿，背上背着一张弓和一袋箭。他射出的箭人们看不到，被射中的人不会死，而是会立刻爱上某个人。这就是为什么情人节的卡片上，人们会在两颗心之间串上一柄箭的缘故了。

维斯塔，是一名女神，她是

弥涅尔瓦或雅典娜的诞生

家庭的保护神，掌管家里的炉灶。每个人的家都由维斯塔守护着。

刻瑞斯，又叫德墨忒尔，是掌管农业的丰收女神。

以上就是十二位希腊主神。在这十二位主神之外，还有一个很重要的神，名字叫普路托，他也是宙斯的兄弟。普路托掌管着地底下的世界，也就是冥界。普路托不住在奥林匹斯山上，而是住在他的地下王国。

除了这十二位主神和普路托，古希腊神话中还有很多低级别的男神和女神。另外还有一些有一半人类血统的神，例如，命运三女神，美惠三女神和九位司文艺的缪斯女神。

在宇宙中的一些行星就是用上面这些希腊神的名字来命名的。在太阳系中，最大的一颗行星是木星，在英文中，木星的名字就是朱庇特。火星的颜色血红，所以人们用战神玛尔斯的名字来叫它。金星是太阳系中最漂亮的一颗，所以人们也叫它金星维纳斯。水星又叫墨丘利，海王星叫尼普顿。

希腊神话中的神这么多，古希腊人如何向这么多神祈祷呢？他们祈祷的时候不像我们闭目跪拜，而是就那样站着，向前伸出双臂。古希腊人在祈祷时并不忏悔自己的罪行，也不祈求获得福祉，而是希望能够在战场上战胜敌人、免受伤害。

古希腊人在祈祷时会为他们的神奉上祭品，一般来说有动物、水果、蜂蜜和酒。他们认为神会喜欢自己献上的这些祭品，这样就能够保佑自己。在献祭的时候，古希腊人把酒洒在地上，他们认为神会希望他们这么做。他们把动物杀死，然后在祭坛前面生一堆火，把杀死的动物给烧掉，这种献祭的行为就叫作"牺牲"。也许你明白"牺牲"这个词的意思，就是说放弃自己拥有的东西。古希腊人也是这么理解的，他们认为，即使神并没有直接享用他们奉上的肉和酒，但是祭祀的人确确实实是放弃了这些肉和酒，这就是一种牺牲。今天我们也说一个人为了别人做出牺牲，那就是说这个人为了他人放弃了他本来拥有的东西。

古希腊人在献祭时，总是会寻找一些不同寻常的迹象，从这些迹象中他们能知道神是否喜欢他们献祭的东西，会不会帮助他们达成心愿。这些迹象可以是刚好从头顶掠过的一群鸟儿，可以是天空中划过的一道闪电，可以是任何刚好在那时发生的"不同寻常"的迹象，这些不寻常的迹象叫作"征兆"。征兆有好有坏。好的征兆说明神会帮助自己，而坏的征兆则可能相反。就是如今，也有很多人相信这些所谓的征兆。比如西方人觉得从右边肩膀回过头去看到满月，就是好的征兆；而用勺子舀盐时如果把盐洒了出来，那就是坏的征兆。

在离雅典不远的地方有一座山，叫作"帕纳塞斯山"。在帕纳塞斯山麓有一座小镇，叫作"德尔斐"。在德尔斐镇的一处地面上有一道裂缝，有气体从这道裂缝中喷出来，像从火山的岩石缝隙中喷出的气体一样。古希腊人认为从这道缝隙中喷出的气体是阿波罗呼吸时散发出来的。当时有一位女祭司，她搬了一把三脚凳放到这个地缝上面，然后自己坐在三脚凳上吸喷出来的气体，吸了后整个人变得疯疯癫癫，像着了魔似的做一些古怪的事。我们管这种情形叫"脑袋发昏"。可是当时的古希腊人不明就里，他们向这位女祭司占卜未来。女祭司咕咕哝哝说些人们不懂的话，别的祭司就来解释她的意思。慢慢地，人们认为这位女祭司有预知未来的能力，这个地方和这个女祭司也渐渐地出了名，于是这个地方就被称为"德尔斐的神庙"，女祭司的话被称为"德尔斐神谕"。不少人不远万里赶来这里询问神谕，因为他们相信那是太阳神阿波罗在回答他们。

每当古希腊人对未来没有把握，希望知道自己应该如何做，或者希望事先知道将来会发生什么的时候，他们就去求问神谕，并且对此深信不疑。可是，通常来说，这些神谕都像谜语一样，可以有不同的解释或者理解。举个例子来说，一个国王即将要和另一个国王打仗，他去求问神谕哪一方会赢。神谕的回答是，"一个伟大的王国将会消亡"。你说这句谜语一样的话说明了什么？到底是哪一方会赢？像这样的回答，可以有两三种不同的理解。今天我们还把这样的话形容为"神谕式的"。

# 第十一章　神话中的战争

通常来说，国家的历史都是由战争开始——当然往往也由战争结束。古希腊的伟大历史也是由一场著名的战争开始的，这场战争叫作"特洛伊战争"。人们猜测，这场战争发生在公元前1200年左右，在铁器时代开始之后不久。可是，有意思的是，我们不光无法确定这场战争的具体时间，就连历史上是否真的发生过这场战争也不能肯定。因为关于这场战争的来龙去脉，我们基本上都是从神话故事中了解到的，因此我们说这场战争是神话中的战争。

有一天，在奥林匹斯山上，众位男女希腊神祇正在参加一场热闹非凡的婚礼。一位没有受到邀请的女神感觉受了冷落，心生不满，她跑来朝婚宴桌扔了一个金光闪闪的苹果，金苹果上写着这么一行字：

"给最美丽的女神。"

这位扔金苹果的女神就是争执女神，而她也的的确确引起了一场争执。在场的女神都认为自己是最美丽的，应该得到那个金苹果，这和爱慕虚荣的人类简直没什么两样。大家吵吵嚷嚷，争执不休。最后，她们找到一个牧羊的小伙子帕里斯，让他来评判究竟谁才是最美的。

每个女神都向帕里斯许诺，如果帕里斯选自己为最美的女神，就送给他一件礼物。赫拉，众神的王后，许诺让帕里斯成为一个国王；智慧女神雅典娜许诺给帕里斯智慧；而美神维纳斯，答应把世界上最美丽的女子许配给帕里斯为妻。

其实帕里斯的真实身份是一个王子，他的父亲名叫普里阿摩斯，是特洛伊的国王。特洛伊是一个海边国家，在地中海的另一边，和希腊隔海相望。当帕里斯还是婴儿的时候就被丢弃在一座山上，一个牧羊人发现了他，把他带回家去，当自己的儿子一样抚养成人。

帕里斯对当国王不感兴趣，他也不在乎有没有智慧，他一心想要的，就是娶世界上最美丽的女子为妻。于是他选维纳斯是最美的女神，维纳斯自然得到了那个金苹果。

当时，世界上最美的女子叫海伦，她已经嫁给了斯巴达的国王墨涅拉奥斯。斯巴达是希腊境内的一个城邦，维纳斯告诉帕里斯，到斯巴达去找到海伦，然后把海伦带走。帕里斯依从维纳斯的计划，来到了斯巴达。斯巴达国王墨涅拉奥斯对帕里斯没有一点防备，还非常热情地款待了他。可是帕里斯辜负了斯巴达国王墨涅拉奥斯的信任和盛情款待，在一个静悄悄的夜晚，他偷偷把海伦给拐跑了。帕里斯带着海伦穿过地中海，回到了他的国家特洛伊。想必你还记得石器时代的穴居人跑到别人的山洞里面偷走女孩子的故事吧，帕里斯生活的时代已经是铁器时代了，可他干的事儿跟穴居人干的如出一辙。

斯巴达国王墨涅拉奥斯和全体希腊人对帕里斯的行径自然大为光火，他们马上起兵，准备同特洛伊大战一场，夺回海伦。在那个时候，所有的城邦都修建了牢固的城墙，城墙绕城围成一圈，把敌人全部挡在城外。而当时的武器威力都很小，不像我们今天有杀伤力惊人的枪啊、炮啊什么的，所以在当时要想攻进城并非轻而易举的事情。所以尽管希腊人对特洛伊城围攻了整整十年，还是没能将其拿下。

最后，希腊人终于想出了一个破城之计。他们造了一个巨大的木马，在木马的肚子里藏了很多希腊士兵，然后把这个木马放在特洛伊城门口，接着撤军，佯装停战。然后，一个希腊人安排的奸细向特洛伊人说，这个木马是神送给特洛伊的礼物，他们应该打开城门，把木马拉进城去。有一个特洛伊的祭司，名叫拉奥孔，他明白这是希腊人的诡计，于是他苦苦劝告特洛伊人，把木马留在原地，千万不要拉进城去。可是特洛伊人哪里听得进劝告。人们不都是这样的吗？一旦他们认定了要做什么事儿，就很难再听得进去那些劝他们放弃的话了。

就在拉奥孔苦苦相劝之时，几条巨大的蛇从海上游来，把拉奥孔和他的两个儿子死死地缠住，勒死了。特洛伊人看到这一幕，都吓坏了。他们认定这是一个"征兆",是神的旨意,让他们不要相信拉奥孔。于是,特洛伊人最后决定,把木马拉进城去。可是,这个木马实在是太高了,就算把城门全打开,木马也进不去。没有办法,特洛伊人只好把城墙给拆了一段,这才把木马弄进了城。夜幕降临,特洛伊人毫无防备,藏在木马肚子里的希腊士兵偷偷溜了出来,打开了特洛伊的城门。佯装退军的希腊大军见城门已开,马上杀个回马枪,从打开的城门和拆掉的城墙处拥入城中。就这样,十年没有被打下来的特洛伊城被希腊人给攻陷了。希腊人把特洛伊付之一炬,烧了个精光。海伦的丈夫斯巴达国王墨涅拉奥斯也重新夺回了妻子,把海伦又带回了希腊。希腊人设下的这个木马计在历史上很有名,英文的谚语还说,"小心怀揣礼物的希腊人"。这句话的意思就是要人提防那些送你礼物,但实际上是在图谋害你的人。

特洛伊战争的故事被记载在两首很长很长的诗里面。有人认为这两首诗是迄今为止人类写得最好的诗歌,我们把它称为史诗。这两首诗其中一首叫作《伊里亚特》。因为特洛伊城还有一个名字,叫"伊利亚"。"伊里亚特"的意思就是关于伊利亚的故事。《伊里亚特》详细记述了特洛伊战争的过程。另一首诗名叫《奥德赛》,这首诗的主人公是希腊人的英雄奥德修斯。《奥德赛》讲的是特洛伊战争结束之后,奥德修斯在回希腊的途中的冒险经历。《奥德赛》的诗名就源于奥德修斯的名字,不过他还有一个名字叫尤利西斯。《伊里亚特》和《奥德赛》的作者名叫荷马。荷马是一位希腊盲眼诗人,他生活在公元前700年左右。

荷马是一位游吟诗人。他没有固定的住处,从一个地方游荡到另一个地方,每到一处,他就给那个地方的人们演唱诗歌,就像上面说的《伊里亚特》和《奥德塞》。这些诗歌讲的都是很精彩的故事,听了故事的人就给荷马提供吃的和睡觉休息的地方作为回报。游吟诗人荷马在演唱诗歌的时候,一般都要弹奏一种七弦琴来伴奏。今天,我们再也看不到像荷马那样的吟游诗人了,但是现在街头还有不少流浪艺术家,他们靠表演风琴啊、吉他啊等各种乐器谋生。

荷马是个盲人,他自己没法写诗,可是人们非常喜欢他演唱的诗歌,听得多了,逐渐就记在了心里。荷马死后,人们一代传一代,最终,很多年后，有一个人用希腊文记下了这些诗歌，当然也包括《伊里亚特》和《奥德塞》。今天如果你学会了希腊文的话，也能亲自阅读这两首诗。当然，你也可以找到它们的英文译本。

尽管希腊人很热爱荷马，可他在世时却生活得非常艰难，而在他死后，竟有九个不同的城市都争着宣称荷马是在自己城市出生的。有人编了下面这个顺口溜，说：

九个城市都说瞎眼的荷马是他们的，

可是在他活着的时候，只能乞讨度日。

今天，有些人怀疑是否真的有一个叫荷马的诗人存在。也有人认为，荷马不是一个人，而是很多不同的吟游诗人。他们都在讲特洛伊的故事，然后共同创作了两首长诗。也许他们总共有九个人，所以才有九个不同的城市都说荷马出生在自己的城市。

公元前1200年

# 第十二章　犹太诸王

当诗人荷马在希腊的乡村中吟唱着他的不朽史诗时，居住在迦南的犹太人里面，也有一位伟大的王正在唱诵着他的伟大诗篇。这位伟大的犹太王，名字叫大卫。大卫并非生下来就有国王的血统和身份，原本他只不过是扫罗王麾下大军中的一个牧羊少年。下面就让我来详细地给你讲大卫当上犹太王的故事。

你一定记得很清楚，犹太人最初是没有国王的，但是他们希望有一个领袖来带领全体犹太人，所以要求推举国王。最终扫罗头上被浇了橄榄油，成为犹太人的第一任国王。

当大卫还是扫罗军中的牧羊人时，犹太人同腓利斯人发生了战争。腓利斯人派出了一个巨人来挑战犹太人，这个巨人名叫歌利亚。歌利亚自恃勇武，非常瞧不起犹太军队。犹太人也被歌利亚的气势吓坏了，没有人敢应战。只有大卫站了出来，并且一举杀死了歌利亚。"大卫击杀歌利亚"，是《圣经》里面非常受人喜欢的故事，因为我们都喜欢看以弱胜强的故事。大卫这样一个年轻小伙子，凭借自己的勇气和高超的武功战胜了不可一世的巨人歌利亚，这当然是激动人心的故事。

扫罗王有一个女儿，她爱上了勇敢健美的大卫，并终于嫁给了他。

就这样，因为战功卓著，在扫罗去世之后，大卫当上了犹太人的王，并最终成为犹太人历史上最伟大的国王。在扫罗当国王的时候，虽然他身为国王，但是他还是住在帐篷里，因为他并没有修建宫殿，甚至也没有建都。

大卫最后征服了迦南附近的一座城市，并把这个城市作为以色列的都城。这个城市就是耶路撒冷。

大卫非常有才华，他不仅是英勇的武士和伟大的国王，还能写很优美的诗歌。

诗人荷马歌颂希腊神话中的神祇们，而大卫只赞颂犹太人唯一的神——上帝耶和华。

大卫作的诗歌结成一个集子，名叫《诗篇》。这是《圣经》当中很重要的一章，西方人在教堂里做礼拜的时候就要唱诵《诗篇》里面的诗歌。

今天，一首流行歌曲如果能流行好几个月，那就已经很不得了了。可是大卫在三千年前写的诗歌，至今仍在被人们传唱，这可真了不起！《诗篇》中的第二十三首诗，是大卫所有诗作中最优美的一首，很值得人们记诵在心，这首诗的开篇这样写道："耶和华是我的牧者。"在后面的诗句中，大卫把自己比喻成羊羔，而主耶和华是一位好牧羊人，他温柔地照看着羊羔，让羊羔生活得既平安，又舒适。

大卫的儿子名叫所罗门，在大卫去世之后，所罗门成为新的犹太国王。

如果有神仙出现在你面前，问你最想要得到什么，你会怎么回答？据说，当所罗门成为国王后，上帝在他的梦里出现，就问了他这样的问题。所罗门王的回答很有意思，他说他既不要财富，也不要权势，在全世界所有的东西里面，他只希望得到智慧。上帝答应了他的要求，于是所罗门王成了全世界最聪明的人。下面这个故事就显示了所罗门王无上的智慧。

有一天，有两个女人来到所罗门王面前，其中一人抱着一个婴儿，她们都说这个婴儿是自己的孩子。双方争执不下，请求所罗门王来裁断。聪明的所罗门王马上想到了办法。他吩咐人拿来一柄利剑，说："把这个婴儿劈两半，你们一人得一半，这就公平了。"一听这话，其中一个女人放声大哭，马上表示自己可以不要孩子，让另一个女人把孩子带去，好好地养大。这样一来，谁是孩子的亲生母亲就一目了然了。所罗门王下令，把婴儿交给这个宁愿不要孩子，也不让孩子被杀的女人。

所罗门王修建了一座气势恢宏的圣殿，用来供奉上帝耶和华。建造这座圣殿所用的木头是来自黎巴嫩的香柏木，木头的墙和祭坛都用金箔包裹着，大理石的部分全部藏在香柏木板子下面。大殿里面除了用金箔做装饰之外，还镶嵌着各色宝石。圣殿建好之后，所罗门王又为自己修建了一座富丽堂皇、美轮美奂的王宫。人们纷纷从世界各地赶来参观所罗门的圣殿和王宫。

《圣经》里面详细地记载了耶和华圣殿和所罗门王宫的面积。不过，当时犹太人计算长度的单位不是尺寸，而是"肘"。一肘相当于成年男人的手肘到中指指尖的长度，大约四十五厘米。

在这些从世界各地来耶路撒冷拜访所罗门王的人当中，有一位来自示巴的女王，她穿越阿拉伯半岛，不远万里来到耶路撒冷，参观了所罗门王的圣殿和王宫。示巴女王还向所罗门王提了很多难解的问题，但都被智慧的所罗门王轻松解答了出来。

但我要提醒你的是，尽管所罗门王的圣殿和王宫富丽堂皇，在那个时代无出其右。可是那时毕竟是公元前1000多年，即使再如何豪华，也不可能保存到今天。那些香柏木的房梁，大理石的内墙，到今天一点也没留下，我们什么都看不到了。虽然这些有形的建筑在漫长的时间中消失殆尽了，可所罗门王充满智慧的话语却历经时间的考验流传了下来，并且被翻译成各种语言，在世界各地的人们中流传。就算所罗门王的宫殿能够挺立到今天，也不过跟成千上万的古代建筑一样，只是被展示的古迹。而在所罗门王之后，要说出比他讲的更有哲理的话来，那倒真是不容易的事儿。你要是不信，不妨试试看，比比你和所罗门王说的话，哪个更具有智慧。所罗门王说的这些充满哲理的话，叫作"箴言"。下面就是几条所罗门王的箴言：

回答柔和，使怒消退；

言语暴戾，触动怒气。

你觉得如何？

美名胜过大财；

恩宠强如金银。

你又觉得怎样？

要别人夸奖你，不可用口自夸。

感觉如何？

所罗门王是犹太人最后一任国王。在他去世以后，犹太民族逐渐分裂成了十二支。在相当长一段时间，犹太人没有自己国家，也没有国都，甚至连自己的国王也没有。犹太人散居在世界各地不同的国家里。（今天犹太人已经有了自己的国家，那就是以色列，其首都是特拉维夫——译者注）

# 第十三章　发明A、B、C的人

早在人类知道怎么写字之前，有一个名叫卡德摩斯的木匠。有一天，他在修房子的时候，发现自己需要的一个工具忘在家里了。于是，他随手捡起身边一块没用的木片，在上面写了些什么，然后把木片交给自己的奴隶，让他拿着木片回家交给自己的妻子，妻子看到木片就会知道自己需要什么东西。奴隶觉得匪夷所思，不过还是按照卡德摩斯的吩咐做了。他回到卡德摩斯的家，将木片交给卡德摩斯的妻子。卡德摩斯的妻子拿过来一看，什么也没说，就把工具找出来，交给了奴隶。这下，奴隶惊奇得不得了，他觉得这块木片一定被施了什么魔法，可以让人"听"到上面写的话。奴隶给卡德摩斯拿回工具之后，请求卡德摩斯将那块神奇的木片赏赐给他。得到同意之后，他把这块木片钻上孔，用一根绳挂在脖子上，得意极了。

上面这个小故事就是关于古希腊人首创字母的传说。可是，我们认为，这个故事里的卡德摩斯，不是历史上真正存在的人，而是希腊神话故事里虚构出来的人物。原因有两个：第一，古希腊人本身就喜欢编造神话故事；第二，字母不可能是由某一个人灵机一动发明出来的。不过，上面这个故事倒是有一点说对了。故事里的卡德摩斯是一个腓

卡德摩斯的奴隶和"神奇的"木片

尼基人，而字母确确实实是由腓尼基人发明的。头三个字母是什么？你一定知道。对啦，是A、B、C。可是古希腊人的字母要复杂一些，他们把A读作"阿尔法"，B读作"贝塔"，等等。所以，古希腊时代小孩们刚开始学习字母，一定是从"阿尔法""贝塔"开始念起的。今天在英文里面还有一个词读作"阿尔法贝塔"，意思就是"字母表"。

你可能从来没有听过"腓尼基"和"腓尼基人"这些奇怪的词儿。可是，如果历史上没有腓尼基这个国家，那么今天西方小朋友在学校里面学习的很可能是象形文字或楔形文字了。

正如我们前面知道的那样，在当时那个时代，人们的书写方式还非常原始、笨拙。古埃及人使用的是图画一样的象形文字，古巴比伦人的楔形文字更像是鸡爪印，而腓尼基人发明的字母文字可比前面那两种要高级多了。腓尼基字母一共有二十二个，从这二十二个腓尼基字母中，逐渐演变出了今天西方语言所使用的字母。

当然，今天西方语言中的字母同古代腓尼基人使用的字母也不是完全一样的。不过，今天英文中的一些字母同腓尼基字母的样子还是比较相似的。请看下面的几个例子：

英文中的A，在腓尼基字母中是横过来的，像这个样子：◁

英文中的E，在腓尼基字母中是左右反过来的，像这样：Ǝ

英文中的Z和腓尼基字母是一样的，都是Z。

英文中的O和腓尼基字母也是一样的，都是O。

腓尼基人和犹太人是邻居。事实上，腓尼基人和犹太人都属于闪米特人。腓尼基人的国家比犹太人的国家更靠北，有很多腓尼基城邦坐落在地中海的沿岸。

腓尼基人有一个伟大的国王，名字叫希兰。他和犹太王所罗门是同一个时期的人。事实上，这两个人关系很不错，是好朋友。所罗门王在耶路撒冷修建王宫的时候，还得到了希兰的资助，希兰派了不少他优秀的工匠协助所罗门王。不过，不论是希兰自己，还是整个腓尼基人，都不相信犹太人的上帝。

腓尼基人敬奉的神一个叫"巴力"，一个叫"摩洛克"。这两个神都是长相很凶恶的怪物。腓尼基人认为他们分别是太阳神和火神。除此之外，腓尼基人还崇拜代表月亮的女神——阿斯塔蒂。然而，可怕的是，腓尼基人把活生生的儿童作为牺牲献祭给阿斯塔蒂。这可不是童话故事，而是真有其事。想象一下，如果你是腓尼基时代的小孩子，随时有可能被拿去献祭，那该有多可怕！

我们前面已经知道，犹太人有很强的宗教传统，可是他们的邻居腓尼基人，尽管跟犹太人同属闪米特一族，算得上是亲戚，却跟犹太人一点儿都不一样。腓尼基人看重的是经商。在他们心目中，世界上最重要的东西只有一样——金钱、金钱，还是金钱。而且，他们为了赚钱不择手段，只要能获得利益，他们什么都干。今天的商人都认同诚实经商的原则，因为只有诚实守信，才可能在生意上获得成功。可是腓尼基人在同别的民族进行贸易时，总是诡计百出，变着花样地讨价还价，甚至一有机会就要诈骗。

腓尼基人制造了不少商品，行销到远近各地。他们制造的商品中，有漂亮的布和各种玻璃制品，还有用金子、银子或者象牙做出来的各种小玩意儿。

腓尼基人还有一门独到的技术，他们知道如何从一种贝壳中提炼出紫色的染料。这种贝壳生活在提尔城附近的水中。提尔就是腓尼基国王希兰所在的都城。因为这种贝壳只在提尔城才能找到，所以从这种贝壳中提炼出来的紫色，也叫作"提尔紫"。这种紫色实在是非常漂亮，所有远近城邦的国王都用这种颜色来染王袍。

腓尼基有两座最重要的城市，一座就是提尔，另一座叫西顿。这两座城市曾一度是当时世界上最繁华的城市。

为了扩大市场，向更多的人行销他们的商品，腓尼基人制造了大船，跑遍了整个地中海。渐渐地，他们的航海经验越来越丰富，最终走出了地中海，进入了大西洋。地中海进入大西洋的海峡我们今天称作直布罗陀海峡，不过在腓尼基人的时代，却被叫作"赫拉克勒斯（希腊神话中最著名的英雄之一——译者注）之柱"。腓尼基人进入大西洋之后，最远航行到了大不列颠群岛，与他们同时代的许多人都还没有勇气航行到那么远的地方。因为人们普遍相信，走得那么远会航行到世界的尽头，然后就会掉下去。只有腓尼基人不信这些，所以他们最终成了那个时代伟大的航海家和卓越的商人。他们造船所用的木材也是香柏木。在他们国家的山坡上，有很多香柏树。那个地方，他们称为黎巴嫩。

公元前1000年

腓尼基人在航海贸易的过程中，每当发现可以作为优良港口的地方，就在那里建起市镇，并以此为据点，向当地人兜售商品。而往往当地的原住民都是未开化的土人，腓尼基人发现，在这些土人身上很容易赚到钱。他们只消用几颗玻璃珠子，或者价值很小的一块提尔紫布，就能从土人手中换到价值很高的金银或者其他贵重物品。在地中海南边的非洲海岸，腓尼基人就建立了这样一个港口，名字叫迦太基。我们在后面的故事中会不断地讲到迦太基，因为随着时间的推移，这个城市变得非常富饶、非常重要。不过别急，等到了该讲迦太基的时候，我自然会告诉你迦太基的故事。

# 第十四章　坚如磐石的斯巴达人

让我们再回到古希腊，回到盲诗人荷马的家乡，回到神话里诸神的国土，还有全世界最美的女人海伦生活过的城邦斯巴达。

大约在公元前900年，斯巴达出了一位勇士，名字叫吕库古。这个名字很不好发音，而吕库古的性格也同他的名字一样，非常的坚毅果敢。（"吕库古"在希腊语中是个非常硬朗的名字——译者注）吕库古有一个伟大的愿望，就是希望斯巴达成为全天下最强盛的城邦。

这可不是一件容易的事儿，吕库古首先得找到一个使城邦富强和人民富裕的法宝。

为了找到使城邦强大的方法，吕库古开始周游列国。年复一年，他拜访了当时世界上各个富强的国家，考察这些国家强大的原因。长年的旅行和学习，终于让他懂得了其中的道理。

他发现，如果一个国家的人民只想追求享乐，只希望生活得轻松愉快，那这个国家肯定好不了，人民也不会获益。简单地说，这一定不会是强盛的国家。

相反地，如果一个国家的人民努力工作，恪尽职守，不管这样的生活是不是轻松自在，这样的国家往往有值得夸耀的地方，人民也会从中获益。一句话，这就是强盛的国家！

基于这样的认识，吕库古回到了自己的家乡斯巴达，并且开始着手制定一系列的规章制度，让斯巴达的人民在这些规章制度下能努力工作，成为比别的国家的人民更强大的民族。吕库古制定的这些制度叫作"法典"。吕库古法典的内容非常严苛，但是这也确实将斯巴达人塑造成了坚毅的战士，使斯巴达城邦成了组织严明的集体。正如谚语所说的那样，吕库古的斯巴达人个个都"坚如磐石"。想知道吕库古的制度是如何培养出坚毅的斯巴达勇士的吗？请往下看。

斯巴达人的孩子一生下来，就要接受严酷的体检。只有那些身体健壮，看起来非常健康的婴儿才会被留下来，而那些不够强壮的则会被抛到山里，任其自生自灭。吕库古的斯巴达人不欢迎弱者。

经过挑选而留下来的孩子由他们的父母抚养到七岁。七岁之后，孩子们就得离开家庭，集中住到学校里去。说是学校，其实更像是军营。从此他们哪儿也不能去，就在学校里接受训练，直到六十岁。

在这军营一般的学校里，孩子们不学习任何你现在在学校里学的东西，而是接受军事训练——格斗的技巧、打仗的策略，所有这些都是为了一个目的，将他们训练成武功高强的战士。

他们没有课本，没有练习册，没有语文、数学，也不学习地理和历史——斯巴达战士对于世界是个什么样子根本没有什么概念，他们也不甚了解在他们之前世界上发生过的事情；更别说你现在在这本书里面将会读到的那些故事了。

更为残酷的是，每过一段时间，这些未成年的斯巴达小战士就得接受一次鞭刑。这不是因为他们做了什么错事，只是为了教会他们习惯忍受痛苦。如果谁因为太痛而忍不住眼泪，那他将来一辈子都会被人瞧不起。所以不论被打得多疼，大家都拼命忍住不哭。

就这样，他们每天的生活就是军事学习、训练和艰苦的劳动。等到六十岁之后，即使离开了军事学校，斯巴达战士还是不能放松自己。他们得忍耐劳累、饥饿、困乏和疼痛，并且还不能表现出一点痛苦的样子。

斯巴达战士的待遇非常恶劣。他们的饮食极其粗糙，吃的是最差的食物，而且有时还吃不饱。因此他们常常得长时间地忍受饥渴的折磨。在严寒的日子里，他们也只有很单薄的衣服穿，有时候甚至连单薄的衣服都没有，就光着身子挨冻。所有这些就是要让斯巴达的战士们能够经受住恶劣环境的考验，磨炼出坚忍的意志。因为这种严苛到残忍的训练手段和军事纪律源自斯巴达，所以我们管这叫作"斯巴达式训练"。你觉得你会喜欢这样的生活吗？

斯巴达人的食物、衣服，乃至房屋都是由国家统一分配的。当然你已经知道了，食物往往是不够吃的；衣服既不能蔽体，更不能御寒；住的地方也非常简陋。斯巴达人不允许吃美味的饮食、睡柔软的床铺、穿舒适华丽的衣服。所有这些东西，吕库古都认为是奢侈品，而他认为奢侈品对建设一个强大的斯巴达没有任何好处，只会让自己的国民变得柔弱怯懦，而他需要的是强壮坚毅的人民。

就连说话，斯巴达人也被要求用最简洁、最直率的表达方式，不得拖泥带水。可以不说的话就尽量不说；必须要说的话，也得用尽可能少的词语来表达。由于斯巴达所在的地方名叫拉科尼亚，所以这种斯巴达式的简洁的表达方式也叫作"拉科尼式文风"。

这里有一个很有名的故事，说明了斯巴达人的简洁风格。曾经有一个国家的国王想要攻打斯巴达，他写了一封劝降书给斯巴达人，威胁斯巴达人最好乖乖听命于他们，否则他就要派大军攻下斯巴达，摧毁斯巴达人的城邦，使斯巴达人都沦为奴隶。

斯巴达人给那位国王送了一封回信。当回信被打开的时，里面只有一个字：

"敢！"

即使是今天，我们还把这种简洁但一针见血的回答叫作"拉科尼式回答"。

现在你知道了这么多关于斯巴达人严格训练和艰苦生活的故事，你觉得斯巴达是不是成为全世界最富强的国家了呢？

吕库古的确把斯巴达人训练成了全世界最强壮、最厉害的战士，可是——

斯巴达战士们将周边的国家都一一征服了，尽管这些国家的人民在数量上比他们多十倍，可是——

斯巴达人让那些被自己征服的人民成为奴隶，给自己种粮食、做工，可是——

继续读下去，我在后面的章节中会告诉你吕库古的设想是否真的成功了。现在让我们把目光转向希腊的另一个城邦——雅典。这是一个同斯巴达的治国方略完全不同的城邦。让我们先来比较一下它们的不同。

雅典在斯巴达的北边。在众多的希腊城邦中，斯巴达和雅典是最为重要的两座。雅典人的生活方式和观念与斯巴达人是完全不同的。

雅典人热爱一切美好的事物；而斯巴达人专注于军事，强调纪律的严明。

雅典人和斯巴达人都热爱各种竞技体育，可是除此之外，他们还喜欢各种各样的艺术，比如音乐、诗歌，美丽的雕塑、绘画、陶艺和建筑等。

雅典人既注重身体的锻炼，也重视头脑的智力发展，而斯巴达人认为身体强壮是最重要的。这两种观念你更喜欢哪一种呢？我再给你讲一个有意思的故事。

有一次，希腊和斯巴达一起举办了一场非常盛大的运动会。一位老年人想在雅典人坐的看台上找一个位子，可是那儿所有的位子都坐满了，也没有一个雅典人给老人让个座儿。而斯巴达人叫住了老人，把他们那边最好的座位让给了老人。雅典人为斯巴达人的善意大为喝彩，对他们的举动表示十分赞赏。而斯巴达人评价说：

"雅典人虽然知道什么是对的，可是他们就是不去做。"

# 第十五章 树叶桂冠

在古希腊，不论是小男孩儿还是成年人，甚至就连小女孩儿，人人都热爱户外运动。

不过他们不像今天的人们踢足球、打棒球或者打篮球，他们参加的运动是跑步、跳高、摔跤和掷铁饼。不知道你见过铁饼没有，那是一块很重的圆圆的铁盘子，差不多有盛菜的盘子大小。

在古希腊，各地的人们经常举行体育比赛，较量出谁是这些体育项目上最优秀的运动员。

不过最盛大的运动会每四年才举行一次，举办的地点是在希腊南方的一个叫奥林匹亚的地方。因此，这个运动会又叫"奥林匹克运动会"。只有希腊各地方体育比赛的优胜者，才有资格来参加奥林匹克运动会，并在这里最终决出全希腊的总冠军。

奥林匹克运动会举办的日子是全希腊人民的重大节日，因为这个活动同时也是为了纪念和彰显众神之首宙斯的荣耀。人们从各地赶到奥林匹亚观看这一盛大的运动会，就像今天的人们从世界各地去参观世博会，或者看一场重大的足球比赛一样。

参加奥林匹克运动会的选手必须是希腊人，而且这些参赛者不能有过任何违法的行为。类似的要求在今天的许多国家也依然存在，如美国的中学生或者大学生，要是想申请参加校队的话，就必须没有任何违纪的记录。

更有意思的是，奥林匹克运动会甚至比战争还受重视。如果在奥运会举办期间刚好有战争，那交战双方都会宣布休战，然后大家都去参加比赛。没有什么事情可以干扰运动会，就连战争相较之下也显得不那么重要了。"先干正事儿！"等运动会结束之后，大家再回到战场继续拼个你死我活！

在古希腊，参加运动会的都是男性。男孩子和年轻男子是参加运动会的主力。为了能够获得运动会的参赛资格，他们在上一次运动会后的四年间隔期刻苦训练，然后在下一次运动会开幕之前九个月就提前到达奥林匹亚，在主运动场附近的一个露天运动场做适应性训练。

运动会每次共持续五天。在开始和结束的时候都有集体游行，同时还有对古希腊众神的祈祷和祭拜活动，美丽的希腊神像被放置在赛场里面。古希腊的奥林匹克运动会不仅仅是体育比赛，更是纪念宙斯和其他诸神的宗教仪式。

比赛包括各种竞技项目——跑步、跳高、摔跤、拳击、掷铁饼，还有驾驶比赛。

比赛中，任何参赛选手都不得作弊。一旦被发现有作弊的行为，这个人马上就会被大会除名，而且从今往后都不得再参赛。古希腊人崇尚真正的体育精神，获得胜利不会自夸，失败了也坦然接受，既不为自己技不如人找借口，也不借故争吵说判决不公平。

要是有某个运动员在比赛中夺魁，那他就是全希腊敬重的英雄，更会成为他家乡的骄傲。而运动会的冠军得到的奖励不是金钱，而是一个由月桂树叶编成的桂冠。今天的运动员获奖的话会得到奖杯或奖牌，可是古希腊时的冠军们认为，桂冠代表的荣誉远远超过任何奖杯或奖牌。除了荣获桂冠，诗人们还会为冠军写诗，雕塑家也会给冠军塑像。

运动员在赛场上一较高下，而场下的诗人和音乐家也会展

古希腊跑步的运动员

开比赛。他们比谁写的诗最好，谁谱写或演奏的曲子最优美。古希腊的音乐家演奏的是一种叫作"里拉"的竖琴。在这些比赛中的获胜者得到的不是桂冠，但他们会在运动会的胜利狂欢活动中被人们高举在肩上，接受游行人群的欢呼和赞美。这样的场面我们今天有时候也能看到，获得胜利的运动员往往会把他们的队长或者教练举起来，抛向空中，向他表示敬意。

关于希腊的历史，我们能够确定的第一个事件是一项跑步比赛，这是于公元前776年举办的一届奥林匹克运动会上记录的。从那一届运动会后，古希腊人开始纪年。所以公元前776年就是希腊历法的第一年。在公元前776年之前的希腊历史有一部分是真实的，但还有很多是神话传说——这一点我们都明白了。而在公元前776年之后，希腊历史所记载的事情基本上就都是真实的了。

古希腊奥林匹克运动会因为各种原因而停办了很长一段时间。到了公元后的19世纪末期，人们才再次认识到运动会的重要价值，打算恢复这个传统。于是在公元1896年，奥林匹克运动会重新举行。所以我们管古希腊时期的奥运会叫古代奥运会，而现在的叫作现代奥运会。第一届现代奥运会不是在奥林匹亚而是在雅典举办的。古代奥运会只在希腊举行，只是古希腊人的运动会，而现代奥运会每一届在不同的国家举行，参赛选手也来自世界上各个国家。古代奥运会举行的时候，战争也要停下来为它让路，可是现代奥运会却因为世界大战而中断过几次。

公元前776年

你还记得有着严酷军事训练

的斯巴达人吗？他们训练得那么刻苦，一定是古代奥运会冠军的常客吧？是的，你猜对了。

不过，在现代奥运会上，斯巴达人还能继续赢得大多数奖牌吗？

不了，即使是现代希腊人，也不可能包揽所有的奖牌，现代奥运会是全人类的盛会。

# 第十六章　糟糕的开端

你听说过千里靴吗？只要你一穿上它，就可以一步跨出上千里远呢。

世界上还真有一只巨大的靴子，它绵延上千公里，一直伸到了地中海里去。

其实，这肯定不是我们真正穿的靴子。但如果你在飞机上从高空往下看，就会发现这个地方看上去确实很像靴子。

这个地方叫作意大利。

就在希腊公元前776年那一届奥林匹克运动会后不久，在意大利发生了一件非常重大的事情。我们知道，公元前776年那一届古代奥运会的召开是古希腊人纪年的开始，耶稣的诞生是我们公元纪年的第一年。而在意大利，一座非常重要的城市的建立，成了意大利人历法纪年的开端。这座城市叫罗马。

如同古希腊的历史是从神话传说开始的一样，罗马城的历史，也起源于神话传说。盲眼诗人荷马讲述了古希腊英雄奥德修斯历经艰险返回家园的故事，而在很多年之后，另一个名叫维吉尔的诗人，讲述了特洛伊勇士埃涅阿斯的非凡历险。

我们应该都还记得惊心动魄的特洛伊战争吧。希腊人凭借木马计攻破了特洛伊城。城破之日，一个名叫埃涅阿斯的特洛伊勇士逃过了屠杀，离开了故土。在经历了多年的漂泊之后，他来到了这个叫意大利的地方。在意大利有一条大河，名叫台伯河，埃涅阿斯在台伯河河口落下了脚。在那里，他遇到了意大利国王的女儿拉薇尼娅。埃涅阿斯和拉薇尼娅成了亲，生活很幸福。他们所生下的孩子顺理成章地成了意大利的统治者。这样一代代传下去，直到一对双胞胎男婴诞生。这对双胞胎，一个名叫罗慕路斯，一个名叫雷慕斯。在这对兄弟俩出生之前，我们的故事都波澜不惊，而在他们出生之后，事情发生了变化，可怕的纷争夺走了原本幸福的生活。

在这对孪生兄弟出生的时候，意大利被人篡了权。篡权者害怕这对兄弟长大了会回来找他报仇，于是打算斩草除根，将这两个孩子除掉。篡权者找来一个篮子，将这两个孩子放在篮子里，然后把篮子扔到台伯河中。篡权者想，这样的话，篮子顺水而下，就流到大海里去了，一旦篮子被波浪打翻，这两个孩子必定会被淹死！篡权者觉得这个计划没什么不对，毕竟自己没有亲自动手杀死这两个孩子。可是，令人万万想不到的是，篮子并没有漂到海里，更没有被浪打翻，而是就近漂上了河岸。而更令人难以置信的是，一头母狼发现了篮子里的两个婴儿，它不仅没有吃掉这两个孩子，反而用自己的乳汁哺育他们，就好像这两个人类的婴儿是自己的孩子一般。不但如此，一只啄木鸟也来帮母狼喂养这两个孩子，它叼来浆果给孩子们吃。就这样，这对孪生兄弟被母狼和啄木鸟喂大，直到有一天一位牧羊人发现了他们。好心的牧羊人把兄弟俩带回了

罗慕路斯和雷慕斯被母狼抚养

家，把他们当作自己的儿子一般抚养成年。这兄弟俩的命运同特洛伊王子帕里斯的命运是不是很相似？他们都是在婴儿时期被丢弃，后来又都被好心的牧羊人搭救并抚养长大。

成年后的两兄弟都打算建立一座城市，可是两个人为究竟谁来建立而争执不下。后来，可怕的事情发生了，罗慕路斯狠下心肠，杀死了自己的孪生兄弟雷慕斯。大约在公元前753年，罗慕路斯在台伯河边修建了他的城市，就是当初他和他的兄弟被母狼发现和喂养的那个地方。那里有七座小山，罗慕路斯用自己的名字为这座城命名，叫它"罗马"，而住在罗马城的人，就是"罗马人"了。罗慕路斯的曾曾曾曾祖父是特洛伊勇士埃涅阿斯，所以后

世所有的罗马国王都认为自己是埃涅阿斯的后代。

你觉得上面这个故事是真的吗？说实话，我自己也觉得不是。我认为这不是真实的历史，而是一个传说故事。只不过，这个故事流传了上千年的时间，几乎每一个人都会听到老一辈人讲起它。

罗慕路斯以一己之力修建了罗马城。可是最开始，城里除了他自己之外，并没有其他人。据说，为了让自己的城市人口兴旺，罗慕路斯为小偷和越狱的逃犯敞开了城门，欢迎这些人来到罗马，并且向他们许诺，只要在罗马，他们就会很安全。

可是，新的问题又来了。这时候的罗马城里，包括罗慕路斯自己，全是男人，一个女人都没有，没有哪个男人有妻子。这样下去，城市没法发展。于是，罗慕路斯又想出了一个坏点子。在罗马城附近，有一族萨宾人，萨宾人有男有女，生活得很好。罗慕路斯告诉萨宾人说，罗马要举行一场盛大的宴会，热诚欢迎他们来参加。

萨宾人不疑有诈，欣然前往。罗马人果真举办了盛大的宴会，席间大家大吃大喝，好不热闹。可是，就在萨宾人吃得正高兴的时候，突然有人发出暗号，于是每一个罗马人抱起离自己最近的一个萨宾妇女就跑。就这样，罗马人抢走了萨宾妇女做他们的妻子。

萨宾男人们觉得这是奇耻大辱，于是决定要同偷走了自己妻子的罗马人大干一场。就在双方踏上战场即将兵刃相见的时候，动人的一幕发生了。萨宾妇女们来到了战场，站到她们的前任丈夫和现任丈夫之间，请求双方罢手停战。萨宾妇女们说，她们已经爱上了现任丈夫，不愿意再回到以前的家了。

你怎么看待这件事呢？

以这种方式建立一个新的城市，实在不是什么光彩的事儿。你觉得呢？从罗慕路斯杀死兄弟开始，到罪犯集结在一起，再通过抢掠邻居的妻子发展人口和城市。一个城市由此而兴起，这还真是令人觉得不可思议。可是，要知道，这个时期还依然处于人类历史上原始人生活的时代。那个时代的全部生存法则我们也许还记得，就是杀人或者被杀，掠夺或者被掠夺。而获得妻子最平常的方式，就是把一个女人敲晕，然后把她拖到自己的洞穴里去。另外，在宗教观念上，罗马人信仰和希腊人一样的神祇。而你一定也还记得，希腊神话中的那些神并没有多么高尚，他们一样做各种缺德的坏事。要知道，在那个时代，耶稣还没有诞生，也就没有基督教，所以人们没有我们今天的道德观念，不知道什么是好的、什么是坏的。

你瞧，罗马人的历史有一个并不光彩的开始，而我在想尽办法为他们糟糕的行为找些开脱的理由。

# 第十七章　留螺旋发髻的国王

罗马城建立起来之后，随着时间的推进，一个又一个的国王成为罗马的统治者。有些国王宽厚仁慈，治理有方；有些国王奸佞邪恶，干尽坏事。

可是，在那个时候，世界上最重要的城市并非罗马。你应该还记得两河流域的底格里斯河吧。在底格里斯河畔有一座城市，名叫尼尼微，是亚述帝国王都的所在地。我们在讲巴比伦的故事时，曾经提到过亚述这个名字。

和其他国家的故事一样，有关亚述帝国和亚述人的历史也是同战争联系在一起的。亚述人同他们的邻居打仗，而开战的原因完全是因为亚述国王的野心，而非他们的邻居有什么过错。

亚述的历任国王都对他们在尼尼微的国土面积一点儿也不满意，他们还想得到更多的土地和权力。于是亚述国王们不断地向邻国宣战，目的就是要夺取邻国的土地。亚述的国王们喜欢留螺旋形的卷发。一般来讲，你肯定只在女孩子头上见过卷发。如果男人留卷发，就显得没有男子气概了。然而，尽管亚述国王们留着卷发，可他们才不是缺乏男子气概的人呢。相反，这伙人打起仗来如狼似虎，凶猛得不得了，周边国家的人民对他们都是又恨又怕。亚述国王们对于俘虏也异常残忍。他们会生剥活人的皮，把俘虏的耳朵和舌头割下来，往他们的眼睛里面钉竹签子。干完这些罪恶的勾当之后，这些亚述国王们还要把这些残酷可怕的事情作为自己的丰功伟绩大肆吹嘘一番。而那些被亚述征服了的国家还要向亚述上缴很重的税，此外它们还得随时无条件地派兵协助亚述作战。

就这样，越来越多的国家渐渐地被亚述给吞并了，而亚述也变得越来越强大。它的领土先扩张到两河流域之间的美索不达米亚，然后向东，向北，向南，吃掉了腓尼基，吞下了埃及，最后只剩下希腊和意大利还没有被亚述征服了。

这样一个庞大的亚述帝国，它的国王住在尼尼微，傲视天下，顾盼自雄。在尼尼微，亚述国王们给自己修建了庞大而精美的宫殿。他们还命人塑造了无数高大的塑像，排列在通向宫殿的大道两侧。这些塑像是背上长着翅膀的公牛和狮子，而脑袋是人头的样子，其形象来自于《圣经》中的"小天使"。

也许你曾经听人说起或自己在图画书里见过小天使的样子。那是一个胖胖的，有一对翅膀的可爱小孩子。而亚述国王们塑造的那些可怕的巨大动物雕像，也

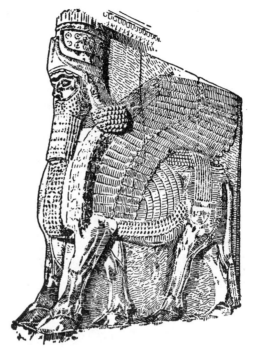

亚述的一个长着翅膀的人首牛身塑像

叫小天使。天使有不同的样子，这是不是有点不好理解？

亚述国王们打下了那么多的国家，实在没有仗可打了。可是他们嗜杀成性，停不下拿着弓箭打打杀杀的生活。于是他们就猎捕动物。有很多绘画和塑像，就是表现的亚述国王骑在战马上或坐在战车上猎杀狮子的场面。通常来说，他们会活捉捕猎的动物，一旦捉到之后，就把这些动物关在笼子里，让人们来参观。这听起来是不是有点像我们今天的动物园？

亚述国王们的名字都非常奇怪。他们中最为人所知的一个叫辛那赫里布。辛那赫里布大约生活在公元前700年，他曾经命令亚述大军攻打过耶路撒冷。然而，在征战中发生了一件非常奇怪的事情。有一天晚上，亚述军队扎营休息后，全营的士兵，包括战马都在梦里沉沉地睡死过去了，到了第二天早上，没有一个人活着醒来，全部人马就这么离奇地死掉了。很多很多年以后，一位名叫拜伦的英国诗人写了一首描述这一离奇事件的诗歌，这首诗歌的名字叫《辛那赫里布的覆灭》。我觉得，辛那赫里布的亚述军队是被毒

死的。你认为呢？

亚述巴尼拔是另一位有名的亚述国王，他在位的时间要比辛那赫里布晚，大约是公元前650年。亚述巴尼拔既骁勇善战，又非常爱好阅读和搜集书籍。因为这个爱好，亚述巴尼拔创建了人类历史上第一座公共图书馆。只不过，在这第一座公共图书馆里面的书籍都不是寻常可见的图书。一来，这些书不是印刷出来的；二来，这些书也不是纸做的，它们都是上面刻着楔形文字的泥板书——你记得我们讲过楔形文字是怎么回事吧。所以，这些书不是摆放在书架上，而是一块泥板叠一块泥板地放在地上。不过，所有这些泥板都被仔细地编上了号码，排列有序。谁要想看书，只要查找号码，就能找到他要的那一块。

在辛那赫里布和亚述巴尼拔统治的时代，亚述帝国达到了它的全盛时期。亚述巴尼拔在位的时候，尼尼微人的生活水平超过世界上很多国家的人们，所以他们称亚述巴尼拔的时代为"黄金时代"。

然而，凡事都有两面。尽管尼尼微人生活无忧无虑，可是在整个亚述帝国被征服的其他地方，这些国家的人们对亚述人却是又怕又恨。因为亚述军队所到之处，带给当地人们的只有死亡和毁灭。

因为亚述帝国实在太过骄横，所以当亚述巴尼拔一死，尼尼微的两个邻国马上起兵造反。这两个邻国，一个是巴比伦，另一个是米底。巴比伦在尼尼微以南，米底在尼尼微以东。巴比伦和米底兵合一处，联合起来攻打尼尼微，最终把尼尼微城彻底地从地图上抹去了。这一年，是公元前612年，我们把这一年称之为尼尼微的覆灭。让我们为这个曾经不可一世的帝国树一块墓碑吧。

公元前612年，尼尼微

# 第十八章　奇迹之城，罪恶之都

巴比伦国王联合米底打败了尼尼微，可他却并不感到满足。他希望自己的国家巴比伦可以像曾经的尼尼微一样强大。于是巴比伦又开始对周边其他国家发起了新一轮的征伐，并最终使巴比伦成了当时世界上最强大的帝国之一，把别的国家都踩在脚下。可是，我们不禁要问，巴比伦会不会重蹈尼尼微的覆辙呢？

巴比伦的王位也是父死子继。巴比伦老国王去世之后，王位传给了他的儿子。这位新国王有一个又长又怪的名字，并不像"约翰""吉姆""查理"这些名字这么简单，他叫尼布甲尼撒。我很想知道尼布甲尼撒的爸爸是怎么叫他的？要是每次都得叫这么一长串名字，那可真得累死。要是我的话，就干脆给他起个小名，比如"尼布""甲尼"，或者"尼撒"之类的。右面是尼布甲尼撒的名字写成楔形文字的样子。因

楔形文字"尼布甲尼撒"

为我们都知道巴比伦人书写用的就是楔形文字。你希望你的名字也写成这个样子吗？

尼布甲尼撒继承王位之后，开始着手修建和拓展巴比伦城。最终，他将巴比伦城建成了当时世界上最大、最宏伟的城市。这座城呈四方形，拥有极为高大的城墙。据说，这城墙有一个成年人身高的五十倍那么高！五十倍，哇哦！而且，城墙不仅高，还非常厚，就算是你想在上面驾驶马车也没有问题。这又高又厚的城墙把整个巴比伦城围成一圈，总共有一百扇黄铜制成的门供人们出入。幼发拉底河从城墙下穿城而过，然后从城另一边的墙下流出。

尼布甲尼撒到了该娶妻的年纪，可是他觉得整个巴比伦城都找不出一个配得上他的美貌女子。我估计，巴比伦的姑娘们一定对此耿耿于怀，妒火中烧。尼布甲尼撒想到了当年跟他父亲结盟的米底，于是他来到米底，在那里找到了一位让他一见倾心的美貌公主。最终，尼布甲尼撒迎娶了这位公主，将她带回了巴比伦。

　　米底是个多山的国家，而巴比伦则在两河流域的平原地带，一眼望去，不要说山，连一点起伏的地势都没有。尼布甲尼撒的妻子看到这种景象，觉得实在单调无聊，于是怀念起家乡的群山来。渐渐地，这思乡病越来越重，让尼布甲尼撒觉得很是烦闷。为了取悦娇妻，让她感到跟自己生活在一起不是那么无聊，尼布甲尼撒决定为她修出一座山来！更让人觉得无比惊奇的是，尼布甲尼撒打算把这座山修建在他宫殿的房顶上！在山上面，尼布甲尼撒还建造了很多美丽的花园，花园里奇花异草，树木林立，美不胜收。这样，他的妻子在爬山间歇，还可以坐在树荫下面怡然自得的乘凉。而这些建在宫殿房顶上的花园，有一个神气的名字，叫作"空中花园"。尼布甲尼撒的空中花园和宏伟的巴比伦城墙在历史上非常著名，被誉为世界七大奇迹之一。

　　你是不是想知道世界七大奇迹还有哪些？

　　好，让我来告诉你。埃及的金字塔是一个。奥林匹克运动会举办地奥林匹亚的宙斯塑像是一个。加上巴比伦的空中花园，现在我们知道三个了。其他的我会在后面慢慢告诉你。

　　尼布甲尼撒和腓尼基人一样信仰多神教，而且他也为这些神祇塑像。而在耶路撒冷的犹太人则只信仰唯一的神——上帝。尼布甲尼撒命令犹太人改信他们崇拜的各种神灵，犹太人当然不答应。他还想向犹太人征税，犹太人也不答应。于是尼布甲尼撒派兵攻下了耶路撒冷，摧毁了犹太人的这座圣城。所罗门王修建的宏伟的圣殿也被尼布甲尼撒下令焚毁。全体犹太人都做了尼布甲尼撒的俘虏，连同他们的财物，都被带回巴比伦来。在巴比伦，犹太人被关在监狱里做了近六十年的囚犯，在历史上被称为"巴比伦之囚"。

　　巴比伦拥有空中花园，是奇迹之城，可同时巴比伦也是当时世界的罪恶之都。古巴比伦人全都纵情于声色享乐，他们全部的念头就只有"吃够，喝够，寻欢作乐"。他们从不考虑明天、考虑未来，越罪恶越快乐，他们就是喜欢这样。

对于尼布甲尼撒来说，他是强大帝国的国王，想做什么、想要什么，完全可以为所欲为。可是，这样一个万世之君，最后居然精神崩溃，变成了疯子！他的精神出现了障碍，认为自己是一头公牛。于是人们看到，尼布甲尼撒有时候会手脚着地，趴在地上吃草。也许，他真的以为自己不过是一头野兽。

最终，同所有的帝国一样，纵然巴比伦有坚硬厚实的城墙和铜门，它依然逃脱不了被毁灭的命运。这话听起来似乎很难让人相信，但这就是历史事实。那么，巴比伦是如何被摧毁的，又是谁摧毁了它呢？我不说，你恐怕真的很难猜到。

# 第十九章　凄惨的宴会

当我还是个孩子的时候，我的爸爸妈妈总是对我说：

"如果你不吃完饭，你就不能吃甜点！"

我估计，像这样的规矩，你的爸爸妈妈肯定也给你制定了不少吧。

不论我吃不吃得下饭，"不吃完饭，没有甜点"都是我们家雷打不动的规矩。我爸爸说，这个规矩"就像米底人和波斯人的法律一样"。

在我还小的时候，我对什么米底人、波斯人一点概念都没有。当然现在我知道了，这是古时候雅利安人的两个支脉，他们的国家同古巴比伦帝国相邻。上一章我们不是说过巴比伦国王尼布甲尼撒娶了一位米底女孩为妻吗？米底人和波斯人的法律非常严格，人们一不小心可能就有触犯法律的危险。而且，这些法律一旦制定之后，就没有任何松动或者更改的可能。所以我们形容那些不容更改的事"就像米底人和波斯人的法律一样"。

米底人和波斯人的宗教信仰很独特，既不同于犹太人的一神论，也不像巴比伦人的多神崇拜。这两个民族的宗教起源于一个波斯人，他的名字叫查拉图斯特拉。查拉图斯特拉是一个很有智慧的人，像所罗门王一样聪明。

查拉图斯特拉不是君王，他和普通老百姓生活在一起，教给大家各种充满智慧的道理。他说的话和唱的歌被搜集起来，编成了一本书，这本书成为波斯人的"圣经"。

查拉图斯特拉告诉大家，世界上有两种不同的灵，即善的灵和恶的灵。

他说，善的灵是光明，而恶的灵是黑暗。他把善的灵魂，或者光明称作"玛兹达"。我不知道你有没有听说过这个奇怪的名字。由于查拉图斯特拉的教导，波斯人相信玛兹达是光明神，而火就是他的形象。所以在波斯人的祭坛上永远都有燃烧不熄的熊熊火焰。他们还会专门派人看守祭坛，以确保火焰不会熄灭。这些看守祭坛的人可不是随随便便找来一个人就可以，他们被称为"麦基"，波斯人相信能被称之为"麦基"的人有特殊的能力，可以做到各种神奇的事情。在英语当中，"神奇的"和"魔术"这两个词的发音同"麦基"的发音差不多，这两个词就是从"麦基"这个词来的。

当时统治米底和波斯的国王，名字叫居鲁士，他是一个伟大的帝王。

不过，在开始讲居鲁士大帝的故事之前，我得先讲一讲另一个小国家。这个国家在离特洛伊城不远的地方，名字叫作"吕底亚"。吕底亚的国王名叫克罗伊斯，他是当时世界上拥有财富最多的国王。今天英语当中形容一个人很有钱，还会说这个人"像克罗伊斯一样富"。

克罗伊斯之所以如此富有，是因为吕底亚国内有非常丰富的金矿。除此之外，克罗伊斯还从全国各地征收赋税。

可是，在克罗伊斯当国王之前，吕底亚人并不像我们今天这样使用钱。他们想要买什么东西的时候，就拿自己有的东西去跟别人交换他们想要的东西。比如说，多少个鸡蛋可以换一磅肉，或者多少酒可以换一双鞋子。如果想要的是个大件儿，比如说一匹马什么的，他们才会用到金子或者银子。而且他们用的金银都不是铸成的钱币，而是些金块、银块。他们找杆秤，称一下金银的重量，以此来确定它的价值。对于今天的我们来说，实在很难想象没有钱币的生活，可是古代的吕底亚人就是这么过的。

不过这样的交易方式确实有很多不方便的时候，因为不是每次买东西的时候大家都刚好随身带着秤。所以克罗伊斯想了一个好办法，他把大的金银切割成许多小块，然后称好每一小块金银的重量，把这些重量的数字用印章打在相应的金块或银块上面。同时打上去的，还有克罗伊斯的名字，或者他名字的缩写，这表示他担保这块金子或者银子的分量同打在上面的数字相符。就这样，这些印有克罗伊斯名字的金银成了世界上最早的钱币。只是这些钱币不像我们今天的硬币是圆的，上面也没有美丽的图案。

现在，该说说居鲁士大帝了。吕底亚的富饶让波斯王居鲁士大帝看红了眼。居鲁士大帝想要把吕底亚国内的金银矿都据为己有，于是他发动了战争，想要征服吕底亚。

居鲁士大帝大军压境，克罗伊斯心中着急，于是他派人到希腊去求问神

德尔斐神谕

谕，想知道谁会最终赢得这场战争。你还记得我前面给你讲过的德尔斐神谕吗？那时候的人们很迷信德尔斐神谕，遇到麻烦的时候，都想到那儿去占卜未来，问个究竟。

克罗伊斯从德尔斐那里得到的神谕是：

"一个伟大的王国要消亡。"

克罗伊斯听了之后很高兴，因为他认为神谕所指的这个王国是居鲁士大帝的波斯帝国。神谕说得没错，但并不是克罗伊斯所想的那个样子。

因为，这场战争之后，确实有一个伟大的王国消亡了，它就是克罗伊斯的吕底亚。

居鲁士大帝赢得了同克罗伊斯的战争，占领了吕底亚。可是这依然没有让居鲁士大帝满意，他继续挥兵前进，一直打到了巴比伦。

前面我们已经知道，古巴比伦人成天想的不过就是声色享乐，即使在居鲁士大帝已经兵临城下的时候，他们还在计划着举办宴会，饮酒作乐。他们觉得，自己有什么好担心的呢？巴比伦城的城墙那么高大、那么坚实，还有厚重的铜门，谁打得下这样一座固若金汤的城池呢？

你也应该还记得，幼发拉底河是从巴比伦城下穿城而过的，居鲁士大帝想到了这一点。于是一天晚上，当巴比伦年轻的国王伯沙撒还在宫中大开宴会，同一干娈童作乐的时候，居鲁士大帝已命人在巴比伦城外挖开了幼发拉底河，并将河水引往别处，使得幼发拉底河流进巴比伦城的一段干涸，露出了通往城内的河床。就这样，居鲁士大帝的军队毫发无伤地从城墙下沿着干涸的河床钻进了城去。巴比伦人还没有回过神来，就已经成了居鲁士的俘虏。也有人说，巴比伦的祭司当中有人为居鲁士大帝打开了城门，来了个里应外合。因为这些祭司看到巴比伦堕落成这个样子，觉得这座城实在是走到了应当被毁灭的地步。

斯巴达勇士吕库古如果看到这一切，一定会忍不住说："我早就说过的吧。只关心享乐的人一定不会有好下场。"

巴比伦人这场凄惨的宴会发生在公元前538年。

两年之后，居鲁士大帝下令释放被囚禁在巴比伦的犹太人。这时距犹太人被俘虏到巴比伦城已经有近六十年了，沦为"巴比伦之囚"的犹太人终于被允许回到他们的家乡耶路撒冷。

然而，这座曾经辉煌一时的巴比伦城，如今留下了什么呢？什么也没有留下。这座罪恶之都，这座奇迹之城，连同它的高墙铜门和巧夺天工的空中花园，全都湮没在了历史的尘埃之中，只剩一抔黄土。

# 第二十章　世界的另一边

我小的时候，每个星期天去主日学校做礼拜。我们主日学校里面有一个传教士募捐箱。每次我们都会往箱子里扔几个硬币，好早一点凑够钱派一个传教士到异教徒当中去传教。

大人们告诉我们说，异教徒生活在世界的另一边，他们不信上帝，而是崇拜各种奇奇怪怪的泥雕木偶。

这些异教徒有中国人、日本人和印度人。

住在地球另一边的印度人和美洲印第安人不一样，他们生活的国家就叫印度。印度在地图上的样子看上去就像你喉咙里倒垂下来的那个小舌头一样，每当医生叫你"把嘴张开，把舌头伸出来，说'啊'"，这时你照照镜子，就能看见你的小舌头了。美洲的印第安人是红皮肤，而居住在印度的印度人是白皮肤，他们实际上同居鲁士大帝一样，属于雅利安人。

比居鲁士大帝的时代还要早两千年的时候，雅利安人生活在波斯一带。后来雅利安人中的一支离开了波斯，迁徙到今天的印度。

他们到了印度之后，逐渐发展壮大，并且慢慢发展出四个主要的社会阶级。一个上层阶级，一个底层阶级，还有两个居中。这些不同的阶级叫作"种姓"，不同种姓的人互相之间是不能来往的。打个比方，你是一个属于上层阶级的小男孩或者小女孩，那你是绝对不被允许同其他阶级的男孩子或女孩子玩儿的。一个种姓的男子也不能同另一个种姓的女子结婚，不同种姓出生的人也不能在一起吃饭。总之，不同种姓的人不能有一丁点儿来往。大家就连在街上走路都小心翼翼地，因为生怕不小心碰到对方。如果这两个人不是一个种姓的，一旦稍有接触那麻烦可就大了！这种人与人之间互相戒备的情形，就像大家都害了传染病，害怕跟人接触一样。

最高的种姓是僧侣，掌握神权，主持祭祀，是社会精神生活的统治者。

属于第二等级种姓的人是武士，掌握政治和军事权力，是古印度国家的世俗统治者。

再低一个等级的种姓是农民和手工业者。比如屠户、面包师傅、五金师傅之类的。

第四等级的种姓是最低贱的苦力。他们没有知识也没有手艺，除了做最粗重的体力活儿之外，别的什么也干不了。挖地、伐木、挑水，这些就是他们的工作和生活。

在第四等级种姓之下其实还有一些人。这些人连做苦力的资格都够不上，他们被叫作"外种姓"，或者"贱民"。今天，如果有谁做了那种即使是最低贱的人都不屑于做的坏事，我们就叫这个家伙"贱民"。

印度人信仰的神叫作"梵天"。所以在古印度，这一宗教也叫作"梵天教"。发展到现代，被叫作"印度教"。信仰梵天的人认为，人死之后，他的灵魂会在另一个人或者动物身上重生。如果他活着的时候行善做好事，那他的灵魂就会在高等种姓的人身上重生；而如果他活着的时候做坏事，那他的灵魂就会重生到低等种姓的人或者动物身上。

人死了之后，他的尸身不是埋在土里，而是放到火堆里烧掉。如果这个人有妻子，那他的妻子也一定得为他殉葬——换句话说，这位还活着的女人，也得自愿地坐在火堆里，跟她丈夫的尸体一起被烧死。丈夫如果死去，妻子也不能活着。可是，如果情况反过来，妻子先丈夫而去，那又怎么样呢？简单得很，这男人再娶一个新的妻子就是了。在梵天教的寺庙里，有很多面目狰狞的塑像，教徒们将这些塑像视为神灵来膜拜。这些塑像看起来很可怕，有的有很多只胳膊和手，有的有很多条腿，长长的獠牙从他们的嘴里伸出来，头上还长有角。

大约在公元前500年的时候，在印度诞生了一个王子，他的名字叫乔达摩。乔达摩看到这世界上有那么多痛苦和悲惨的事情，觉得非常痛心。他想，自己只是因为生下来就贵为王子，所以生活无忧、幸福快乐，而其他人并没有做错什么，只是因为生在低贱人家，就注定一辈子要忍受痛苦，生活悲惨，这样太不合理了。他这样想了之后，决定放弃自己作为王子的安逸生活，而把自己的生命奉献给全部的人们，让他们的生活可以变得更好。

乔达摩教导人们向善、诚实，向穷苦不幸的人施舍。他的教导打动了人们，人们开始叫他"佛陀"。因为佛陀的神圣和纯粹，最后人们认为佛陀就是神的化身，所以人们开始把他当作神来敬拜。

于是，这些敬拜佛陀的人成了最初的佛教徒。慢慢地，很多梵天教徒也放弃了他们面目狰狞的偶像，转而信仰佛教。这个时候，还没有基督教。因为这是在耶稣诞生之前五百年的时候发生的事情。

佛教徒觉得他们的宗教非常好，希望世界上每一个人都能信仰佛教。所以他们也到处去传教，就像后来的基督教的传教士一样。佛教宗师们穿越东亚大陆，渡过海洋，到了日本。就这样，慢慢地，佛教也传到了世界各地。

对于西方国家的小孩子来说，他们可能从来没有见到过一个佛教徒——和尚或尼姑。可是现在全世界的佛教徒数量可要多过基督教徒的数量呢！

大约与乔达摩在印度创立佛教的同时，在中国，一位被称作孔夫子的老师也开始教导中国人，什么事情是可以做的、什么事情是不可以做的。他的教诲体现在很多书里面，慢慢地成了中国人的信仰，我们可以称之为"儒教"。

孔夫子教导人们对他们的父母和老师要恭顺，对自己的祖先要敬仰。这听上去同基督教"十诫"中的一条很相似。这一条诫命说，"当孝敬父母"。

在《圣经》有这样一条："无论何事，你们愿意人怎样待你们，你们也要怎样待人。"这一条我们认为是与人相处的金科玉律。孔夫子也说了同样的话，他说："己所不欲，勿施于人。"

在今天的中国，还是有很多人依从孔夫子的教导来生活。所以你看，即使基督教已经传播到了全世界，但是信仰佛教和儒教的人，数量一点也不比信仰基督教的人少。

在公元前500年的时候，中国已经有高度发达的文明了。中国人很早就创造出了很多伟大的发明。当中国已经在使用这些发明的时候，世界上其他地方的人还听都没有听说过这些东西呢。只不过，我们这本书要再过一段才会讲到中国的历史。

# 第二十一章　富人和穷人

在街头转角的地方，经常有一群群的孩子在一起玩球。每次我从他们身边走过的时候，总是能听到他们中间有人嚷嚷："这不公平！"

你看，似乎总是有人觉得其他人在游戏或者比赛中要诈，没有遵守的规则，所以比赛的双方经常会发生争吵。

其实，不管是比赛还是生活，我们都需要一个裁判来做仲裁。

雅典一开始是有国王的，可是他们的国王站在富人那一边，所以最终雅典人起来推翻了国王的统治。从那之后雅典就没有国王了。

可是，到了公元前600年的时候，因为没有一个统一的管理者，雅典的情况变得很糟糕，于是一个名叫德拉古的人被民众选出来为全体雅典人制定一整套法律规范，即《德拉古法典》。全体雅典人都须遵守《德拉古法典》。

《德拉古法典》对于触犯规定的人施以非常严酷的惩罚。举个例子，要是有人盗窃，比如说他只是偷了一小块面包而已，那他不是被罚款或在监狱里被关几天，而是会被判处死刑！不论一个人犯了多么微小的错误，所有的惩罚通通都是死刑！德拉古之所以制定这样的严刑峻法，是因为他认为，只要是盗窃，不论偷的东西价值如何，偷盗都应当通通被判处死刑，没有商量的余地。而对于谋杀这样更为严重的罪行，惩罚理应比死刑更重，只是我们没法再在一个死刑犯身上加以更重的刑罚了。

你可以想象这样的严刑峻法，得造成多大的乱子吧？所以《德拉古法典》实施了没有多久，另一个叫梭伦的人就接受大家的请求，重新制定了一部法典。梭伦制定的法典很好、很公正。所以今天在美国，人们还是习惯把给国家制定法律的参议员们叫作"梭伦"，即使他们制定的法律并不一定很好、很公正。

可是，即使梭伦制定的法典已经够不错的了，但是依然没法做到让每一个人都满意。上层阶级认为这部法典太照顾下层阶级，而下层阶级又认为这部法典太偏袒上层阶级。可大家抱怨归抱怨，还是遵守了这部法典很长一段时间。

公元前560年左右，一个名叫庇西特拉图的人在没有人选举或委任的情况下，自己把自己推举为雅典的领袖，掌管雅典的一切事务。这个人很有权势，所以没有人能阻止得了他。这情形，就像一群孩子在游戏的时候，有一个最厉害的男孩子自己站出来，不管别的孩子同不同意，他都要当队长或者裁判。大家也拿这样的人没办法。

在古代雅典，像庇西特拉图这样的人时不时地就会出现一个。这些人因为没有经过民主选举，也没有得到合法的委任，所以被统称为"僭主"。这个词在今天的意思是"暴君"，即对人民严苛和残暴的统治者。不过，庇西特拉图当政的时候对上层阶级和下层阶级还算都能照顾到，而且，他行事也很公平，并不严苛凶残。实际上，庇西特拉图就是遵循着梭伦制定的法典来管理雅典的，而且他还尽力建设雅典和改善雅典人的生活。除此之外，庇西特拉图还很重视文化。《荷马史诗》就是在他的主持下被用文字整理记录下来的，而在此之前，人们只能通过别人背诵《荷马史诗》来了解它。

正是因为庇西特拉图将雅典治理得还不错，所以雅典人默认了他的统治，甚至在庇西特拉图死后，雅典人一开始也默认了他儿子的统治。只是后来，雅典人逐渐地厌倦了庇西特拉图的儿子，公元前510年，雅典人把庇西特拉图的子嗣和家人全部逐出了雅典。

下一位试图在雅典不同阶层的人们之间解决争端、建立平衡的人名叫克里斯提尼。你是不是已经开始有点记不住这些奇奇怪怪的人名儿了？的确是这样，一个我们才认识不久的人，如果他的名字不是反复被提起，我们很难记住。所以不如让我多念几遍克里斯提尼这个名字吧，也许这样你就能慢慢熟悉了——

克里斯提尼

# 克里斯提尼

克里斯提尼

你没法决定你出生在什么样的家庭。你的爸爸也许很穷，也许很富。

如果我们现在要选领导人，你的穷爸爸可以投一票。

你的富爸爸也可以投一票，而且只能投一票，不可能再多了。

这就是民主选举的规则。如果有人要破坏这个规则，比如说一个人投两票，那么，无论他是穷是富，他都要被关进监狱。

我明白，在现实中，事情并不一定是这么理想，即使是在当代，也有可能出现选举作弊的情况。而在很久以前的古时候，情况可能更糟糕。

克里斯提尼很懂得民主的真谛。他只给每一个人一张选票，不论这个人是贫还是富，当然女性除外。克里斯提尼很有政治智慧，他统治得很好。

克里斯提尼建立了一套新的民主制度，叫作"陶片放逐法"。如果人民对某个人非常不满，希望将这个人驱逐出雅典，那么大家就找一块陶片，把这个人的名字刻在陶片上面。然后在某一个规定的日子，全体雅典城的公民都将自己的陶片放到投票箱里去。之后，把投票箱打开来，数一数有多少个陶片上有这个人的名字，那就表示有多少雅典人同意把这个人放逐出去。如果一个人的陶片达到一定的数量，那这个

陶片放逐法

人就必须离开雅典至少十年的时间。"陶片放逐法"就是最初级的民主决策制度。在今天的英语中，形容一个人被孤立、被排斥了，就说他"被放逐"了。

你有没有过因为在饭桌上调皮，而被你的爸爸妈妈赶下饭桌，关进厨房或者你自己的房间的时候呢？

如果有的话，那，你也被放逐了。

公元前500年

# 第二十二章　驱逐国王的罗马

在公元前509年的时候，罗马城出了一件大事。

当时的古罗马和雅典一样，也有两个阶层。富人属于贵族阶层，穷人属于平民阶层。即使今天，我们也用"贵族"来称呼那些有钱有势的人，用"平民"来称呼普通大众。在古罗马，一开始只有贵族阶层的人有选举权，而平民是没有的。

经过很长时间的斗争，平民终于为自己赢得了选举权。可到了公元前509年，罗马当时的国王塔克文却想要剥夺平民好不容易赢得的选举权。平民们当然不会答应，于是大家起来造反，就在这一年，把塔克文赶出了罗马城，就跟雅典人驱逐他们的国王一样。塔克文成为罗马的最后一任国王。

在塔克文被赶下台之后，古罗马人建立了新的国家体制，叫作"共和制"。这一体制同美国今天的体制有点类似。古罗马人受够了一个独裁者作为皇帝或者国王的日子了，因为他们此前

手执"法西斯"的刀斧吏

已经有太多的国王了。正是出于这样的担心，古罗马人每年选出两个人作为执政官来管理国家。每一个执政官身边有十二位护卫，这些护卫被称作"刀斧吏"，他们都手持一种叫作"法西斯"的武器。这种武器是一柄绑在一捆藤条中段或末端上的斧子，是执政官权威的象征。执政官有权对违反法规的人施行惩罚，要么用藤条鞭打犯法者，要么用斧子砍下他的头。

说不定你在法庭里，或者市政厅，或者国会大厦里面见过法西斯。不过，现在在这些地方，法西斯已经被人们用在墙上或者纪念碑上作为装饰品了。法西斯从武器变成装饰品，是不是很奇怪？

最初有一位罗马城的执政官名叫布鲁图斯，他有两个儿子。当时被赶出罗马城的国王塔克文不甘心被驱逐的命运，正盘算着怎样回到罗马，重新登上国王的宝座。他成功地说服了一些罗马人协助他，而令人难以置信的是，布鲁图斯的两个儿子也在其中。

布鲁图斯发现了塔克文的阴谋，并顺藤摸瓜地挖出了那些背叛罗马城，成为塔克文帮凶的叛徒。当然其中就包括他自己的两个儿子。布鲁图斯对自己的孩子毫不留情，当判决这两个孩子有罪之后，他命令刀斧吏将自己这两个儿子斩首示众。而其他所有的叛乱者也得到了相同的下场。

塔克文的这次计谋以失败告终。可是他并不甘心，于是在第二年卷土重来。这一次，他联合了一支叫作伊特拉斯坎的民族，借助他们的兵力向罗马进攻。

伊特拉斯坎人的城邦同罗马城只隔了一条台伯河。在台伯河上有一座木桥，连接河两岸。为了阻止伊特拉斯坎人的军队渡过台伯河，罗马英雄霍拉提乌斯领命带队去破坏这座桥，他的一只眼睛已经在之前保卫罗马的战役中失明了。

霍拉提乌斯带着人马到达桥边，他命令士兵开始凿沉大桥，而他自己和他的两个朋友还在桥的那一端守卫着。伊特拉斯坎人攻了过来，霍拉提乌斯和他的两个朋友在桥头抵挡住了整个伊特拉斯坎军队。霍拉提乌斯手下的罗马士兵眼看就要将桥凿垮了，就在桥马上要垮的时候，霍拉提乌斯让他的两个朋友退回岸去，自己依然守在桥这头。

霍拉提乌斯凭只身之力抵挡住了伊特拉斯坎人，直到大桥全部垮塌，沉到河里。这时候，霍拉提乌斯跳下河，奋力向河对岸的罗马一方游去。霍拉提乌斯身穿重甲，伊特拉斯坎人在岸上不断向他放箭，可是他最终安全地游回了罗马岸边。看到这一情景，就连与罗马为敌的伊特拉斯坎人都禁不住为霍拉提乌斯的勇敢和顽强喝起彩来。

有一首非常有名的诗《桥头的霍拉提乌斯》，就描述了霍拉提乌斯的英勇顽强。几乎每一个男孩子都愿意读几句这首诗。

霍拉提乌斯去世后没几年，罗马又出了一位名叫辛辛纳图斯的英雄。辛辛纳图斯最初只是个普普通通的农民，在台伯河岸边有几亩庄稼地。可是他非常聪明，行事也很正直，所以罗马人都很尊敬和信任他。

有一天，又有另一拨敌人要进攻罗马——在那个时代，经常都有不同的敌人因为各种原因要攻打罗马。一盘散沙的罗马人急需一个将领来领导他们，于是大家想到了辛辛纳图斯。他们找到辛辛纳图斯，请他做罗马人的独裁者。

在那个时候，当人们面对突如其来的危险时，就找一个人来当独裁者，统领军队，带领大家渡过危难。辛辛纳图斯义不容辞地出任了独裁者。他扔下犁头，同人们来到罗马城里，迅速组织起一支军队，出城迎敌，并且战胜了敌人！等他凯旋，回到罗马城，还没有超过二十四个小时！

罗马人全体沸腾了。辛辛纳图斯的指挥如此果决，打起仗来又如此迅猛，他带领大家挽救了罗马城，所以罗马人希望辛辛纳图斯在和平时期继续做他们的将官。本来罗马人是很反感国王的，但是辛辛纳图斯是如此出色的一位领袖，他们觉得，只要辛辛纳图斯自己愿意，他们就能接受辛辛纳图斯当国王。

可是辛辛纳图斯拒绝了。他已经击退了敌人，完成了自己的使命，所以他只希望回到自己的家里，同妻子生活在一起，守着田地过简朴的生活。在很多人看来，这是一个难得的当国王的好机会，可是辛辛纳图斯坚决放弃了这个机会。他回到家里，又拿起犁头，选择当一个无忧无虑的农民，而不是做日理万机的国王。

辛辛纳图斯生活在公元前的500年左右，但他的美名却为人们所铭记。美国俄亥俄州有一个叫作辛辛那提的城市，就是为了纪念这位古罗马的英雄而如此命名的。

# 第二十三章　希腊 VS. 波斯

看看这一章的标题，你知道在"希腊"和"波斯"之间的那两个字母表示什么意思吗？

也许你在足球比赛的门票上面见过这两个字母，这两个字母放在交锋的两只球队的名称之间，比如说"哈佛VS.耶鲁"。

VS.这两个字母是英文单词versus的缩写，表示打仗或比赛的双方相互较量的意思。比如上面的例子，就是"哈佛对阵耶鲁"。

可是，我们今天要讲的故事，可不是希腊和波斯之间的什么体育比赛，而是一场战争，一场你死我活的残酷较量，一场在弱小的希腊和强大的波斯之间的战争。

你还记得波斯帝国的居鲁士大帝吗？他领兵摧毁了吕底亚，并成功地征服了巴比伦。这之后，居鲁士大帝继续挥兵征杀，征服了许多国家，建立了一个庞大的波斯帝国。可是，还有两个国家没有被居鲁士大帝攻打下来。这两个国家，一个是意大利，另一个就是希腊。

大约在公元前500年的时候，波斯帝国的新君主名字叫大流士。有一天，大流士站在波斯帝国的地图前面，一眼看去，整个帝国面积庞大，真不愧是一个伟大的帝国。可是，当大流士再仔细端详时，发现希腊还没有被纳入波斯帝国的版图。这可真遗憾！他不禁想：这么一个小小的希腊却为何就是攻占不下？

这样想着，大流士暗暗发誓："我一定要占领希腊！让我的帝国变得更加辽阔！"而在那个时候，希腊刚好也在给大流士制造麻烦。希腊暗地里资助一些波斯属国反抗大流士的统治。大流士对自己说："为了惩罚希腊人干的这些勾当，我一定要吞并他们的国家！"

于是，大流士召来了他的女婿，命他带兵去征讨希腊。

大流士的女婿领受了命令，率领一支战舰和一队士兵走海路去攻打希腊。可是他运气不佳，舰队走到半路，还没有到达希腊的时候就遇到了一场巨大的风暴，风暴摧毁了整个舰队。大流士的女婿一无所获地回到了波斯。

大流士见状异常生气。他对他的女婿大发雷霆，同时还埋怨摧毁他战舰的那些神明。因为他认为是神没有保佑他的军队，才让风暴摧毁了他的舰队。这样想着，大流士决定自己亲自出征，惩罚不安分的希腊，并且占领这个国家。

在发兵之前，大流士派出他的信使到全希腊的各个城邦去下战书。在战书中，大流士命令每个希腊城邦向自己交上当地的一抔土和一瓶水，以此来表示这些城邦愿意向大流士献上自己的国土，对波斯俯首称臣，那么大流士就答应不会对这些城邦刀兵相向。

很多希腊城邦都被大流士的这个威胁吓坏了。因为波斯帝国兵强马壮，要是真的打起来，自己一定抵挡不住大流士的大军。所以这些希腊城邦都立刻献上了表示投降的土和水。

可是雅典和斯巴达这两个城邦偏偏不吃这一套，它们当即就拒绝了大流士的蛮横要求。这两个小小的希腊城邦，决意要对抗庞大的波斯帝国。

雅典把大流士派来的信使扔到水井里，说道："这里头有的是土和水，请君自便！"斯巴达差不多也是这么干的。这两个城邦主意已定，于是把各自的军队联合起来，并且号召相邻的城邦也加入进来，保卫自己的国土，同大流士的波斯决一死战。

于是，战争不可避免。大流士决定出兵雅典和斯巴达。

要到达希腊，大流士的军队必须坐船从地中海走水路。在那个时候，没有现代的大轮船，人类发明蒸汽船是几千年以后的事儿。当时行船，要么靠风帆，要么就是用人力来划船。要想船多装军队，那船就得大，划船的桨手就得多。大流士使用了一种大船，船的每一边都有三层桨手座位，一层比一层高。这样就大大增加了划船的人数。

因为这样的特殊设计，这种大船就被叫作"三排桨战船"。大流士总共派出了大约六百艘这样的战船，除桨手和水手之外，每一艘船可以乘坐大约两百名士兵。六百艘船，一艘船两百名士兵，你可以自己算算大流士的这支军队有多少人了。嗯，你算对了，总共大约是十二万士兵。

这样一支气势汹汹的波斯军队劈波斩浪地渡过了地中海。这次他们没有遇到风暴，很顺利地在希腊半岛登陆。波斯人登陆的那个地方叫作马拉松平原。这里距离雅典已经非常近了，只有大约四十二公里。待会你马上就会明白我为什么要告诉你这个确切的数字。

一艘三排桨战船

当雅典人发现波斯军队已经登陆之后，他们急需通知斯巴达派兵援助。因为雅典和斯巴达已经达成了联合抗敌的协议。

可是当时并没有我们今天使用的电话或者电报，也没有铁路什么的，除了派人到斯巴达去，没有任何别的办法可以传递情报。

雅典人中有一个著名的长跑运动员费迪皮德斯，他接受了到斯巴达去通报敌情的任务，于是从雅典一路跑到斯巴达去。这两个城市之间的距离大约是二百四十一公里，费迪皮德斯跑了一天一夜，没有停下来休息，也没有吃东西。第二天，他终于跑到了斯巴达。

斯巴达人接到雅典人希望他们出兵增援的请求，可是他们的回答很奇怪。斯巴达人说，他们可以出兵，但不是马上，因为当时月亮不是满月，出兵的话，会有坏运气。嗯，我们心里都清楚，其实月圆月缺同运气好不好一点关系都没有，我只能说这是一种迷信，就同现在有些人觉得星期五不适宜出门旅行一样，都没有什么科学道理。可是，斯巴达人就相信这个。所以他们的回答是，一等月亮变成满月，他们就立刻派兵来帮助雅典。

雅典人明白，如果等到满月斯巴达人才来的话，那就晚了，波斯人那会儿早就攻进雅典了。这可不是雅典人希望发生的。

于是，在雅典城里，但凡能打仗的男人都出动了。他们离开雅典城，来到四十二公里以外的马拉松平原，准备迎击波斯人。

雅典人当时的领袖名叫米太亚德，他只有一支区区一万人的军队。另外，有一个在雅典附近的小城邦愿意同雅典共存亡，可是这个城邦实在太小了，只派得出一千人。就这样，一万一千人将要抵抗十二万波斯大军的进攻。如果你稍微算一下的话，就可以看得出来，波斯军队同雅典军队在人数上的比例大约是十比一，即一个雅典战士要抵抗十个波斯士兵。

不过，我们知道，希腊人崇尚体育运动，尤其是雅典人更是如此。所以雅典战士的身体素质都非常好。跟他们相比，波斯人就差远了。所以，尽管雅典战士的人数远远少于波斯大军，但是最终的结局却是雅典人获得了胜利，打败了数量远胜自己的波斯大军！固然因为长期的体育训练，使得雅典军人比波斯士兵更加优秀，可是更重要的原因在于，雅典人是为了保卫他们自己的家园而战，他们同仇敌忾，气势上远胜波斯人。

你可能听说过这样一个寓言，一只猎犬追逐一只野兔。野兔逃跑，猎犬紧追。可是猎犬只是追着野兔好玩，并没有全力想要抓住野兔。猎犬说："我只不过是为了晚餐而追野兔，可是野兔却是为了保住它自己的性命在逃跑。"

波斯人跨海而来，他们打这场仗并不是要保卫他们自己的家园，谁打胜这场仗，对这些波斯士兵来说，并没有多大的意义，他们不过是受命于波斯帝王大流士的士兵和奴隶。仅仅是因为大流士命令他们打仗，他们才打仗。

正因为如此，雅典人才可以以少胜多，赢得这场保卫家园的重要战役，对此他们喜出望外。

费迪皮德斯，这位受人尊敬的长跑运动员，再一次领命，从马拉松跑回四十二公里以外的雅典，将胜利的好消息告诉雅典人。费迪皮德斯又是一口气不歇地跑了回去。可是因为几天前他才从雅典跑去斯巴达，还没有好好休息过来，又因为胜利的结果是那么激动人心，他希望雅典人早一点知道这个好消息，他跑得太快，当他终于跑回雅典，跑到雅典城的时候，气喘吁吁地告诉雅典人胜利的喜讯后，他竟一头栽倒，离开了人世！

为了纪念这位伟大的长跑运动员，在现代奥运会上，人们设立了一项长跑比赛，名字就叫作"马拉松"，总距离也是四十二公里。

马拉松战役发生在公元前490年，这是人类历史上一次非常著名的战役。因为不可一世、人数众多的波斯军队被小小的雅典和它的一个邻城给打败了，波斯人只得带着耻辱回到家乡。

一万多人，自己管理自己的城邦，战胜了一位强大的君主所带领的由雇佣兵和奴隶组成的十二万大军。

不过，这并不是希腊人最后一次和波斯人交锋。

公元前490年

# 第二十四章　战争狂

输掉了同希腊的战争，大流士怒不可遏。小小的一个雅典，竟然敢挑衅伟大的波斯君主大流士和他不可阻挡的军队！大流士比以往任何时候都更想要消灭冥顽不灵的希腊人。他一回到波斯，立刻就开始着手准备，打算再来一次对希腊的远征。这一次，大流士下定了决心，一定要把全国所有的陆军和海军都派上战场。这样一支军队，世界上不可能有谁能够抵挡。大流士发誓，要摧毁全希腊。为了这个目标，大流士准备了好几年，调集军队，积蓄粮草。可是，一件令人万万没有想到的事让大流士全部的准备都付诸东流了。是什么呢？你猜对了！大流士死了。

大流士自己虽然去世了，可是他还有个儿子，名叫薛西斯。薛西斯跟他的爸爸大流士一样，对希腊怀着抹不去的仇恨。他也想要好好地教训希腊，把希腊纳入波斯帝国的版图。于是薛西斯当上国王之后，继续着手备战。

希腊人也料到波斯肯定不会这么轻易地罢手，迟早会再来进犯，所以他们也下定了决心，一定要保卫国家，不能让波斯把自己打败。于是，希腊人也在暗自准备，巩固国防。

当时，在希腊雅典，有两个人在竞争城邦执政官的地位。其中一个人的名字叫地米斯托克利，另一个人叫阿里斯提蒂斯。希腊人的名字里面，普遍都有个"斯"字。

地米斯托克利告诫雅典人应为战争早做准备。他预感到雅典同波斯之间迟早还会再打一仗。地米斯托克利专门强调说，雅典一定要建立一支舰队，因为雅典现在一艘可以打仗的舰船都没有，而波斯的海军力量可是很强的。

可阿里斯提蒂斯却反对地米斯托克利的这个意见，他认为耗费财力建造军舰不值得。

阿里斯提蒂斯在雅典很有名，他富有智慧，做事公正，人们都管他叫"正义的阿里斯提蒂斯"。可还是有些人不喜欢他，想将他逐出雅典。因为这些人觉得他反对建海军的主张是不对的，地米斯托克利的想法才对。这些人策划了很久，终于等到了可以提名被放逐人的日子。你还记不记得这个制度是由谁创立的？对了，是克里斯提尼在公元前约500年的时候提出的。

到了那一天，有一个普通的雅典市民，因为他自己不会写字，所以需要找人帮他在陶片上写名字。碰巧的是，这个人遇到了阿里斯提蒂斯，并请求阿里斯提蒂斯帮他写字。阿里斯提蒂斯答应了，问这个人想写谁的名字。

"阿里斯提蒂斯。"那个人回答道。

阿里斯提蒂斯并没有表明自己的身份，而是继续问道：

"你为什么想要驱逐阿里斯提蒂斯呢？是他做了什么错事吗？"

"哦，不是，不是，他没有做什么错事，"那个人叹了一口气后继续说，"我只是厌烦了大家总是叫他'正义的阿里斯提蒂斯'。"

听到这样一个令人哭笑不得的理由，阿里斯提蒂斯觉得很是无奈。可是他还是在那个人的陶片上写下了自己的名字。当最终计算投票数量的时候，的确有很多人赞成放逐阿里斯提蒂斯。

放逐阿里斯提迪斯似乎不是那么公平，但这样做却是幸运的，因为地米斯托克利可以实现自己的主张，雅典人可以继续为战争做准备。

雅典人也建造了一队三排桨战船，组建了一支海军。此外，雅典还联络希腊境内的各个城邦，结成了共同御敌的联盟，一旦战争爆发，全希腊的城邦都彼此呼应，相互协助。考虑到斯巴达被誉为战士之城，大家共同推举斯巴达为战争的总指挥。

公元前480年，刚好是马拉松战役之后的第十个年头，波斯大军准备再一次进攻希腊。薛西斯从全波斯境内调集了庞大的军队，人数远远超过上一次的十二万人。

据说，这一次波斯军队的人数是两百万。两百万人，想想看，那可真是不得了！可是接下来的问题就麻烦了，要怎么把这两百万军队从波斯送到希腊去呢？还是坐船吗？根本不可能。因为就算是最大的三排桨战船满载也只能装得下几百人。这样算一下的话，得多少艘战船才能装完全部两百万人啊？估计就是把当时波斯拥有的全部三排桨战船都用上，也装不完这么多人。最终，薛西斯还是决定从陆上进军希腊。虽然这样要走很远的路，可是也没有别的更好的办法了。于是，波斯大军从陆上开拔了。

在从波斯到希腊的陆路上，有一个海峡正好横跨其上。这个海峡在当时的名字叫作"赫勒斯滂"。海峡现在还在，如果你在地图上找的话，会发现它现在的名字叫作"达达尼尔海峡"。这个海峡很宽，差不多有一千六百米的距离。而在当时，根本就没有什么连接海峡两岸的桥。于是薛西斯只好用船做桥，他命人把一艘艘船首尾相接，再在船上铺上木板，就做成了一座浮桥。

可是，就在薛西斯马上就要造好浮桥的时候，来了一场大风暴。风暴刮起海浪，打翻了这座浮桥。薛西斯大为光火，他诅咒赫勒斯滂海峡，威胁说要鞭打海峡，就像他鞭打奴隶一样。之后，薛西斯又下令重新造桥。这一次，海峡听话了，没有再发生风暴。薛西斯的军队终于顺利地渡过了赫勒斯滂海峡。

薛西斯的军队实在太庞大了。据说，军队整整用了七天七夜才全部从海峡的这一边走到海峡的另一边，而且还是排成两列，七天七夜都没有停下来休息。薛西斯的军舰也沿着海岸跟随着大军前进。终于，可怕的波斯大军抵达了希腊以北。大战即将爆发！波斯军队从北向南攻过来，势必踏平面前所有胆敢抵挡他们的敌人。看起来，地球上似乎没有任何力量可以阻止势不可挡的波斯大军了。

# 第二十五章　一夫当关

从波斯到雅典，有一条必经之路，这条路上有一个狭窄的关隘，一边靠山，一边临海。这个关隘的名字叫作"温泉关"。因为在这个关隘四周，有很多天然温泉。

温泉关是个非常理想的伏击地点。因为地势狭窄，只要数量不多的希腊士兵，就能抵挡住大批敌人的进攻。所以希腊人决定，在波斯大军抵达之前，就派出兵力推进到温泉关，遏住这个险要的地方，让波斯人攻不进来。

主意已定，希腊人准备选出一批最优秀的士兵，由最勇敢的将军带领，组成精锐部队，前往温泉关。

希腊最勇猛的将士当然非斯巴达人莫属。所以斯巴达的领袖列奥尼达，被任命为带队的将领。他的名字在希腊语里的意思是"像狮子一样"。另有七千名最好的战士被挑选出来，归列奥尼达统领，前去温泉关。想想看，区区七千人马，要遏制住波斯帝国两百万军队的进攻，这个任务能够完成吗？在这七千人的军队中有三百战士是斯巴达人。斯巴达人个个都是不怕死的勇士，他们从小接受的教育就是永不放弃，绝不投降。曾经有一位斯巴达母亲对她即将出征的儿子说：

"你要么活着带着你的盾牌回来，要么就战死躺在盾牌上被人抬回来。"

这一天，薛西斯的大军进发到了温泉关，当他看到那么一小队自不量力的希腊士兵把守在关口时，简直大牙都要笑掉了。于是他派出信使，让希腊士兵别做无谓的抵抗，赶快弃关投降。

你猜猜看列奥尼达是怎么回答的？

我们都知道斯巴达人简洁果敢的说话风格。列奥尼达的回答是：

"来抓我们吧！"

对薛西斯来说，当下的情形除了开战也没有什么别的选择，于是他大手一挥，下令抢关。

没曾想，这场战斗一连打了两天两夜。列奥尼达和他手下的希腊士兵始终坚守关口，无论波斯人如何进攻，就是拿不下来。

然而，就在薛西斯一筹莫展的时候，希腊人中间出了一个败类。这个人是个胆小鬼，他害怕关口失陷后薛西斯会杀尽全部希腊人，于是他投降了薛西斯，指望这样能保住自己的性命，还能从薛西斯那儿得到一点奖赏。这个人偷偷出关到了波斯军营中，他告诉薛西斯，在温泉关旁边的山上，有一条秘密小道，能绕过关去，溜到守关的列奥尼达身后。

第二天早上，波斯人从山间小道进军合围温泉关的消息传到了列奥尼达那里。如果守关的希腊军队这时候撤离，那么他们还有时间退回希腊境内。列奥尼达告诉他的将士们，愿意离开的人可以马上走。最终，列奥尼达自己和三百斯巴达勇士，另外还有七百雅典战士选择了留下。他们都知道，这场仗自己这边毫无胜算，留下来的话，大家肯定是必死无疑。可是，斯巴达勇士们说：

"我们斯巴达人领命镇守温泉关，就一定遵守命令。不论胜负，我们永不降敌。"

最终，温泉关一战，列奥尼达和他的一千将士血战到底，除了一人之外，其他人全部战死沙场。

温泉关失陷了，通向雅典的门户朝波斯人洞开。已经没有什么可以阻止波斯大军踏过列奥尼达及其将士的尸体，他们如黑云一般向雅典卷来。雅典已岌岌可危。

面对这危急的形势，雅典人急急忙忙去求问德尔斐神谕，想知道这时候他们应当怎么做。

神谕的回答是，雅典城这次难逃一劫，注定了被毁灭的命运，只是雅典城的人可因"木墙"得到拯救。

神谕总是这样，不会告诉人明确的答案，而是像谜语要人去猜它真正的意思。能够拯救雅典人的"木墙"指的是什么？大家都说不上来。地米斯托克利却说他知道神谕说的"木墙"是什么东西。你还记得地米斯托克利吧，就是他竭力主张希腊人建造军舰，成立海军。他说，神谕中的"木墙"就是指的军舰。

希腊人相信神谕，也相信了地米斯托克利的解释。于是，按照地米斯托克利的安排，他们全部离开了雅典城，登上此前已修建好的大船。他们上船的海湾，叫作萨拉米斯。

波斯大军浩浩荡荡地开进了雅典城，发现希腊人已经弃城而逃，雅典已经成了一座空城。于是波斯人放火烧毁了雅典，正应了神谕说的雅典城将被毁灭的预言。之后，波斯大军又攻到萨拉米斯。在萨拉米斯，薛西斯命人在一个能够俯瞰整个海湾的山头上给他安放上座位，于是他就舒舒服服地坐着观看自己的波斯军舰攻打希腊军舰，就好像我们今天坐在电影院里面看电影一样。薛西斯的波斯军舰比希腊军舰大得多，而全部雅典人都已经坐到了船里，看起来，雅典人这一次是在劫难逃了。

薛西斯在宝座上观看"萨拉米斯海战"

指挥雅典军舰的自然是地米斯托克利，他们的小船都集中在萨拉米斯这个很狭小的海湾里，同列奥尼达带兵死守的狭小的温泉关差不多。

看到萨拉米斯海湾的地形同温泉关的地形这么相似，地米斯托克利心生一计：波斯人在温泉关不是因为相信了一个希腊叛徒而获得了胜利吗？地米斯托克利打算借这样的方法来骗波斯人。他假扮成叛徒找到薛西斯，向薛西斯进言如何全歼希腊舰队。他告诉薛西斯，如果把波斯舰队分成两部分，一部分船集中在萨拉米斯海峡的这边，另一部分船集中在萨拉米斯海峡的那边，两部分船呈合围之势，就能从两边夹击希腊船只，把希腊船只围住。

薛西斯一听，觉得这个主意十拿九稳，于是就下令波斯舰队像地米斯托克利说的那样布阵。可是，接下来发生的一切，让端坐在宝座上想看好戏的薛西斯大吃一惊。波斯舰艇分布在希腊舰艇的两侧，使得希腊舰艇可以同时攻打两边的波斯舰船。而又因为萨拉米斯海峡实在太过狭窄，当战斗打起来的时候，庞大的波斯舰船互相之间老是要撞在一起，结果很多波斯军舰就这么被撞沉了。

战局如此发展，同薛西斯料想的完全相反。最终，在萨拉米斯海战中波斯舰队被尽数歼灭。遭受如此沉重的损失，薛西斯这位不可一世的波斯君主，最终只好带领他的军队草草收兵，狼狈地撤回了波斯。

薛西斯的这次远征，也成了波斯帝国最后一次对希腊的用兵。

如果不是地米斯托克利提前建议希腊人建造军舰，如果不是他想到了对付波斯军舰的办法，真不知道雅典和希腊其他城邦会有什么样的结局！

# 第二十六章　黄金时代

你还记得吗，我在很前面说到石器时代和青铜时代的时候，就给你提到过，我们会听到"黄金时代"这个说法。

好，我们现在就来到了人类历史上这个所谓的"黄金时代"。不过，尽管我们把这时候叫作"黄金时代"，但这并不是说这时候的人都使用黄金做的东西，或者拥有很多金币。这个词指的是——嗯，还是先让我们来看看这时候到底是怎么回事吧，然后，你自然就会明白这个词的意思了。

在战胜了气势汹汹的波斯帝国之后，喜出望外的希腊人为了庆祝胜利，从公元前480年到前430年的五十年间，创造了无数令人惊叹的文化艺术。这五十年，不仅仅是希腊历史上成就最显赫的五十年，或许也是整个欧洲历史上成就最大的五十年。

薛西斯占领雅典之后，把雅典烧了个精光。在当时看来，这可真是极为不幸的灾难。可是，也正应了人们常说的"越烧越旺"这句话，等战争结束之后，人们开始着手重新修建雅典城，而新建成的雅典城比旧的那个更宏伟、更漂亮。

这时雅典的执政官名叫伯利克里。在古雅典的政治体制下，伯利克里不是国王或者君主，而是一位极其出色的、富有智慧的演说家和受人爱戴的领袖。伯利克里一心想让雅典能够繁荣兴旺，而他也确实鼓舞了雅典人为这个目标而奋斗。伯利克里在雅典的地位，很像一支足球队里的队长。担任队长的人自己首先一定是非常优秀的运动员，同时，还有本事让队伍里面的其他人也成长为优秀的选手。雅典就是伯利克里的足球队，他把这支球队调教得登峰造极，使得队伍里的任何一个人都能在自己的位置上发挥出色。在伯利克里的这支队伍中，有的队员成了伟大的艺术家，有的队员成了伟大的作家，还有的队员成了伟大的哲学家。你不知道什么是哲学家？哲学家是一群头脑聪明的人，他们懂得很多东西，热爱知识。

伯利克里的艺术家们修建了很多漂亮的建筑物，例如剧场和神庙。他们还为希腊神话中的诸神雕刻塑像，这些神采奕奕的塑像放在城市的四周和建筑物上。

哲学家们用他们的知识和思考教导人们拥有智慧，明白善恶。

作家们创作了很多优美的诗歌和戏剧，这些戏剧的内容跟我们今天的不太一样，那时候的戏剧讲的都是希腊诸神的故事。

那时候的剧场跟我们今天的剧场也很不一样。古希腊的剧场往往都是建在半山腰上，几乎都是露天的。看台依着山势升高，这样所有的观众都能看得清舞台，在表演的时候，舞台上没有或很少有布景。今天的剧场在舞台前面，都有一个乐池，乐团的音乐家们坐在里面为戏剧配乐。可是在古希腊的时代，是没有交响乐队。当时充

古希腊喜剧面具和悲剧面具

当交响乐队职责的，是一群歌手组成的合唱队，在需要的时候，用歌声来为演员的表演伴奏。演员们则根据剧情的需要佩戴不同的面具，以此来表示角色的心理状态。比如说，如果他们演的是喜剧，需要滑稽的形象，那演员们就戴上咧嘴笑的面具；如果演的是悲剧，需要表现内心的痛苦，那演员们就戴上一个表情愁苦的面具。

说不定你看到过古希腊面具的照片，因为人们现在还会时不时地用这些表现喜剧或悲剧的面具来装饰现代剧场。

如果你还记得，就应该知道，雅典是以女神雅典娜的名字命名的。雅典娜是这座城市的守护神，人们认为她无时无刻不在守望、照看着雅典。所以，雅典人认为，应当给雅典娜专门修一座特别的神庙。就这样，在雅典城

内的一座小山上面，人们建成了雅典娜神庙。这座小山叫作"卫城"，而雅典娜的神庙，人们尊称其为"帕提侬"。"帕提侬"的意思是"少女"，这也是雅典娜被人们所熟知的众多名字中的一个。

你应该看到过帕提侬神庙的照片，今天来看，这座神庙已经成了废墟，可是，在当时它被认为是世界上最漂亮的建筑之一。在神庙的最中心，有一尊雅典娜的塑像，它是由一名叫菲迪亚斯的雕塑家塑造的。这尊雅典娜像全部由黄金和象牙雕成。人们认为，这尊雅典娜雕像也是全世界最漂亮的塑像之一。然而，可惜的是这尊雕像已经完全消失在历史的尘埃中了，没有人能说得清它的下落。有人猜测，正是因为雕像是由黄金和象牙这些贵重的东西制成的，所以招来了小偷的觊觎。在漫长的岁月里，小偷们今天偷一点，明天偷一点，慢慢地，就把这座雕像给偷没了。

菲迪亚斯还做了很多别的雕像，这些雕像都放在帕提侬神庙的外面。可是，这些雕像现在也都不在原处了，有不少被放进了博物馆中，还有一些遗

帕提侬神庙

失或者被毁坏了。

雅典娜雕像和帕提侬神庙周围的其他塑像让菲迪亚斯大为出名，于是人们请求他再塑造一座宙斯的雕像，放在奥林匹克运动会的举办地奥林匹亚。菲迪亚斯答应了。这一次，他做出的宙斯雕像甚至比雅典娜雕像还要精美。因为这尊雕像实在是太棒了，所以人们把它称作是世界七大奇迹之一。你还记得我们前面讲过的埃及的金字塔和巴比伦的空中花园也是世界七大奇迹中的两个吗？

从菲迪亚斯取得的成就来看，他应当是古往今来最伟大的雕塑家之一。可是，雅典人却对他做的一件小事感到难以容忍。这件事情在我们今天来看，根本不是什么大问题。可是，古希腊雅典人对于善恶的观念跟我们实在是很不同，他们认为菲迪亚斯这样做简直是犯罪。你一定很想知道菲迪亚斯到底干了什么。事情其实很简单：菲迪亚斯在塑雅典娜像的时候，在雅典娜的盾牌上雕上了他自己和他的朋友伯利克里的头像。其实，菲迪亚斯这样做不过是在盾牌上加了点装饰而已，而且，这两个头像的图案实在很小，如果不注意看，根本就看不出来。可是，按照古希腊人的观念，在神像上面出现凡人的样子，是对神灵极其严重的亵渎。所以，当雅典人最终发现菲迪亚斯在雅典娜神像上所加上的这个小心思之后，他们毫不客气地把菲迪亚斯关进了监狱。菲迪亚斯最终死在了监狱里。

古希腊的建筑有一个很典型的特征，就是拥有样式各异的高大圆柱。即使是今天，在西方国家的公共建筑中，也能看到很多使用圆柱的情况。而私人的房屋，有时候也能看到圆柱结构的身影。我现在就来给你说说各种不同样式的圆柱结构。

第一种圆柱样式叫作多立克式。帕提侬神庙所采用的圆柱就是这种样式。

圆柱顶端叫作柱头。多立克式圆柱的柱头有两部分。一部分是一个像浅口碟子似的圆形结构，一部分是一个正方形的盖子，而正方形的盖子是盖在圆碟子上面的。多立克式圆柱的底端没有基座，是直接插在地面上的。多立克式圆柱看起来非常质朴有力，所以也被称为男式柱。

第二种圆柱样式叫作爱奥尼亚式。爱奥尼亚式圆柱的柱头上有漂亮的螺

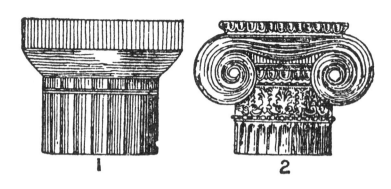

1. 多立克式；2. 爱奥尼亚式；3. 科林斯式

旋形盘曲装饰物，在这部分之上，还有一个正方形的顶盖。爱奥尼亚式圆柱的底端还有基座。

爱奥尼亚式圆柱比多立克式圆柱要细，而且顶部又有装饰部分，所以爱奥尼亚式圆柱也被称之为女式柱。

第三种圆柱样式叫作科林斯式。

科林斯式圆柱比前面两种圆柱高，而且柱头部分装饰性的结构也更多。据说，最早设计科林斯式圆柱的建筑师是从一个盛满玩具的篮子上获得的灵感。这个建筑师看到的这个篮子，放在一个孩子的墓碑前面。通常来讲，人们扫墓的时候是在墓碑前摆上一束花，可是因为这是一个孩子，所以他的爸爸妈妈就用一篮子玩具来代替花。篮子里除了玩具之外，还插满了花草。这种花的名字叫作毛茛，是希腊很常见的植物。毛茛花很多，从篮子里伸展出来，绕成了一圈。这个篮子看上去真的是非常漂亮，建筑师觉得用这个造型来做柱子的装饰一定不错，于是就设计出了科林斯式圆柱。

我曾经让一群小孩子比赛，看他们谁能够在一天之内发现最多的圆柱。第二天，一个孩子说，他找到了两根爱奥尼亚式圆柱。他家的大门门口，左右两厢各立着一根这样的柱子。另一个孩子告诉我，他发现银行大楼的外廊是由十根多立克式圆柱支撑起来的。第三个孩子说，他看到了一百三十八根科林斯式圆柱。

我问他："你是在哪儿发现这么多的科林斯圆柱的？"

他的回答把大家全逗乐了。他说："你看那些路灯柱子，不就是科林斯式的吗？从我家到学校的路上，一共有一百三十八根路灯柱子呢！我可是边走边认真数过来的。"

伯利克里的朋友中有一个人名叫希罗多德，他用希腊文写下了人类的第一部历史书。因此，希罗多德被称为"历史之父"。将来，如果你有机会学习希腊文，那你就能自己读到希罗多德写下的历史故事了。当然，那时人类的历史还不长，值得被记录下来的事情并不是很多。我们今天的历史中要讲的很多事情，在那个时候还没有发生。而在希罗多德之前发生的不少事情，那时的人们知道得也不可能很详细。所以希罗多德记下的，主要就是希腊同波斯之间的战争。这些内容，我们在前面几章都已经全部讲过了。希波战争之后的历史，希罗多德自己也不可能经历过。

在那个时代，因为医

公元前450年

疗水平有限，经常每过一段时期就会爆发一场大规模的传染病。这种传染病大爆发的情况，我们就叫作瘟疫。瘟疫袭来，无数的人染病，然后死去。那时候的医生对这种大规模的传染病完全束手无策，几乎没有办法治疗病患。在伯利克里执政的晚期，雅典也爆发了一场灾难性的瘟疫，成千上万的雅典人像蝼蚁一样死去。伯利克里用尽了办法希望治好雅典人，可是情况一点都没改善，甚至最终连他自己也都染了病，并死于这场大瘟疫。就这样，随着伯利克里的去世，雅典的"黄金时代"也就此结束了。人们为了纪念这位伟大的领袖，也把这个时代叫作"伯利克里时代"。

# 第二十七章　当希腊人遇上希腊人

雅典的"黄金时代"是如此的辉煌，可是它却仅仅持续了五十年。

你猜猜，造成这个美好时代终结的原因是什么？

上一章提到的瘟疫是一个原因。可是更重要的原因，是一场战争。

不过，这一次战争并不像希波战争那样，是由外族人入侵希腊引起的。这次交战的双方是希腊境内的两个城邦，两个曾经多多少少保持过友好关系的城邦——嗯，或者，更准确地说，两个不算太友好，但也多少有些友好关系的城邦。你应该猜到了，对，就是雅典和斯巴达。所以这场战争可以说是希腊人自己的家务事，而打仗的原因很简单，就是因为斯巴达嫉妒雅典。

我们都知道斯巴达人是非常优秀的战士，而雅典人在身体素质方面也并不逊色。可是，雅典人地米斯托克利高瞻远瞩地为雅典建立了海军，这支海军在希波战争中还为击败波斯军队发挥了关键的作用，这让没有海上力量的斯巴达人非常眼红。除此之外，在希波战争结束之后，雅典非常迅速地成为当时世界上最漂亮、最富有文化成就的城邦。这样的成绩，也让斯巴达人望尘莫及。

对于雅典在建筑、文化、教育这些方面的成就，斯巴达人倒不是特别在乎，他们嫉妒的是雅典的海军。但实事求是地说，斯巴达是个内陆城市，离海还远，一点儿也没有建设海军的必要。可是，斯巴达人天生好武，竞争意识非常强，只要是涉及军事方面的事情，他们就一点儿也不愿落后于人。所以，斯巴达只要找到一点点借口，就伙同临近的小城邦去攻打雅典和雅典周边的小城邦。

在希腊国内，斯巴达所在的地区有个复杂而难念的名字，叫作伯罗奔尼撒。不过，在当时，斯巴达的小伙子们可不觉得这个名字难念。因为斯巴达怂恿了所有在伯罗奔尼撒半岛上的城邦一起反对雅典，所以这场战争也叫伯罗奔尼撒战争。

一场战争要是打上个四五年，那我们一定觉得打得够久了。可是你知道伯罗奔尼撒战争打了多少年吗？整整二十七年！有这么一句英语谚语说："当希腊人遇上希腊人，那就是一场拔河比赛。"这句谚语就是来自于伯罗奔尼撒战争。如果要详细一点地说，意思就是："像雅典和斯巴达这样两个势均力敌的对手打起来，谁知道要怎么收场。"

在伯罗奔尼撒战争这二十七年中发生了很多事，没法也没必要一一道来，我们只说战争的结果。这场旷日持久、血流成河的战争打到最后，把两个城邦都给拖垮了。雅典元气大伤，永远失去了昔日的荣耀；斯巴达尽管在战场上占了上风，可是为了战争也倾其所有，什么也没剩下。伯罗奔尼撒战争没有胜利者，两个城邦都满目疮痍，伤痕累累。任何战争都只能带来这样的结局！

在伯罗奔尼撒战争期间，雅典城有一个名叫苏格拉底的人。苏格拉底是一位哲学家，被认为是人类历史上最有智慧、人格也最为完美的榜样之一。作为一名哲学家，苏格拉底教导人们什么是对的、什么是应该做的事情。不过，苏格拉底并不是直截了当地告诉人们什么是好的、什么是不好的，而是采取提问的方式。他不断地问人们问题，让回答问题的人自己从中慢慢发现他想要告诉他们的东西。这种不断设问的教育方式，从此之后就被称为"苏格拉底式问答"。

苏格拉底长得不好看，他是朝天鼻，又秃头，和俊美的雅典人比起来真算是挺丑的。可是全雅典的人都知道他，也都佩服他。这说起来似乎挺奇怪，因为雅典人热爱美，他们的艺术品都着力于表现美，而苏格拉底什么都好，就是不美。可是，我想，一定是苏格拉底人格的内在美让雅典人忘记了他外貌的丑陋。就像有些孩子会认为他们的老师是完美的人，那也完全是因为他们的教学水平高、对孩子们好。孩子们因为爱他们的老师，所以觉得老师漂亮。

苏格拉底的妻子名叫赞西佩。赞西佩脾气很不好，总是跟苏格拉底发牢骚。因为在赞西佩看来，苏格拉底成天在街上游逛，跟认识、不认识的人说些莫名其妙的话，却从不为了生计去工作，这简直是在浪费时间。有一天，赞西佩又跟苏格拉底嚷嚷起来。这种时候，苏格拉底从不回嘴，这次也是一样，苏格拉底只是自己默默地走出家门。可是，就在他刚踏出门口的时候，赞西佩兜头给自己的丈夫浇了一桶凉水过去。而苏格拉底很幽默地说了句："打雷之后，必定会下雨。"

苏格拉底不相信希腊神话中的各位神灵。无论是宙斯、维纳斯，还是别的任何神祇，他都一概不信。只不过，他很小心地把自己的这种想法隐藏了起来。因为希腊人绝不允许任何人有任何亵渎神明的行为。你肯定还记得雕塑家菲迪亚斯，他只不过因为在自己塑造的雅典娜神像的盾牌上刻上了自己和朋友的头像，就被投入了监狱。如果有人胆敢宣扬不信神的观念，那这个人一定会被判处死刑。

可是，尽管苏格拉底很小心谨慎，可他担心的事情最终还是发生了——他因为不信神和"教唆"他人不信神而被判处了死刑。当时执行死刑的方式同今天不一样，苏格拉底被勒令喝下一杯毒药。当毒药送到他手上的时候，他的学生们，他的门徒们，都纷纷劝他不要喝这毒药。可是作为雅典的公民，苏格拉底不愿意违抗城邦的命令。于是，在他快七十岁的时候，他饮毒药自尽，死的时候他的门徒们都围在他身边。

尽管苏格拉底生活的时代离耶稣出生还有四百多年，当时也没有任何所谓的基督教徒和基督教思想，但是苏格拉底信仰和教导的两件事情同基督教徒的信仰是一致的。

首先，苏格拉底认为，在人们的心中自然而然地存在着良知。人们用不着读书或由他人教导，内心先天的良知自然会告诉他们什么是对的、什么是错的。

其次，苏格拉底相信人死之后还有另一个世界，是人的灵魂居住的世界。

难怪他不畏惧自己的死亡呢！

# 第二十八章　智者和愚人

我相信你一定有过这样的经历：你和一群小朋友在自己家的院子里正玩得好好的，突然一个你们都不认识的孩子出现在院子门口，并对你们指手画脚，说你们玩的游戏这里也不对，那里也不对，他非要加入进来，教你们怎么玩才是最好的。这时候，你一点儿也不想让他在你身边喋喋不休，更不想让他加入进来。可是，这个孩子就是赖着不走，也说不清是怎么回事，慢慢地，他就加入进来了，且还真就指挥起所有的人来了。

在希腊北边，有一个叫作马其顿的小国家，它的国王名叫腓力二世。在雅典和斯巴达打仗的时候，腓力二世就一直冷眼旁观，在心里盘算着自己怎么能从中渔利。因为腓力二世不满足于仅仅当小国马其顿的国王，他还希望成为希腊的国王。而雅典和斯巴达因为伯罗奔尼撒战争耗尽了自己的国力和财富，腓力二世把这一切都看在眼里，认为这正是自己插手其中的绝好机会。腓力二世本人是一个很优秀的战士，可是，除非万不得已，他并不想真的同希腊交手，而是希望可以兵不血刃地占领希腊。而且，如果能让希腊心甘情愿地俯首称臣，那更是再好不过了。为了达到这样的目的，腓力二世想了一条计策。这条计策是这样的：

跟我们一样，腓力二世很清楚希腊同波斯之间发生过的战争。而且，尽管希波战争已经过去有一百年了，可是希腊人每每说起这件事，还是对波斯人恨得咬牙切齿，更忘不了他们的先辈们曾经付出的牺牲和取得的胜利。因为年轻一代的希腊人总是会不断地从他们的父辈口中听到那时的故事，他们也非常愿意一而再再而三地阅读希罗多德的历史书，不断地温习曾经那段历史。

正因为希腊人对曾经的那场战争念念不忘，这就给了腓力二世可乘之机。他对希腊人说：

"没错，你们的先辈是打败了波斯人，把波斯人赶出了希腊。可是波斯人回到了他们自己的国家，他们虽然没有得到希腊，可是也没有损失什么。你们为什么不乘胜追击，打到波斯人的老家去呢？你们应该让波斯人也吃点苦头，得到惩罚才对啊！别人打你一拳，你只是招架住了，并没有回击，这样说来，你们还是输给波斯了啊。要我说，你们也应该打到波斯去，能把波斯给占领了最好，让波斯也尝尝被攻打的滋味。"最后，腓力二世还别有深意地加上一句：

"让我来帮你们，我会帮你们打败波斯的。"

没有人看破腓力二世的真实意图——除了一个名叫德摩斯梯尼的希腊人。

当德摩斯梯尼还是个孩子的时候，就立下志向，一定要成为一个伟大的演说家。就像我们小时候也都立下过各种志向，有人想要当医生，有人想要成为飞行员，有人想要当律师那样。

可是，就德摩斯梯尼自己的身体条件来说，他实在是给自己设立了一个最不适合的志向。首先，他的嗓音特别柔弱，他说话的时候，人们几乎听不清楚他在说什么。而更要命的是，他还有很严重的口吃，他几乎不可能流畅无误、不结巴地背诵下来一首短诗。每当他说话结结巴巴的时候，都会招来人们的嘲笑。所以，这样一个人居然立志要成为演说家，难免让人觉得自不量力。

可是德摩斯梯尼意志坚定，他拼了命地不停练习。他走到海边，在嘴里放上鹅卵石，这样来加大发音的难度。同时，他还对着海浪说话，把咆哮的海浪想象成他所面对的口味刁钻的听众，海浪巨大的轰鸣声几乎要淹没了他的声音，于是他更加努力地提高自己的音量。

就这样，经过长期刻苦的练习，德摩斯梯尼终于把自己训练成了一名优秀的演说家。他的演讲极为打动人，他可以触动听众的内心，让他们听了他的演讲能高兴地笑，也能伤心得哭。他甚至能只靠言辞就说服人们做他想要他们做的任何事情。

当腓力二世引诱希腊去攻打波斯的时候，只有德摩斯梯尼看穿了腓力二世的诡计。他明白腓力二世真正的目的是要想统治希腊，而非帮助希腊征服波斯。于是德摩斯梯尼做了十二次演讲来反驳腓力二世。他的这十二篇演讲统称为《斥腓力》，也就是反对腓力二世的意思。德摩斯梯尼的这十二次演讲非常著名，直到今天人们都还用来做学习演讲的范本，并把那些言辞尖锐、攻击有力的演讲叫"斥腓力演说"。

当人们听着德摩斯梯尼的演讲的时候，他们群情激昂，一致反对腓力二世的主张。可是一旦演讲结束，人群散去，德摩斯梯尼的话就从他们左耳朵进去，右耳朵出来，全忘记了！结果，尽管德摩斯梯尼费了不少口舌，还是没有人真正去阻止腓力二世的阴谋。

所以，最终的情况是，尽管德摩斯梯尼说清了所有的利害关系，可是腓力二世的阴谋还是得逞了——他当上了全希腊的国王。

然而，还没等腓力二世正式发兵波斯，他却被一个马其顿人给暗杀了，所以他带领希腊攻打波斯的计划最终并没有实现。

腓力二世有一个儿子，名叫亚历山大。腓力二世死的时候，亚历山大只有二十岁。尽管还很年轻，可是他在父亲死后立刻就成了马其顿和希腊的国王。

在亚历山大还是个小孩子的时候，有一天他看到一群人正在试图驯服一匹脾气暴躁的小马。这匹马不断地扬蹄子，让人没法接近。亚历山大请求父亲允许自己试一试看能否驯服这匹马。他的父亲腓力二世笑话他，说他居然想尝试大人都完不成的事情。在亚历山大的一再请求下，腓力二世最终还是答应了。

亚历山大心很细，他观察到了那些大人们没有注意到的一个细节。原来，让这匹小马害怕的其实是它自己的影子。很多小动物都会对黑暗的、又会移动的东西感到恐惧，就连小孩子不是也怕黑吗？

明白了这一点，亚历山大拉转马头，让它面对着太阳。这样一来，它的影子就转到身后去了。小马看不到黑乎乎的影子，也就不会再害怕得乱撅蹄子了。亚历山大飞身上了马背，在众人的惊讶和赞叹声中成功地驯服了这匹马。

亚历山大的父亲腓力二世看到自己的儿子如此聪明，高兴得不得了。于是他把这匹马作为奖励送给了亚历山大。亚历山大给这匹马起名叫布西法尔，并对它宠爱有加。布西法尔死后，亚历山大还给它建造了一座纪念碑，另外，有好几个城市也是用它的名字来命的名。

亚历山大是如此优秀的一个少年，而他更有一位优秀的老师来教导他。这位老师就是亚里士多德。亚里士多德是一位青史留名的伟大人物。因此有人认为，亚历山大之所以能有后来的丰功伟绩，有很大一部分得归功于他的老师亚里士多德。

亚里士多德被人们认为是古往今来最伟大、最优秀的老师。如果还有比亚里士多德更好的老师的话，那就得还有比亚历山大更卓越的学生才对。

亚里士多德写的书包罗万象，有关于星体的天文学著作，有关于动物的动物学著作，还有很多书所涉及的领域可能你从来都没有听说过，比如心理学和政治学。

在亚里士多德之后的几千年里，他写的这些书都是学生学习使用的教科书，而且是唯一的教科书。今天，一本教科书在出版之后，过不了几年就会变得陈旧而不再被使用了。而亚里士多德的书能够亘古常青，在那么长的时间里成为人们学习的范本，可见亚里士多德的伟大之处。

亚里士多德的老师名叫柏拉图。柏拉图也是一位伟大的哲学家。柏拉图又是苏格拉底的学生，所以亚里士多德可以算得上是苏格拉底的"徒孙"。《圣经》上有所谓的"东方三贤"，而希腊的三贤就是苏格拉底、柏拉图和亚里士多德。将来有一天，你也能自己读到这几位智者在两千年前写下的不朽篇章。

# 第二十九章　少年国王

你现在年纪还小，可是你设想一下，等你长到二十岁的时候，你会在做什么？

你会不会通过选拔，进入大学足球队？

又或者你得到一个在银行工作的职位？

还有没有别的其他可能？

当亚历山大二十岁的时候，他已经是全马其顿和希腊的国王了。可是，对于这个天赋过人、能力卓绝的年轻人来说，即使是全马其顿和希腊加起来，也不够他驰骋自己的战马。他雄心勃勃，想要拥有更为广阔的国土。实际上，就算是给他全世界，他也觉得理所应当。

于是亚历山大首先拿波斯开刀。攻打波斯是他父亲在世时就定下了的计划。波斯在一百五十年前曾入侵希腊，现在轮到亚历山大报复回来了。

亚历山大领军渡过赫勒斯滂海峡，长驱直入，向波斯开战。一开始，亚历山大遇到了波斯军队的抵抗。可是他指挥若定，每战必胜，就这样一步步地向波斯帝国的内陆推进。

这天，亚历山大来到了一个镇子。在这镇上有一座神庙，庙里面供奉着一件远近驰名的东西。这是一个绳结，名字叫作"戈尔迪之结"。它的神奇之处在于，在绳结上你找不到绳头。神谕说，谁能解开这个绳结，谁就能够征服波斯。可是，始终没有人能够解开它。

亚历山大也听说了这件事，于是他来到这座神庙，要亲自看一看奇妙的戈尔迪之结。一看到那个绳结，亚历山大就知道，自己也没有办法解开它。可是，亚历山大就是亚历山大，他试都不试，直接拔出宝剑就向绳结斩去。绳结应声而落，断成两半。

今天的英语当中，还有这么一句谚语，即"砍断戈尔迪之结"，形容人快刀斩乱麻地解决棘手的问题。

关于戈尔迪之结的神谕似乎是真的。自从亚历山大斩断了这个绳结之后，他攻城拔寨，在重大战事上从来没有失败过。就这样，一座又一座的波斯城池被亚历山大收入囊中，直到整个波斯都最终沦为亚历山大的战利品。

打下波斯之后，亚历山大继续挥兵南下，进攻埃及。因为当时埃及是波斯的附属国。在亚历山大的铁蹄之下，埃及也不堪一击，被亚历山大轻而易举地征服了。为了庆祝攻占了埃及，亚历山大在靠近尼罗河河口的地方，用自己的名字命名，建立了一座城市，这就是亚历山大城。在这座城里，亚历山大修建了一座图书馆。这座图书馆是当时世界上规模最大的藏书宝库。据说，在这座图书馆里，收藏了五十万种图书。这些书不同于亚述巴尼拔图书馆里的泥板书，也不同于我们今天阅读的纸本书，因为那个时候人们还没有发明印刷术。这五十万种图书全部是由人一个字一个字地抄写出来的。而且，这些书也不是一页一页

卷轴和笔墨

的，而是一整张长长的纸片，裹在一根细棍子上，卷成一个卷轴。

亚历山大城是一座港口城市，在离城不远的海湾里，有一座小岛，名字叫法洛斯岛。人们后来在这座岛上修建了一座灯塔，人们把它叫作法洛斯灯塔。它的灯光可以传得很远。就当时的条件来看，这座灯塔更像是一座摩天大厦，因为当时绝大多数的房子都不过是一两层而已，而法洛斯灯塔总共三十多层，它的光在几十公里之外都能看到。因此，法洛斯灯塔也跻身世界七大奇迹之一。前面我们已经提到了其中的三大奇迹，现在你又知道了第四个。

亚历山大城在古代，是非常重要的港口，也是世界上最大的城市。可惜随着时间的推移，城里的老建筑，连同法洛斯灯塔和亚历山大图书馆，如今都成了遗迹。

尽管已经取得了如此辉煌的胜利，可是亚历山大却从不愿意驻足在一个地方。他精力无限，永不停止前进的脚步，他希望不断地征服更多的地方，扩大他帝国的版图。他难得回到马其顿和希腊，仿佛他已经把这两个地方给忘记了。他也不像绝大多数人那样会想念家乡，相反他离家越来越远。我们管这样的人叫作冒险家，或探险者。就这样，伟大的亚历山大一路向东征伐，最终一直打到了今天的印度腹地。

　　跟随亚历山大出征的将士这时候已经离开自己的家乡超过十年了。他们不像亚历山大有坚毅的意志，他们越来越思念家乡，希望回到亲人身边。他们还担心，像这样打下去，离家越来越远，恐怕有一天会回不了家了。

　　那个时候，亚历山大才三十岁，可他已经被称为亚历山大大帝了。因为他的帝国幅员辽阔，他几乎可以被看作是整个世界的君主。他的帝国版图除了意大利，几乎覆盖了当时他们所知世界的全部地方。而意大利在那个时候，还只是一些零零散散的城邦。当亚历山大大帝发现，世界上已经没有什么地方可供他征服的时候，他失望至极，竟然哭了起来！

　　最终，因为已经再没有可以征战的对象了，亚历山大大帝答应了将士们的请求，同意回家。大军这才调转马头，慢慢地退回希腊。

　　在回希腊的路上，亚历山大大帝途经巴比伦，在这座曾经风光无限的大城市里，亚历山大大帝摆下宴席庆祝。然而让人意想不到的是，就在席间吃喝的时候，亚历山大大帝却猝然间栽倒死去——他最终竟没能回到希腊。

　　这一年，是公元前323年，当时的亚历山大大帝不过才33岁。你应该很容易记住这两个数字，因为除了年份中间的那一个数字是2以外，其他的都是3。

　　亚历山大大帝建立了一个极其庞大的帝国，而他是这个庞大帝国唯一的君王。这是我们把他称为"大帝"的一个原因。

　　然而，让亚历山大伟大的原因还不止于此。他不仅仅是一个庞大帝国的君王，一位伟大的军事将领，他还是一个伟大的老师。这么说似乎让你觉得有点吃惊，可是别忘了，他的老师可是亚里士多德啊。

　　亚历山大将希腊语带到被他所征服的国家，教会了那些地方的人们说希腊语。他还教给当地人希腊的雕塑和绘画艺术，以及希腊哲学家所说的那些智慧箴言。苏格拉底、柏拉图和他自己的老师亚里士多德的思想就是由他传播出去的。他还教当地人进行体育锻炼，就像希腊人为准备奥运会做的锻炼一样。你看，作为老师的亚历山大，所教的学生人数可比其他任何一个老师的学生都多得多。

亚历山大大帝娶了一位美丽的波斯女子为妻，她的名字叫作罗克姗娜。可是当亚历山大去世的时候，他们唯一的孩子还没有出生。这样一来，就没有人能够继承他的王位。在亚历山大还活着的时候，曾经有一次对他手下的将领们说，他们中间最厉害的一个可以在他死后取代他的位置。因此，他们需要通过比武来决出谁是最厉害的那一个。这也就是我们常说的"强者为王"的道理。

现在亚历山大突然死去，他手下的将领们果真按照他曾经吩咐的那样较量起来。最终，有四位将领势均力敌，打败了其他的竞争对手。这四个人决定到此为止，不再打了。他们把庞大的马其顿帝国一分为四，各执一份。

这四个将领中，有一个名叫托勒密一世，他分得的地盘是埃及，他把埃及治理得很好。可其他三个将领却都没有治世之才，逐渐地，他们的领地发生了分裂，变得越来越微不足道。亚历山大大帝和他伟大帝国的故事，就像你吹气球一样，你不停地吹，气球就变得越来越大，看起来似乎不错，可是分崩离析的危险也越来越近。直到最终一刻，"砰"，气球炸了，只剩下一堆碎片。

# 第三十章　挑起事端

风水轮流转，小兵也有成为大将的一天。

每一个网球冠军或者高尔夫冠军，都是在战胜了他的前一任冠军之后而获得桂冠的。这位登上了冠军宝座的新人，也许会在接下来的数年中保持这世界第一的地位。可是，谁都会有老去的那一天，或迟或早，这位当年的新科冠军，也会被取而代之，在某一天被一名更年轻、更优秀的人给打败。而后者又成了新的冠军。

而国家又何尝不是这样呢？看看我们前面讲过的历史，不就是国与国之间分分合合的历史吗？一个国家战胜了所有其他的国家，成为世界霸主。可是过不了多少年，这个国家失去了活力，变得弱小，于是又输给另一个更年轻、更有力的新国家。

我们已经知道：

尼尼微曾经盛极一时；可之后，

巴比伦成为世界霸主；可之后，

波斯建立起庞大的帝国；可之后，

希腊取而代之；再之后，

马其顿又统治了世界。

你一定想知道，在亚历山大大帝的马其顿帝国分崩离析之后，谁又是下一个成为世界霸主的国家。

当亚历山大开疆拓土的时候，他矛头所指的方向是太阳升起的东方，在挥兵东进的过程中，逐渐南下，最终到了今天的印度。换句话说，他并没有往西边进军，他把太阳落下的西方抛在身后。罗马——你还记得它是怎样建成的吗——在亚历山大大帝那个时候还算不上是城市，只不过是一个街道狭

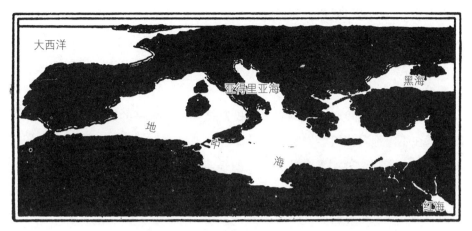

地中海地图

窄、房屋简陋的小镇。这个时候的罗马毫无重要性可言,亚历山大大帝连想都想不到这个地方。罗马自己全副心神地防范着的,也只是担心周边几个城镇对它的威胁。

一般来说,在修辞上,我们喜欢把一个城市看作是个女孩子,称之为"她"。可是罗马城却更像是个男孩子,因为不断有别的城市要想向"他"挑战。然而,就是在这种随时都得小心防范的境地下,随着时间地慢慢推移,罗马城逐渐发展壮大起来。现在的罗马城,不但能够很好地保护自己,还有实力主动出击。于是,罗马也开始了自己的征服之路。首先是在意大利境内,罗马逐步击破了所有别的城邦,成了意大利这只"靴子"的统治者。这时候,罗马环顾四周,开始放眼意大利之外的地方,寻找下一个征服的对象。

你如果仔细研究过意大利的地图的话,应该就能发现,在意大利这只"靴子"的鞋尖儿上,有一个小岛,这个岛名叫西西里岛。如果说意大利是一只正要往外踢的靴子,那么西西里岛就是这只靴子要踢的足球。在西西里岛以南的海对岸,有一个城市,名叫迦太基。

迦太基这个地方是由腓尼基人在很多年以前发现并建立起来的。随着时间的推移,迦太基已经发展成了一个非常富强的城市。能有这样的成就,主要得益于它得天独厚的地理位置和腓尼基人的航海天赋。迦太基在地中海边上,腓尼基人把这里建成一个海港,这样他们的商船可以从这里到达地中海沿岸的各个重要港口城市，就像此前腓尼基的城市提尔和西顿一样。

　　然而，随着罗马势力兴起，影响越来越大，迦太基开始觉得不安起来。迦太基委实不愿意看到罗马的扩张和强盛——这种心态，简单地说，就是嫉妒。

　　而从罗马的角度说，也对迦太基的富饶和海上贸易的繁荣又恨又妒。所以罗马在不停地寻找机会，准备随时挑起事端。

　　你明白了吧，要引发争执是多么的轻而易举，如果双方都没事找事儿的话，那战争肯定就是一触即发、一点即着。一个孩子冲对方吐个舌头，对方还他一脚，一场扭打就此开始。

　　现在的罗马和迦太基就像这样的两个小孩儿，互相看对方不顺眼，只要能找到一点点理由，就能打起来。只不过，虽然它们双方把这叫作"战争"，但其实充其量也就是孩子们之间的一场打斗。只不过没有谁来像老爸一样，在两个孩子的屁股上一边揍一下，然后罚他们不准吃晚饭，滚到床上去。

　　所以，后面发生的事情就可想而知了。罗马和迦太基终于找到了开仗的理由，双方迫不及待地打了起来。这场战争，罗马管它叫作"布匿战争"。"布匿"是罗马人对腓尼基人的称呼，而迦太基人的祖先就是腓尼基人。

　　迦太基与西西里岛隔海相对。因此，罗马要攻打迦太基，首先要解决的问题是如何渡过地中海。罗马并不是一个海滨城市，所以并没有什么船只，更不懂得如何造船和航海。

　　而迦太基在这一点上却有很大的优势。因为腓尼基人有航海的传统，所以迦太基有很多很多船，而且迦太基人个个都是经验丰富的航海老手。

　　然而，也不知是不是老天有意要帮助罗马。刚好在这个时候，一艘迦太基大船在意大利岸边触礁，被海浪冲上了岸边。罗马人如获至宝，立即派工匠着手研究这艘船，并且在很短的时间内迅速地仿造出了一艘一模一样的船来。好的开始就是成功的一半。建好了第一艘船，后面的事就很顺利了。同样的船一艘接一艘地建造了出来，最终，罗马也有了自己的一支舰队。就这样，尽管在海战方面罗马人是新手，可是他们率先向迦太基发起了挑战。

　　这种情况下，迦太基似乎应该能够轻而易举地战胜罗马，因为罗马人虽然现在有船了，但是他们对于海战还是没有一点儿经验。

在当时，海战的作战方式很原始，就是双方的船相互碰撞，看谁先把对方的船撞沉。

罗马人很清楚，像这样打的话，自己肯定不如迦太基人对船的操控那么熟练，因为罗马人擅长的是在陆上作战。所以罗马人想了一个主意，能让自己在船上也像在陆地上一样打仗。

罗马人发明了一种大铁钩，他们管这种铁钩叫"乌鸦嘴"。打仗的时候，罗马船尽量接近迦太基船，但是避免两船相撞。一旦两艘船并肩而行的时候，罗马人就把"乌鸦嘴"抛过去，钩住迦太基的船，然后使劲儿拉铁钩，让两艘船靠在一起。这样罗马人就能翻过船去，跟迦太基人在船上短兵相接，像陆战一样了。

这个方法非常奏效。

当罗马人的"乌鸦嘴"抛过来的时候，迦太基人大吃一惊，完全不知道怎么应对这种他们从未遇到过的新式武器。所以布匿战争初期，迦太基人节节败退。

不过，随着战争的发展，并非一切都像罗马人所想象那样一帆风顺。迦太基人在顶住了最初的失利之后，慢慢也摸到了这种"新式武器"的门道。所以不论是传统方式的海战，还是在船上像陆地上那样的短兵相接，迦太基人也都不逊色于罗马人。战争打起来之后，双方互有胜负。不过最终，罗马战胜了迦太基。这样，第一次布匿战争结束了。

# 第三十一章　踢腿又跺脚的"靴子"

虽然输掉了第一次布匿战争，然而迦太基人并没有被彻底打垮。他们退回迦太基城，养精蓄锐，等待时机，希望在下一次战争中扳回一局。迦太基人想，第一次布匿战争的时候，自己是从海上向意大利正面进攻，可是意大利人在正面的防守很强，所以自己输掉了战争。那么，如果从意大利背后攻打的话，会不会容易一点呢？于是迦太基人决定从西班牙登陆，然后绕到意大利背后，从北边进攻意大利。

为了实现这个计划，迦太基人首先得攻下西班牙，这样才能打通一条深入意大利背后的道路。当时，迦太基人出了一位伟大的统帅，名叫汉尼拔。在汉尼拔的指挥下，迦太基人轻而易举地拿下了西班牙，可是，随后而来的问题，才是迦太基人真正需要面对的大考验。

在意大利这只靴子的北部，横亘着一条绵延起伏的大山脉——阿尔卑斯山脉。阿尔卑斯山脉峰高路陡，终年积雪，即便是夏天，山峰上的冰雪也不会融化。不仅如此，山上的道路也非常陡峭。一边是悬崖，一边是峭壁，山间小道布满了滑溜溜的冰雪，人走在上面，一不留神就可能落入万丈深渊。

正是这座阿尔卑斯山，成了意大利的天然屏障。它就像一堵墙一样，挡住了任何想要从北边进犯意大利的敌人。罗马人认为绝不可能会有敌人翻过险峻的阿尔卑斯山，所以也就没有在北边布防。

然而，现实却是，每过一段时间就总会有些人，把此前人们言之凿凿的、认为绝不可能的事情给做成功了。

比如，人们曾经认为在天空中飞翔是绝不可能的事情。

可是有人造出了飞机，成功地翱翔在蓝天上。

人们也认为，不可能带领一支军队跨越阿尔卑斯山。

然而汉尼拔做到了。在罗马人还没有反应过来之前，汉尼拔成功地带领迦太基军队翻过了不可战胜的阿尔卑斯山，打进了罗马人的后花园。

等罗马人反应过来，这才开始阻击迦太基大军，可是这时候已经晚了。罗马人输掉了一场又一场的战役，丢掉了一座又一座的城市，眼睁睁地看着汉尼拔的大军离罗马城越来越近。如果最后罗马也被汉尼拔给攻占，那整个意大利都会沦陷于迦太基人之手了。

在这样极端不利的情形下，有没有绝处逢生，反败为胜的可能呢？我们说，有时候，如果一方守不住自己的阵地，那么拼尽全力去攻打对方的老巢，无论如何也要想办法把对方的后方基地拿下，也是一种围魏救赵的有效策略。

在这紧要关头，罗马人认为应该试试这个办法。迦太基大军压境，连汉尼拔这样的优秀将领都在阵前，那迦太基国内一定兵力空虚，这时候去攻打迦太基，比抵抗汉尼拔的进攻要容易得多。而且，一旦打得迦太基大后方不稳，那就能成功地迫使汉尼拔退兵。

于是，罗马派了一位年轻的将军西庇阿，命他率领一支部队去执行这个任务。

一开始，西庇阿挥兵指向西班牙，去包抄汉尼拔的后路，并成功地收服了西班牙。

这之后，西庇阿挥师向南，转向非洲，攻打迦太基本土。

在国内的迦太基人这下慌了神，看到罗马人打了过来，再看看自己，能征善战的大将汉尼拔和大部分兵力都远陷在意大利，而国内实在兵力空虚。于是他们赶紧召唤汉尼拔回兵来救迦太基。然而，等汉尼拔越过重重阻碍，好不容易回到迦太基的时候，一切都太迟了。西庇阿在迦太基附近一个叫作扎马的地方打了一场漂亮的战役，战胜了汉尼拔。罗马第二次将迦太基踩在脚下。这样，第二次布匿战争就结束了，时间是公元前202年。要记住这个时间和地点也很容易，就好比前面我们用过的电话号码簿的方式。

扎马——公元前202年。

罗马对迦太基现在是两战两胜，你一定觉得罗马应该满足于这个战果了吧。可是你错了。罗马人并不这样认为，相反，他们觉得还没有把迦太基教

公元前100年

训够！他们觉得如果不把迦太基彻底打垮，那迦太基总有一天还会卷土重来。换句话说，除敌不尽，就好像灭火的时候没有把所有的火星都踩灭，那就还有死灰复燃的可能。

我们今天的体育比赛讲究公平加友谊的体育精神，如果你的对手已经输掉了比赛，那你再穷追猛打，就是不道德的行为了。可是，在古时候，两国交战，哪里管什么道德不道德啊，夺取胜利是唯一的目标。现在，迦太基输掉了两次布匿战争，已经被罗马人打得鼻青脸肿，再也没有实力"倒打一耙"了。于是，没过几年，罗马向迦太基发动了第三次，也是最后一次布匿战争。

这时候的迦太基已经没有任何实力抵御罗马的进攻了。罗马人获得了全面的胜利，占领了迦太基城，并将这座城市一把火烧成了平地。不过罗马人在摧毁迦太基之后，于公元前122年又在迦太基的废墟之上建立了新城，一度成为当时仅次于罗马的第二大城市。之后，迦太基城又遭受了几次严重的破坏和洗劫，不过那都是很久以前的事了，现在这座古城的所在地在突尼斯。

# 第三十二章　世界的新霸主

你可以想象，当时的罗马人为自己身为罗马人是多么骄傲吧？因为罗马现在是世界的新霸主了。这时候，如果有一个人在大家面前昂首挺胸地说，"我是罗马人"，那大家一定会抢着想要为他做点什么，谁也不敢得罪他。惹到罗马人的后果很严重，谁也不敢冒这个险。现在，罗马不仅仅统治了意大利，还统治了西班牙和非洲北部。如同此前所有的那些帝国一样，罗马一旦开始了征服的道路，就不会轻易停下进军的铁蹄。罗马的扩张一直持续到公元前100年，除了埃及，几乎地中海沿岸所有国家都被罗马收入到版图之中。

这个世界的新霸主将在历史的舞台上占据相当长的一段时间。因为，同此前的那些帝国不同，罗马的国家管理井井有条，统治非常务实。

古希腊人热爱一切美的事物，所以他们建造了那么多宏伟的建筑、美丽的雕像，写出了那么多优美的诗歌。罗马人向古希腊人学习，复制了很多古希腊的文化成就。然而，罗马人自己最感兴趣的，却还是那些有实际价值和能发挥实际用处的东西。

举个例子来说，罗马现在版图庞大，在国家管理上非常需要便捷高效的交通体系，能够让信使和军队轻松而迅速地到达帝国的四面八方。在当时那个时代，不可能有今天这样发达的铁路网，而普通的道路，完全不能满足整个国家的运输需要。这种道路只不过是把土稍微清理了一下，移开了大一点的石块而已，时间一长，路上就会留下深深的车辙印，而只要一下雨，道路就会变得泥泞不堪，完全没法通行。

所以罗马人开始大兴土木，修建覆盖全国的道路系统。这种道路是用石头砌出来的。首先在地面上铺上一层大块的石头作为路基，然后在路基上面垫一层碎石子，最后再把平整光滑的大石板铺在最上面。这样精细施工修成的道路铺展到了整个国家的各个角落。你几乎可以从罗马的任何一个地方，通过这种"公路"抵达罗马城。你一定听过这句谚语，"条条大路通罗马"，说的就是这个意思。罗马的道路修得实在太好了，即使是在它们建成后两千年后的今天，很多古罗马时期的道路都依然保留着呢。

罗马人务实的风格还体现在另两项重要的城市建设工程上面。今天，我们如果要想喝水的话，只要拧开家里的水龙头就行了，干净清澈的水从市政水利系统中被源源不断地送到千家万户。可是在古罗马那个时候，无论是人畜喝的水，还是洗东西用的水，都得到家附近的井里或者溪流里去打。而这种露天的水源很容易被污染，一旦水不干净，人喝了之后就会生病。所以，在当时经常会因为水的原因而爆发流行病或者瘟疫。你要是还记得前面我们讲过的发生在雅典的大瘟疫，那你就会明白这样的情形是多么的可怕。一旦瘟疫在人们中间传播开来，大片大片的人会迅速害病死去，甚至都没有时间和足够的人手来安葬这些死去的人。

可见干净的水对人们的生活多么重要，所以罗马人首先开始寻找干净的湖泊，以作为城市的水源。通常来说，这样的湖泊离人口密集的城市很远，

罗马的高架石渠

所以，在找到可以作为水源的湖泊之后，罗马人修建了长达数公里的水管，将湖水引入城中。我们今天埋在地下的水管大多是铁制的，也有一些是陶制的，可是当时罗马人的水管，是用凿好的石头一点一点接起来的。这种水管叫作"石渠"，在拉丁文里的意思就是"运输水的"。如果石渠需要跨过小河沟或者小山谷的话，人们就在石渠下面修一座小桥，将石渠引到对岸去。很多这样的高架石渠直到今天还挺立在欧洲各地，当地人依然从石渠中取水来用。

另一个同水相关的问题是废水的排放。在那个时候，无论哪个城市，人们对于废水和垃圾，基本上都没有好的处理方式，大家都是把废水和垃圾随手泼到或扔到门外路上。这样做的弊端显而易见。大家都往街上泼脏水、扔垃圾的话，要不了多久，整个城市的街道就都污水四溢、垃圾遍地了。脏只是问题的一方面，另一方面在于，这种污浊的环境非常容易滋生细菌，引发疾病。因此，这样处理废水和垃圾绝对不是一个好办法。所以罗马人又开动脑筋解决了这个问题。他们在罗马城的地下修建了庞大的下水道系统，这些下水道可以把城市里的废水全部排放到河里或者很远的郊外，这样就可以确保城市内部的清洁。在今天，每一个大城市都理所应当地把排水工程作为城市基础设施来建设，可是在几千年以前的古时候，罗马是第一个大规模修建排污系统的城市。

罗马人不光在城市的硬件设施建设上开创了很多第一，他们在制度上也有很多贡献，其中最重要的一件事就是制定每一个人都必须遵守的规则，也就是我们现在说的法律。即使用今天的眼光来看，罗马法律中的很多条款制定得都非常合理，非常公正。甚至于有些现代的法律条文，也是以古罗马时的法律为基础制定的呢！

罗马境内的所有城市和乡镇都需要向罗马当局缴税。庞大的国土面积为罗马带来了丰富的税源，很快，罗马就成了一座非常富饶的城市。从各个地方源源不断地输送到罗马城的财富，被用来修建各种宏伟的建筑、供奉神灵的神庙、统治者豪华的宫殿、公共浴室以及大型的露天剧场等。

露天剧场有点类似于我们今天的足球场或者棒球场，是很宏大的体育场。只不过当时的罗马人不踢足球也不打棒球，他们喜欢的是赛车。那时候的赛车是马拉的二轮战车。这种战车有两个很大的轮子，用两匹或者四匹马来拉，另有一个骑手掌握方向。说不定你在马戏团看到过这样的二轮马车。另外，罗马人还非常热衷于角斗。

角斗竞技是罗马人最为热衷的运动方式，特别是角斗士之间的搏斗。所谓的角斗士通常是罗马人在战场上活捉到的俘虏。因为原本就是战士，这些人都有很好的身体素质，既强壮又能打仗。罗马人强迫这些俘虏到露天剧场去，要么分成两队互相搏杀，要么就是同老虎这样的猛兽拼命。而无论是哪种方式的角斗，角斗士都是以命相搏，而且最终都难逃死亡的命运。而这一切全部都是为了取悦高高地坐在看台上的观众。这种角斗竞技非常非常的残酷，可是，罗马人偏偏就是喜欢看这样流血的场面。对于罗马人来讲，这种血腥的事情是一种娱乐。今天人们看电影就觉得是非常有意思的事儿了，然而，我敢说我们的电影一定会让古罗马人睡着。一般来说，这种角斗士之间的搏斗，一定要有一方的人全部被杀死才能算完。如果不这样，观众是不会买账的。杀到最后一个人，流尽最后一滴血，这几乎已经成了角斗士竞技的规则了。

可是，有时候规则也有例外，尤其是对于罗马这样一个崇尚武力的民族。如果一个角斗士，在竞技过程中表现得特别勇敢，或者格斗和竞技技术特别高超，那么即使这位角斗士被打败出局，他也有可能得到观众的集体赦免，可以免去一死。角斗竞技的规则是，经过一番厮杀，最后一位还站在场上的角斗士，就是胜利者。他可以杀死那些被他打败的、受了伤但是还活着的角斗士。但是只要观众都朝上比出大拇指，就说明他们同意赦免那位虽然战败，但是赢得了观众敬佩的角斗士。可是，如果观众把大拇指朝下比的话，那就说明他们要求获胜的角斗士毫不留情地杀死他所有的对手。

尽管罗马城被建设得既美丽又干净，似乎是一个美好的地方，可是整个国家的财富依然被集中到富人的手上。这样一来的局面就是，富的人越来越富，而穷的人却越来越穷。罗马人征服了相当多的地方，这些地方的人们成了罗马人的奴隶，被强迫做各种各样的苦工。据说，当时古罗马奴隶的数量是罗马人数量的两倍，换句话说，每一个罗马公民都有两个奴隶服侍他。

你还记得在布匿战争中打败了迦太基统帅汉尼拔的罗马将军西庇阿吗？

西庇阿有一个女儿，名叫科尔内莉娅·阿非莉加娜。科尔内莉娅有两个儿子，都长得健康活泼，非常优秀，她对这两个儿子自然是非常的骄傲。

有一天，一位非常富有的罗马贵妇来造访科尔内莉娅。这位贵妇拿来了很多珠宝首饰向科尔内莉娅炫耀。

这个贵妇把自己的珠宝炫耀了一番后，问科尔内莉娅有什么珠宝可以拿出来也给自己开开眼界。

当时科尔内莉娅的两个儿子正在屋外玩耍，只见科尔内莉娅把这两个孩子叫到跟前，用胳膊搂着他俩，说：

"这就是我的珠宝。"

孩子们小的时候都可爱得像珠宝一样，可是等他们长大之后，却不见得还能光彩照人。所以你一定会想要知道科尔内莉娅的这两个宝贝孩子长大以后的情况吧。

这两个孩子，被人们叫作格拉古兄弟。当他们长大成人之后，看到一方面是富人穷奢极欲的生活，而另一方面是穷人悲惨痛苦的境遇，于是他们希望做点什么来改变这种不公平的状况。他们看到穷人没有足够的食物吃，没有房子可以住，就打算降低食物的价钱，好让穷人也能够买得起足够的食物；他们还设法给穷人提供一些土地，让穷人最起码可以种一些蔬菜来吃。这两兄弟差一点就要做成这些改革了，可是古罗马的富人一点都不愿意把自己的东西拿出来分给穷人，于是他们密谋杀死了格拉古兄弟俩中的一个，之后又杀死了另外一个。这就是科尔内莉娅的两件珠宝的下场。

# 第三十三章　一个最高贵的罗马人

出个题目考考你：

假设有一个人发现了一块非常非常古老的硬币，上面刻的日期是，"公元前100年"。

你觉得这里有没有什么不对劲儿的地方？我说有，是在日期上。

我们一开始的时候就说过，公元纪年是以耶稣诞生那一年为公元元年。而如果一枚硬币是在耶稣诞生之前的时代被制造出来的，那当时的人们不会知道耶稣是谁，更不可能在硬币上使用公元纪年。

然而，就是在公元前100年，在罗马诞生了一位名叫尤利乌斯·恺撒的男孩。

不过，如果你问他，他是在哪一年出生的，他一定会告诉你，他出生的年份是653年。

你觉得这是为什么呢？

因为罗马人生活的那个时候耶稣还没有出生，所以就像古代的硬币上面不可能用公元纪年一样，罗马人也不可能使用公元纪年。对于罗马人来讲，罗马城建立的那一年就是罗马历法的元年。这一年如果换算成公元纪年，就是公元前753年。而恺撒是在罗马城建立之后的第653年出生的，如果换算成我们的纪年的话，刚好就是公元前100年。明白了吗？

在恺撒生活的那个时代，地中海沿岸到处都有海盗出没。是的，没错，就是海盗。庞大的罗马威震四海，各地的贡赋都要上缴罗马，所以有很多运送金银财宝的船从四面八方航行到罗马。而海盗就埋伏在这些船的航线上，伺机抢掠这些船上的财宝。

恺撒年轻的时候，曾经被派到海上去剿灭海盗。可是他不但没能成功剿灭海盗，自己反而被海盗给捉了去。海盗把恺撒作为人质，向罗马政府索要一大笔赎金。恺撒心里很清楚，海盗只有得到这笔钱，才会放掉自己。同时他也做好了最坏的打算，那就是被海盗给杀掉。可是，即使这样，恺撒在海盗面前依然表现得毫不畏惧，他甚至还向凶恶的海盗发誓说，只要他能活着回到罗马，他一定会再次率领舰队来消灭掉每一个海盗。海盗们对恺撒的决心和勇气不屑一顾，所以，当罗马政府送钱来赎恺撒的时候，海盗们把恺撒给放走了。因为他们不相信这样一个毛头小伙子有那么大的勇气敢再来挑战，他们觉得恺撒只不过是在吹牛罢了。说到底，海盗们是不相信这个手下败将有本事能抓住自己。可是，恺撒实现了他的誓言。他回到罗马之后，重新组织了一只舰队，又再次出海。这次，他成功地将海盗一网打尽，并把这些海盗全部送上十字架处死了。在罗马，对于强盗、小偷的惩罚，就是让他们上十字架。

幅员辽阔的古罗马边境地区，总是有属国不断地寻找机会想要脱离罗马的统治。所以罗马政府需要一个能征善战的将军，可以带兵镇压反叛。恺撒在对海盗的战斗中表现出的勇气深得罗马政府的赏识，于是他们任命恺撒为将军，给了他一支队伍，命他去边疆平叛。当时对罗马政府有异心的地方有两个，一个是西班牙，另一个是西班牙北边的高卢，也就是现在的法国。

恺撒果然马到成功，顺利地平息了西班牙和高卢的反抗力量。有意思的是，恺撒把他攻城拔寨的过程记录了下来，写成了一本书，这本书我们今天称之为《高卢战记》。恺撒是罗马人，所以他写书使用的自然是拉丁语，而这本《高卢战记》已经成了今天学习拉丁语的入门书籍。

恺撒卓越的军事才能在随后的岁月中继续展现出来。公元前55年，他带军在大不列颠岛登陆，只用了一年就征服了这个地方，并在公元前54年回到罗马。大不列颠岛就是今天英国的所在地。

恺撒在罗马帝国西部这些成功的军事行动为他获得了极大的声誉，同时他还深受士兵们的爱戴。

可是，就在恺撒如日中天的时候，罗马又出了另外一个很有本事的将军——庞培。当恺撒在古罗马西边征伐的时候，庞培在古罗马东边建立起他的势力。曾经，这两个人关系不错，庞培和恺撒英雄相惜，两人是很好的朋友。可是，当庞培看到恺撒征服的土地越来越多，在军队中的名气越来越大，他心里的妒火变得越来越盛。想想看，人类历史上有多少战争的起因是嫉妒吧！那引起特洛伊战争的金苹果，再加上庞培的嫉妒心，我们至少已经知道两个因为嫉妒而导致战争的例子了。

于是，趁恺撒带兵不在罗马的时候，庞培偷偷地来到罗马元老院，向元老们进言，说恺撒拥兵自重，应当夺取他的军权，召他回罗马。

元老院的元老们听信了庞培的谗言，于是发布命令，收回了恺撒的军权，要求他马上回罗马听候发落。恺撒接到这个命令之后，心中暗暗盘算，最终他做出了一个惊人的决定：回罗马，但是不放弃兵权。他要干的事是，废除元老院，自己当罗马的统治者！

在意大利北方有一条河，叫作卢比孔河。这条河以北，是恺撒势力控制的地盘，以南，则是首都罗马城的行政范围。根据罗马的法律，任何军事将领都不得带兵跨过卢比孔河——卢比孔河相当于是一条军事禁区线。罗马人这么做就是为了防止手握军权的将领起兵造反，自立为王。

然而，当恺撒打定主意要废除元老院之后，他毫不犹豫地率军跨过了卢比孔河，向罗马城扑来。

今天，在英语中人们还用"卢比孔河"来代指分界线，而用"跨过卢比孔河"来形容一个人破釜沉舟，下定决心做一件没有退路的事情。

当庞培听说恺撒拥兵向罗马城开来的消息，他预感到事情不妙，于是立即逃向希腊。果然，恺撒的军队势如破竹，在短短几天的时间里，不但拿下了罗马城，还迅速控制了整个意大利。这之后，恺撒转向希腊，追上了庞培，与庞培痛快地打了一仗。这一仗，恺撒把庞培打得落花流水。

经过这一场直接较量，庞培的势力受到了极大地打击，再也没法同恺撒平起平坐了。恺撒成了整个罗马事实上的统治者。

在地中海沿岸地区，埃及在当时还不属于古罗马。所以，当恺撒全权掌握了帝国的政治之后，他将征服埃及作为了自己的下一个目标。在罗马强大的军事实力面前，埃及不堪一击，很快被罗马给吞掉了。当时埃及的统治者是一位女王，名字叫克利奥帕特拉。克利奥帕特拉是一位美丽高贵的王后，她有本事让每一位见到她的男人都不由自主地坠入爱河。当恺撒攻入埃及的时候，克利奥帕特拉向恺撒大献殷勤，诱惑得恺撒忘记了一切，只想成天跟她缠绵在一起。所以，尽管最终恺撒征服了埃及这片土地，可是他还是让克利奥帕特拉继续做埃及的王后。

而就在恺撒南征埃及的时候，在古罗马东边的边疆地区发生了叛乱。恺撒反应极为迅速，他马上离开埃及，即刻赶到发生叛乱的地区，一举摧毁了叛军，并立即将胜利的消息传回罗马城。这条胜利的消息是恺撒亲自撰写的，这是恺撒非常著名的一句话，总共就七个字："我来，我见，我征服。"这句话非常典型地体现了斯巴达勇士所崇尚的那种简洁的文风。对于从恺撒营中到罗马城去的信使来说，即使要送一封六千字长的信也不是什么问题，可是恺撒偏偏就有本事用如此简明有力的七个字说明一切。

当恺撒平息了叛乱回到罗马城，他在罗马人之中的声望达到了极高的程度，罗马人一致同意让恺撒当罗马国王。事实上，恺撒这时候的权力已经等同于或者超过国王了，因为他已经把罗马这个庞大国家的方方面面都牢牢地掌控在自己手中。不过，当时的罗马对于帝国的统治者并不使用"国王"这个称谓，因为罗马人害怕国王。自从公元前509年塔克文被放逐之后，罗马就再也没有国王了。

而对于当时权倾一时的恺撒来说，尽管他没有国王的名义，可是他的权势已经大到没有人能左右了。在意大利，还是有一小部分人对这样的情形非常担心，害怕终有一天恺撒会变成独裁者。于是，这部分人密谋打算阻止恺撒进一步扩大他的权力。在这些人中间，有一个叫布鲁特斯的人，他曾经是恺撒最要好的朋友。

终于有一天，这群人收买了刺客，决定对恺撒动手。这天，按照日程，恺撒应当到元老院去同元老们议事，刺客们知道这个安排，于是就悄悄地埋伏在元老院的门口。这情形有点像小学生们打算欺负某个同学的时候，就在他放学回家的必经之路上偷偷地等着他自投罗网。

果然，恺撒出现在了元老院门前，而且他一反常态地没有带卫兵，只身一人，这给了这些刺客极好的机会。他们一拥而上，把恺撒团团围住，掏出匕首，捅向恺撒！

恺撒完全没有想到在这里会中埋伏，在大惊之下，他试图反击。可是这天他来元老院是来商议国家大事的，他随身携带的全部东西，就只有一支笔而已。尽管人们说，"犀利的文笔胜过锋利的刀剑"，可是真正打起来的话，一支笔实在是敌不过刺客们的匕首。

而且，更让人伤心的是，当恺撒看到袭击他的人中间竟然有他的好朋友布鲁特斯时，那一瞬间，他的心都要碎了。他放弃了抵抗，只留下了最后的一句话："哦，还有你吗，布鲁特斯？"这之后，他倒在地上，死了。这一年，是公元前44年。

恺撒的另一位真心朋友，名叫安东尼。当安东尼赶到恺撒被刺的现场时，恺撒已经死去了。安东尼当下怒斥这群谋杀了恺撒的刺客。他讲得非常动情，极富感染力，让闻讯赶来的人们义愤填膺，简直恨不得马上就撕了这群刺客。当然，当时那些刺客早已逃之夭夭了。

后来，英国伟大的戏剧家莎士比亚，专门为恺撒写了一部剧，剧名就叫《尤利乌斯·恺撒》。而英文中的七月（July）这个单词，也是从恺撒的名字"尤利乌斯"（Julius）转写过来的。

"一个最高贵的罗马人"是安东尼在这次讲话中说的。你认为"一个最高贵的罗马人"是指的谁？

是尤利乌斯·恺撒吗？

恰恰不是！安东尼说，布鲁特斯——刺杀恺撒的这位"好朋友"，才是"一个最高贵的罗马人"。

那这是为什么呢？

如果你去读读莎士比亚的那部戏剧，就会明白了。在这部戏的最后，安东尼那篇动人的演说会告诉你答案。

恺撒这个名字的读音后来在欧洲国家的语言中出现了不少变体。比如德语中"皇帝"这个词的读音就是"恺撒"；而俄语中"沙皇"的读音也是从"恺撒"这个名字的发音来的。

# 第三十四章　被尊为神明的皇帝

如果一个人，能够用他的名字来命名一座城市或者一条街道，那这个人一定很有名气。

你会不会也想做点什么惊天动地的事情，然后至少有可能让你的名字给一条小巷命个名？

或者，再设想一下，用你的名字命名的不是一条不起眼的穷街陋巷，而是十二个月份中的一个。你又意下如何？

人们随时都要用到月份，如果有一个月份是用你的名字命名的，那么成千上万的人会世世代代地在说到或者写到某个月份的时候，用你的名字！

可是接下来我要给你讲的这个人，他不但用自己的名字命名了一个月份，而且还被尊为神明，享有超过凡人的崇高地位！

在恺撒被刺死之后，有三个人获得了罗马的统治权。这三个人中的第一个是安东尼，就是恺撒的朋友，在恺撒死的时候发表了动人演说的那位。第二个人是恺撒的养子，叫屋大维。第三个人的名字用不着提，因为他没过多久就被安东尼和屋大维给废掉了。而在安东尼和屋大维废掉这第三个执政者之后，他们双方也开始暗自较量，都打算除掉对方，自己独揽大权。

安东尼在罗马的势力主要在罗马东部，其首都是埃及的亚历山大城。安东尼自己也住在那儿。

在埃及，安东尼也爱上了埃及女王克利奥帕特拉。在一番追求之后，安东尼将克利奥帕特拉变为了自己的妻子。

屋大维的领地在罗马的西部。为了使自己成为整个国家的皇帝，屋大维向安东尼和克利奥帕特拉宣战，并最终打败了他们。安东尼对于这个结局感到极其羞愤，最终选择了自杀。

安东尼一死，克利奥帕特拉又成了寡妇。她前前后后嫁给了两位罗马帝国的重要人物，恺撒和安东尼。这次，她又想故伎重施，于是向屋大维频频示爱，希望屋大维也能像恺撒和安东尼那样爱上她，这样她就能把自己从屋大维的敌人变成爱人，躲过劫难。

可这次克利奥帕特拉的如意算盘在屋大维身上落了空。屋大维是同恺撒和安东尼全然不同类型的人，他冷酷无情，公事公办，完全没有一点谈情说爱的闲情逸致。他不会为任何一个女人的谄媚动心，更不会为了女人而改变他决定好的事情，他的目标是成为世界上最伟大的人。

克利奥帕特拉也发现这招对屋大维不奏效。这时她还得知，自己将同所有的俘虏一样被押送回罗马，到了罗马之后，所有的俘虏都将被捆起来在罗马游街示众。即使自己贵为埃及女王，也要跟普通俘虏一样，接受游街的羞辱。克利奥帕特拉完全无法接受这样的耻辱。她打定主意，一定不能让屋大维把自己带到罗马。

我们都知道埃及大名鼎鼎的眼镜蛇。这种蛇有剧毒，人被咬上一口就能致命。克利奥帕特拉曾经用这种蛇处死过很多犯人，现在，轮到她自己了。她把一条眼镜蛇放在自己的胸口让它咬了一下，一代埃及艳后克利奥帕特拉就此结束了自己的一生。

现在，屋大维征服了埃及，几乎整个世界都是属于罗马的了。屋大维凯旋班师，回到了罗马。在罗马城，崇敬他的人们如潮水一般向他拥来，口中高呼他为"皇帝"。接着，他放弃了"屋大维"这个名字，改称自己为"奥古斯都·恺撒"。这封号的意思就好比说"恺撒陛下"，这一年是公元前27年。我们知道，罗马在公元前509年废除了国王，成为一个共和国。而现在，罗马又有了皇帝，而且现在的罗马皇帝的权力比以前的国王要大得多，因为罗马皇帝是整个罗马帝国最高而且唯一的统治者。

屋大维，或者奥古斯都·恺撒，这时候才只有三十六岁，而在整个罗马帝国，已经没有人的权威能够超过他了。罗马城是这个庞大帝国的首都。

奥古斯都开始在罗马大兴土木，他打算把罗马城建设得更加宏伟。罗马城里有不少古老的建筑是用砖修的，现在，奥古斯都下令拆除了很大一批砖瓦房子，取而代之的是在原址上用大理石新建的建筑。大理石看上去当然比砖头漂亮多了，所以奥古斯都总是自夸，说自己得到的是罗马砖城，而留下了一个用大理石改造得更漂亮的罗马城。

在这个时期罗马城里最漂亮的一座建筑就是万神殿。万神殿最为著名的是它的穹顶。所谓穹顶，就是说这屋顶的形状是半圆形的，像一个倒扣过来的碗。在穹顶的中心最高处，有一个开口，叫作穹顶的"眼"。传说，穹顶的这个"眼"虽然没有加盖子，可是下雨的时候"眼"下方万神殿的地面却不会被雨淋湿，因为穹顶的"眼"离地面实在是太高了，雨水在落到地面之前，就已经完全蒸发掉了。

正是因为有了这么多宏伟的建筑，罗马城才会如此壮观。而这些巍然屹立的建筑也成了罗马不朽荣耀的象征，罗马也因此获得了一个"永恒之城"的美称。这个称呼直到今天都还在被人们使用着。

在罗马还有一个很著名的地方，叫作罗马广场。这是一个公共广场，也是人们做买卖的市场，你能在这里找到各种各样的东西。罗马广场的四周环

罗马广场

绕着神庙、法院以及其他很多公共建筑。法院的建筑样式同古希腊的神庙很相像，只是古希腊神庙的柱子在外部，是外廊式的，而罗马法院的柱子是在建筑的里面。

除了神庙和法院，罗马广场上还有一类很重要的建筑，就是凯旋门。顾名思义，凯旋门是用来纪念帝国历史上的伟大胜利的。每当有罗马将领取得了战争的胜利，从战场上凯旋回来的时候，作为一种仪式和胜利的象征，他和他的威武之师就会从凯旋门下走过。

在罗马还有一座非常著名的露天竞技场，名字叫作马克西姆斯竞技场。据说，马克西姆斯竞技场能够容纳二十万观众，这个人数已经超过了当时很多城市的人口了。在当时，没有任何一座别的体育场或者竞技场能够容纳这么多的观众。只不过，马克西姆斯竞技场如今只剩下很少一部分遗迹了，它的大部分在历史岁月中被拆除掉了，以便挪出地方来修建别的建筑。

而罗马另一座露天体育场至今仍然存在，可供参观，这就是蜚声世界的罗马斗兽场。只不过罗马斗兽场是在奥古斯都去世之后一段时间才修建起来的。罗马斗兽场的规模也非常宏大，它足以媲美今天任何国家的一座体育场。从斗兽场这个名字上，你应该就能想到在这里举办的是什么样的比赛。对，就是我们前面讲过的角斗士竞技。角斗士们互相搏斗，或者同狮子、老虎这样的猛兽相争。今天的斗兽场已经失去了当年的辉煌，成了一座古迹，供人参观和凭吊。你可以走到里面去，去坐坐当年罗马皇帝曾经坐过的位置上，或者去看看当年饲养猛兽的馆舍，你也可以从角斗士走过的门踏进竞技场中，去看看留在地上的斑斑血迹，这些血迹是当年被杀死的角斗士或者猛兽留下的。

奥古斯都时期的罗马还涌现出了很多重要的作家，他们造就了拉丁文学的繁荣，人们也把这个时期称为奥古斯都时代。这一时期最为著名的拉丁诗人，一个叫维吉尔，另一个叫贺拉斯。在今天的西方国家，小学生们学习完恺撒的《高卢战记》之后，跟着就要学习维吉尔和贺拉斯的著作。维吉尔最重要的作品是《埃涅阿斯纪》。这部史诗讲的是特洛伊英雄埃涅阿斯历经艰险流浪到意大利的故事。你还记得被母狼收养的两个孩子罗慕路斯和雷慕斯吗？罗慕路斯杀死了兄弟雷慕斯，建立了罗马城，而埃涅阿斯就是这兄弟俩的曾曾曾祖父。贺拉斯写了不少短诗，这些短诗合起来被称为"颂歌"。颂歌的内容很多是关于牧羊人和牧羊女的爱情故事，或者表达对农村和田园生活的赞美。西方国家的人至今依然很喜欢贺拉斯的诗歌，还有不少人用贺拉斯这个名字来给自己的孩子起名呢。

奥古斯都在罗马历史，乃至整个人类历史上都是一个卓越非凡的人。因为他的巨大功绩，当他去世之后，罗马人一致同意将他尊奉为神。人们给奥古斯都修建了神庙，像供奉神一样供奉他。而且，八月份（August）这个英文词的来源，就是奥古斯都（Augustus）这个称号。

# 第三十五章 "国度、权柄、荣耀，全是你的"

奥古斯都成了全天下的君王。

他得到的罗马是砖城，而留下的罗马是大理石之城。

他用他的名字命名了一个月份，甚至还被尊奉为神！

毫无疑问，这世界上几乎没有谁能比他更伟大了！然而，就在奥古斯都生活的同一时期，却还有另一个比他更为伟大的人物。这个人物也是一位君主，他的国度比人世间任何一个国度都要大，这位君主的权柄比人世间任何一位君主的权力都要大得多，这位君主的荣耀也比人世间所有的荣耀加起来都要夺目。然而奥古斯都终其一生都没有听说过一点关于这个人的事情。这位伟大的人物出生在奥古斯都庞大帝国的东边，那个地方在罗马帝国的版图上简直小得都看不到。这个地方叫作伯利恒，这位大人物的名字叫耶稣。

在耶稣出生之后的很多很多年中，除了他的家人和朋友，几乎没人知道或者关心过他的出生。我们要从他早年的故事讲起。

耶稣是一个犹太人，他的父亲是一个木匠。耶稣从小就在他父亲的作坊里帮忙，直到青年时期，他都过着简朴平静的生活。直到三十岁时，他才开始向人传道。慢慢地，追随他的人越来越多，而他所讲的东西，也就是今天人们信仰的基督教的内容。

他教导人们，世界上只有一位全知全能的神。

他教导人们要有兄弟之爱，要爱你的邻人像爱你自己一样。

他教导人们"己所不欲，勿施于人"的道理。他这样讲道："你们愿意人怎样待你们，你们也要怎样待人。"

他教导人们说，人死后有一个天国，在这世界上短暂的人生实际上是在为那个天国里的人生做准备的。因此活着的时候行善事，才能"积攒财宝在天上"，为死后在天国的人生有所积累。

穷苦的犹太人听了耶稣的布道，觉得很受用，于是就信了他所教导的一切。在那个时候，犹太人也生活在罗马帝国的版图之中。罗马人是统治者，犹太人并不喜欢罗马人。所以普通的犹太人希望耶稣能够来解救他们，把他们从罗马人的统治之下给解放出来。可是，犹太人中的祭司们，却对耶稣的教导大为恐惧。因为耶稣所教导的东西和他们宣扬的东西有很多对立之处，如果人们信了耶稣，就可能不再相信他们。于是，祭司们密谋抓住耶稣，然后将他处死。

可是，还有一个很现实的情况是，在当时那个时候，耶稣所在的地方是在罗马帝国的统治下，要审判并且处死一个人，并不是犹太人自己决定了就可以的，必须要得到管理当地的罗马地方官的允许。这位罗马地方官的名字叫彼拉多。于是，犹太祭司们跑到彼拉多面前，说耶稣在犹太人中间宣扬说他自己是王。耶稣倒是真的说过类似的话，可是他说的他是天国的王，而不是人间这个现实世界的王。犹太祭司们很清楚，彼拉多是罗马帝国的地方行政长官，他是不会干涉宗教的事情的。换句话说，耶稣宣传什么样的宗教思想，在彼拉多眼里根本就不算一回事儿。在当时的罗马帝国，各种宗教思想多如牛毛，有些相信神话里的神祇，有些崇拜泥塑木雕的偶像，有些敬拜太阳、月亮这些天体，如此等等。多一个叫耶稣的人，宣传一种新的信仰，对于宗教驳杂的罗马帝国来讲，没有什么大不了的。可是，如果说耶稣是要自立为王，那就意味着他不认可罗马的统治，就等于是要造反！这可是非常严重的罪行，根据罗马帝国的法律，是要上十字架处死的。犹太祭司们非常明白这一点，所以他们到彼拉多面前告耶稣的状，不是说他宣传什么宗教思想，而是说他要自己当王。彼拉多实际上并不相信犹太祭司对耶稣的指控。犹太人自己的内乱对他来讲不过是一件微不足道的小事而已，处理也罢，不处理也罢，对他都无所谓。只不过，彼拉多想要让自己管辖范围内的犹太人觉得满意，于是传下命令，同意将耶稣处死。就这样，耶稣被送上了十字架。

耶稣传教的时候，在追随他的人中间挑选了十二个人作为他的门徒。在他被钉死在十字架上之后，这些门徒远走他乡，到各处去宣扬耶稣的教导。因为他们将耶稣的思想继续传播下去，所以他们又被称之为使徒。而那些跟从耶稣的，或者在听了使徒的布道之后信了耶稣的，就成了最早的基督教徒。换句话说，耶稣和使徒是老师，一般的基督教徒是学生。

因为使徒们的辛勤传教，信仰基督教的人越来越多，这情形逐渐地引起了罗马帝国的警惕。罗马人觉得这些基督徒对自己构成了很大的威胁，他们有可能会自己建立一个新的国家，从罗马帝国中间独立出去。于是罗马人决定镇压基督教徒，把他们中间带头的人给送进监狱。为了避免被罗马当局逮捕，基督徒的活动变得非常小心翼翼。他们找那些不容易被发现的地方聚会，有时候这种聚会甚至在地下室里举行。

随着时间的推移，基督徒们的胆子慢慢地大了起来。他们逐渐从地下转到地上，开始公开地举行各种布道会。当然，这些基督徒心里也清楚，他们的这些行为罗马当局一定是不会同意的，他们迟早会被送进监狱，或者被处死。不过，因为他们对于耶稣思想深深的信仰，他们认为为了信仰而死，是一件光荣的事情，是在效仿耶稣。因为耶稣本人就是为了救赎人的罪孽而牺牲了自己。

在耶稣死后的一百年中，有很多很多的基督徒因为信仰被罗马当局处死。罗马人将这些基督徒视为叛乱分子，而基督徒自己，视这些因为信仰而牺牲的教友为殉道者。第一位殉道者名叫司提反，他是被人用石头给打死的，时间大约是公元33年。

在加害司提反的人之中，有一个人名叫扫罗。扫罗是罗马人，同其他罗马人一样，他对自己的这个身份感到非常的自豪。他认为基督教徒是罗马帝国的敌人，所以他做了很多迫害基督教会的事情。可是，突然有一天，耶稣的灵光照耀到扫罗的身上，扫罗的心思一下子转变了，他认识到了耶稣的大能，接受了洗礼，开始宣传从前他极为反对的基督教。从此以后，他全心全意地信奉基督，全心全意地做传教的事业。尽管他并没有见过耶稣本人，可是他变成了一个最为坚定的基督徒，也成了一个很有名的使徒，人们用他的罗马名叫他"保罗"。

保罗到了很多地方去传播基督教，他传教的热情非常高。但是，也因为他做这样的事情，终于惹怒了罗马当局。可是，我前面讲过，保罗是个罗马公民，按照罗马的法律，要处死罗马公民需要经过非常严格的程序，普通的法官没有这样的权力，而且罗马公民也不能上十字架。保罗向罗马皇帝上诉，可是，最终他还是被押到了罗马城，被关进了罗马城的监狱，之后被砍了头。保罗也成了一位为基督教殉难的人，所以后来的基督教徒就把他称为"圣保罗"。

在众多的基督徒中，彼得是另一位重要的使徒。他追随耶稣，耶稣本人曾经对他说："我要把天国的钥匙给你。"后来，彼得也被关进监狱，并且被判决上十字架给钉死。他接受了这一判决，只是要求，上十字架的时候，允许把他的头低下来。因为耶稣也是被这样钉死的，所以彼得觉得自己如果能够和耶稣一样的死法，实在是莫大的荣耀。很多很多年之后，在彼得被钉死的地方，人们建起了世界上最大的教堂——圣彼得大教堂。

在耶稣出生之前发生的历史，我们都叫作公元前。而在耶稣出生之后发生的历史，我们就说是公元后。如此说来，耶稣出生的年份就应该是公元0年。这样想应该没错吧？

可是实际的情况并不是这么简单。因为人们开始纪年的时候，是在耶稣出生大概五百年之后，结果，人们在计算的时候，出了一些差错，以至于后来发现耶稣真正出生的年份，比当初人们认定的年份早四年。因此，耶稣实际出生的年份就成了公元前4年。所以尽管我们说公元前和公元后是按照耶稣出生的年份来划定的，但是耶稣其实是出生于公元前4年。这个错误人们后来也就没有改正了。

公元前4年

# 第三十六章　血与雷

当我还是小孩子的时候，曾经有过一只纽芬兰犬，因为没有什么别的动物比纽芬兰犬更适合作为小孩子的朋友了。不过，我并不是这只纽芬兰犬的第一任主人，它的前任主人给了它一个名字。我不认识它的前任主人，不过，不管这人是谁，我觉得这家伙要么就是对历史一无所知，要么就是根本不会取名字。他给这只纽芬兰犬起名叫尼禄。这是个令人唾弃的名字，如果狗儿知道曾经叫过这个名字的人的故事，那它也一定不会愿意被叫作这个名字的。

一般来说，每一个故事里面，都一定会有一个坏人的角色。尼禄就是整个古罗马历史这本大故事书里面首屈一指的坏人。他的身份是罗马皇帝，生活的时代在耶稣诞生之后不久，是有史以来最为残忍和邪恶的君主之一。

他杀死了自己的母亲。

他杀死了自己的妻子。

他杀死了自己的老师。这位老师的名字叫塞内加。作为帝师，塞内加做得很不错，可是还是被自己的学生反噬一口，丢了性命。

我们还认为，是尼禄下令处死圣彼得和圣保罗的，因为他们的死刑就是在尼禄统治的时期发生的。

看起来，尼禄似乎非常享受折磨别人的过程。他喜欢观看野兽把人撕成碎片，这样血腥的场面对他来讲似乎有无穷无尽的乐趣。我曾经见过有些小孩子，喜欢朝狗扔石头，目的就是为了听狗被石头打到的惨叫声；还有些人捉了蝴蝶，把蝴蝶的翅膀扯掉。这些人身上都有尼禄那种嗜血的基因，你觉得呢？

如果有谁是基督徒，那这就给了尼禄很好的理由来对这个人大施酷刑。

曾经有一次，尼禄捉到了几个基督徒，他命人把这些基督徒浑身涂上焦油和沥青，然后绑在他宫殿的花园里。之后把这些可怜的基督徒全部点上火，将他们活活烧死！而尼禄却觉得他只是用这些人做火把，来照亮他的花园而已。尼禄还做过一件臭名昭著的残酷的事情。据说，仅仅是为了取乐，他秘密地命人在罗马城中四处纵火，因为他想看大火烧城的景象。当火龙在城中四下蔓延的时候，尼禄却安坐在一个高塔之上，一边弹竖琴，一边观赏。英语中有这么一个俗语，说"罗马陷入火海，尼禄在拉小提琴"。当然，实际上尼禄弹的是竖琴，因为那个时候还没有小提琴。当然，尼禄观看大火的时候弹什么乐器并不重要，重要的是这场大火日夜不停，一直烧了一个星期，大半个罗马城在这场大火中化为灰烬。之后，尼禄诬陷说是基督徒纵的火。你有没有把你自己做的什么坏事说成是别人干的时候？

尼禄干的这些事，实在让人匪夷所思，所以有的人认为尼禄可能精神有问题。这样的怀疑也有一定的道理，因为正常人谁也不会干出这样的事情来。

尼禄为自己修建了一座非常漂亮宏伟的宫殿，然后又用金子和珍珠把这座宫殿装修得极尽奢华。这座宫殿由此也出了名，被叫作尼禄的"黄金宫"。在黄金宫的门口，尼禄摆了一座他自己的塑像，这座巨大的青铜塑像有十五米高。在不久的几年后，罗马斗兽场也修好了。可是，随着时间的流逝，黄金宫和尼禄的雕像现在都已经看不到了，只有斗兽场还保留着。

尼禄非常自负，他认为自己写得一手好诗，又有一副好歌喉。但实际上这两样他都不行，可是没有人敢说真话。尼禄经常会在人们面前展示他的诗作或者歌喉，观众中没有谁敢露出嘲笑的表情，因为要是有人敢嘲弄尼禄拙劣的表现，哪怕就是稍微笑一笑，这个人就会马上被尼禄给处死。

尼禄的倒行逆施闹得民怨沸腾，最后甚至就连不是基督徒的罗马人都开始痛恨他，爆发了起义。这个消息传到了尼禄的耳朵里，他想到了自杀，只有这样才能避免落得被自己的人民处死的下场。可是，尼禄对人民那么残酷，自己却是个胆小鬼。他手里握着剑，对着自己的胸口，却怎么也下不去手。他心中犹豫，口中啜泣，就是没有勇气把剑插进自己的胸口。这时候，他的奴隶实在没有耐心等他自行了断了，一步上前，替尼禄把剑刺入了他的胸口。就这样，古罗马帝国历史上最坏的一位皇帝走完了他荒唐残暴的一生。

这就是这一章第一部分"血"要讲的故事。下面是第二部分：

耶路撒冷的犹太人不喜欢罗马人的统治，他们自始至终就不愿意置身于罗马的统治之下。只是，长期以来犹太人都不敢做出什么反抗的举动。然而，到了公元70年，犹太人终于爆发了，他们组织了一次起义。犹太人向罗马当局宣称，他们不再服从罗马的统治，也不向罗马交税了。当时的罗马皇帝派了他的儿子提图斯带兵前去镇压犹太人叛乱。对罗马当局来说，这就好像是父母出面管教自己不听话的儿女一样平常的事情。

面对提图斯带领的罗马军队，犹太人聚集在他们的城市耶路撒冷，打算拼死抵抗。可是罗马军队的实力实在比犹太人强多了，提图斯攻入了耶路撒冷，彻底摧毁了这座城市，对城里的犹太人进行了屠杀。据说，被杀死的犹太人有一百万之众。然后，提图斯把犹太人神庙里的贵重装饰品全部洗劫一空，带回了罗马城。

为了庆祝这场针对犹太人的胜利，一座凯旋门在罗马广场上立了起来，提图斯和他的军队从凯旋门下穿过。在凯旋门上有一组浮雕，刻画的是提图斯获胜之后，带着他从犹太神庙劫掠的装饰品从耶路撒冷离开的情形。在他带走的装饰品当中，最重要的是一件黄金烛台。这是一件非常典型的犹太烛台，七个放蜡烛的座子横成一排。这种造型的烛台在今天很常见，只不过不再是用黄金做的，而是铜制的。西方人在家里的壁炉台上很多都会摆上这样一个烛台。

被屠城之后，犹太人不得不逃离家乡耶路撒冷。虽然之后耶路撒冷城慢慢地重新修建起来，可是，遭到了深重打击的犹太人从那个时候起，就离散到了全世界的各个角落。

之后，提图斯做了罗马的皇帝。尽管他在出征耶路撒冷的时候，屠杀了那么多的犹太人，但是这个人本身并不是那种坏皇帝。从他的角度出发，当初他杀那么多犹太人，完全是因为这些犹太人要造反，如果他们安安分分的，提图斯肯定不会对他们下此杀手。提图斯为人有自己的原则，即"日行一善"。

下面进入这一章的第三部分，"雷"：

在意大利有一座火山，叫作维苏威火山。你肯定还记得"火山"这个词的英文发音来自于希腊神话里的火神乌尔坎。乌尔坎是位铁匠，人们看到火山爆发，就想象这是乌尔坎正在山里面打铁，产生的火焰和浓烟从山里面喷了出来。维苏威火山时不时地就会爆发一次。每当这时候，火山内部就会发出隆隆的响声，像打雷一样，伴随着这巨响还有地震和岩浆喷发。岩浆是地球内部炽热的熔岩，岩浆喷发的时候，还伴随着巨大的火焰、大量的瓦斯气

维苏威火山喷发，庞贝城就在火山脚下

体以及从地下被抛起来的巨大岩石。简单地说，火山喷发就是地球内部的一次爆炸，爆炸的东西从火山口给喷了出来。火山喷发的所有这些现象都非常危险，都会给人们造成极大的灾难。可是，在维苏威火山附近的人们偏偏要把房子和城镇修建在火山脚下，偏偏要同这座危险的火山毗邻而居。每次维苏威火山爆发的时候，都会有房子被地震或者流淌的岩浆给毁掉。可是，房子被毁掉的人们却并不搬走，他们还是一次次地回到原来的地方，重新修房子，继续住在这个危险的地区！

在提图斯当政的时代，有一座叫庞贝的小镇就在维苏威火山脚下。罗马的有钱人喜欢在庞贝镇消夏，因为这儿比罗马凉快。可是，公元79年的一天，就在提图斯当上罗马皇帝之后不久，维苏威火山毫无征兆地爆发了。居住在庞贝镇的人们惊慌失色，争相逃命。可是，人跑得再快，也没有火山爆发来得迅猛，火山爆发时喷出的浓烟和瓦斯气体随着风很快就飘到了庞贝镇

里。人们没跑几步，就被浓烟和瓦斯给熏倒了。而同时，天上还不断地有燃烧着的火焰和火山灰落下来。很快，整个庞贝镇，连同镇里的人们，全部都被大量的火山灰给埋得严严实实。

　　就这样，小镇庞贝在火山灰下被掩埋了近两千年。在漫长的时间长河中，人们已经完全忘记了那个地方曾经有这样一个城镇。后来的人们又慢慢聚集到了这里，在已废庞贝镇的上面重新修房子、建城市。直到有一天，有一个人想要挖一口井，没曾想，他挖出了一只人手！别紧张，不是真的人手，而是塑像的手。这个人觉得很奇怪，把这个发现告诉了其他人。于是人们开始大规模地发掘，想看看这地下还可以挖出些什么东西。随着发掘越来越深入，逐渐地，整座庞贝镇又重新展现在世人眼前。今天，人们可以到庞贝镇遗址，目睹这个曾被火山毁灭的城镇，它还保留着公元79年时没有被毁坏前的样子。

　　在那里，你能看到罗马人为了消夏在庞贝修的房子，还有商店、神庙、宫殿、公共浴室、剧场、市场以及广场。镇里的道路是用石头铺成的，在上面还能看到深深的车辙印，从这些车辙印上你可以想象当年罗马人驾着马车在这些街道上走过的情形。在有些街口，你还能看到踏脚石。所谓的踏脚石是一串比路面高出一些的石头，如果下大雨，街道积满了水，人们就可以踩着这些石头走过马路。这些踏脚石还依然在那儿。你还可以看看那些房子，看看房子的地板上用不同颜色的小石块拼出的不同图案。这些图案也都还在那儿。在一座房子的前厅，有一只用小石块拼出来的狗的图案。在狗的身前，还有一行拉丁文"Cavecanem"。这是什么意思，你猜得到吗？它的意思是"小心有狗"！这是两千年前一个罗马人给他的宾客开的一个玩笑。

　　火山爆发时被掩埋了的人们的尸骨也被发掘了出来。在这些可怜的庞贝人的身上，还能找到青铜饰品。在屋子里，还能看到花瓶、灯具、餐具，有壶、有锅、有碗碟。屋子里的家具也都保持着它们被掩埋之前的样子。更加令人惊奇的是，被发现的东西里面还有食物。桌子上还放着糕点、一块啃了一半的面包、正准备下锅的肉，火炉上的水壶，壶下面还有烧火留下的灰和各种豆子，以及一个完好的鸡蛋！这恐怕是世界上最古老的鸡蛋了吧。

# 第三十七章  好皇帝和坏儿子

你有没有经历过这样的情形？你嘴上说"我不在乎"，但其实你心里在乎得要命。

这种嘴上逞强的事情人人都经历过。我自己也是一样。

好比有一天你调皮捣蛋惹得爸爸妈妈都生了气，于是你今天的点心也没有了，还得自己一个人到房间里去反省。可是你也只是晃晃脑袋，故作轻松地说："我不在乎。"

不过，从前的从前，在历史上还真的有这么一帮人，他们声称对任何发生在他们身上的事情都不在乎。这群人可不是小孩子，而是成年人，他们声称，无论发生在他们身上的事情是好是坏，对他们来讲都一样，无所谓。我想把这群人叫作"不在乎俱乐部"。不过他们自己已经给自己取了一个名字，叫作"斯多噶学派"。他们的哲学就是，对一切都"不在乎"。

如果有一个斯多噶学派的人，他的房子被火给烧掉了，那么，他的反应不是伤心痛苦，而是自己告诉自己，自己说服自己："我不在乎，这件事儿一点儿都没关系。"

又或者，有人送给他一大笔钱，比如说，一百万吧。他还是会说："我不在乎，这件事没什么大不了。"

再或者，医生告诉他，说他得了重病，下个星期就会死去。他依旧还是说："我不在乎，这也不是什么大事。"

斯多噶学派是一个古希腊哲学流派，它的创始人是一个哲学家，名字叫芝诺。

芝诺同我们先前讲的那些古希腊哲学家一样，也生活在雅典。只不过，我们前面讲的那些哲学家，像苏格拉底和柏拉图，他们比芝诺生活的年代要早。芝诺认为，唯一能让人感觉到幸福快乐的方法就是不要刻意去追求所谓的幸福，也不要过分在意人生的痛苦。只要冷静沉着地对待一切事物，荣辱不惊，就能够得到内心的平和，而这就是幸福。一些人信服芝诺的这种人生哲学，于是团结在他周围，形成了斯多噶学派，他们自己就是斯多噶主义者。即使今天，我们也还是把那些恬淡隐忍，在苦难面前毫不抱怨的人称作"斯多噶派"。

然而，这个流派的一个最重要的成员，却是罗马帝国的一位皇帝。

这位新的罗马皇帝登基的时候，邪恶的罗马皇帝尼禄已经去世一百年了。而这位新皇帝跟尼禄完全不同，尼禄有多坏，这位新皇帝就有多好。他的名字叫马可·奥勒留。马可是位明君，公正笃行。

在马可的时代，罗马人对于任何一种宗教信仰都很淡漠。他们不是基督徒，也并不笃信罗马自己的神，比如天神朱庇特或天后朱诺等等。他们对这些神祇只是形式上的尊重，因为他们从小被教导说要尊重这些神。再加上人们觉得，如果不尊重这些神，也许会给自己带来坏运气。所有诸如此类的理由，维系了罗马人松散的宗教信仰。可是，虽然罗马人不太看重宗教，但是对于社会中那些卓有智慧的人或者受人敬重的哲学家的观点，他们却是比较重视的。人们更愿意相信这些哲学家说的话，芝诺就是一位受当时人尊重的哲学家。

马可是一位皇帝，可是他的行为更像是一位典型的斯多噶主义者。马可曾经是一名士兵、将军，可是在战场之外，他也写作。当他结束一天的战斗之后，就会一个人待在帐篷里面写作，一直写到深夜。他把他的所思所想都写下来，这些文字留传下来被出版成书，叫作《沉思录》。下面就是《沉思录》当中的一段：

当你早上发现你自己不想起床的时候，请你对自己讲下面这些话：我现在起床，去做人应当做的工作。难道我被生下来，就是为了无所事事地在温暖的被窝里呼呼大睡吗？

这段话可是在很久很久之前被马可写下来的。每天早上你爸爸催你好几遍，叫你起床的时候，是不是也要说上差不多意思的话？

今天的人们还在认真阅读马可的《沉思录》。他的这本书是用希腊文写的，当然你也可以找到翻译本。

马可有一句名言，"宽恕你的敌人"。他也确实是在这么做的。看起来就好像他跟敌人打仗，最终的目的就是为了有机会宽恕他们一样。他是真的从宽恕敌人的过程中获得了快乐。所以，尽管马可不是基督徒，可是他的所作所为比后来很多是基督徒的皇帝更像基督徒。

可是，就像很多人自己为人善良，卓有建树，却不能保证自己的孩子也能做到如此这般一样，马可的儿子康茂德是个很不成器的家伙。他的父亲马可留给世人的印象有多好，他就有多坏。在康茂德小的时候，马可对他管教得很严，可当他长大成人之后，他自己有了想法和选择，他偏偏不愿意追随他父亲的哲学思想。他没有加入斯多噶学派，而是跟从了另一位哲学家——伊壁鸠鲁。

伊壁鸠鲁是与芝诺同时代的人，他认为，人生在世，最重要的就是要获得快乐，而快乐也是这个世界能够赋予人们的最好的东西，所以人们不应该过分克己，而应该正大光明地去追求快乐。不过，伊壁鸠鲁也说，这种快乐应该是正面的、积极的快乐，而不是骄奢荒淫。

康茂德是伊壁鸠鲁哲学的信奉者，快乐是他在人生中追求的唯一目标。可是他所要求的快乐，恰恰是最坏、最糟糕的那种快乐。康茂德成为皇帝之后，一点儿也没有把心思放在治理国家上面，他所有的想法，都是为了自己的享受。康茂德相貌英俊，喜欢体育运动，有一身健美的肌肉。他对自己俊美的体形非常自豪，于是命人给自己做了一个塑像。这尊塑像在外形上极像孔武强壮的神祇海格力斯。康茂德这样做，是要人民像崇拜海格力斯神那样崇拜自己。并且，为了展示自己的肌肉和力量，康茂德还参加拳击比赛。对于一个皇帝来说，亲自下场打拳击无论如何也不是一件有良好品位的事情。而对于那些认为他有过错或者批评他的人，他就一律把他们给毒死。康茂德的一生骄奢放荡，不过他也为此付出了生命的代价。他最终被一个摔跤手给勒死了。

我的一个朋友认为，马可是真正的明君，是优秀的人物。他用自己的名字给他的儿子命名，叫他"马可·奥勒留·琼斯"。可是，当马可·奥勒留·琼斯长大之后，他一点儿也不喜欢这个名字，而"康茂德"这个名字反而真的很适合他。因为他从父亲那里什么好的东西也没有学到，只是一味追求声色享乐，并且最终落得个害人害己的下场。

要是斯巴达勇士吕库古看到康茂德的一生，他一定会说：

"我早就说过的吧。"

# 第三十八章　I-H--S----V-----

　　这一章故事的题目我暂且写成上面这个样子，我会在本章的最后把这些字补充完整的。因为，如果你没有从头到尾看完整个故事，即使我现在把上面的题目全部告诉你，你也还是不会明白它的意思。所以，先听我讲故事吧，别着急翻到本章的结尾去看这个题目到底是什么。

　　在耶稣被钉死在十字架之后的漫长岁月中，那些追随耶稣的人都遭到了非常残酷的对待，或者称之为"迫害"。作为一个基督徒，就意味着注定了要遭受不可胜数的虐待。他们被鞭打、被石头砸、被铁钩子撕扯、被火烧。然而，奇怪的是，尽管追随耶稣的道路如此崎岖，但是走上这条路的人却越来越多。人们坚信死后的世界，坚信如果他们为了基督的教义而殉难，就会在死后的世界得到更大的幸福。所以他们对于自己所承受的苦难真的不以为然，就算是被虐待致死，他们也甘之如饴。随着时间的流逝，罗马皇帝对于基督教的态度也发生了变化，他们逐渐地停止了对基督徒的迫害。于是，我们这章的故事开始了：

　　大约在公元300年的时候，罗马帝国当时的皇帝名叫君士坦丁。君士坦丁不是基督徒，他信仰的是那些传统的罗马神祇。不过，他对这些罗马神祇的信仰并不是多么的牢固。

　　话说有一年，君士坦丁领兵打仗。有天晚上，君士坦丁睡觉的时候做了一个梦，在梦中他看到一具熊熊燃烧着火焰的十字架出现在天空之中。在这具十字架下方有一行拉丁文："In hoc signo vinces。"这句话翻译过来就是，"凭此征兆，你将征服"。君士坦丁醒来之后仔细琢磨了一番，认为这个梦的意思是，如果他带着十字架上战场的话，那么他就一定能获胜。退一步讲，反正试一试，也不会有什么坏处。于是，第二天打仗的时候，他命令手下的士兵扛了一个十字架树立在战场上。没想到，他果真打赢了这场战争。这下，君士坦丁立马改变信仰，成了一个基督徒。之后，不但他自己信了基督教，他还下令让整个罗马帝国的全体臣民都要改信基督教。从那时候起，在君士坦丁之后的罗马皇帝中，除了一位皇帝，其余的全部都是基督教徒了。

君士坦丁拿下了这场战争，为了庆祝胜利，按照罗马的传统，元老院在罗马广场为君士坦丁修建了一座凯旋门，并且用君士坦丁的名字来命名它。君士坦丁凯旋门有三个圆拱，是一座很雄伟的建筑，就连之前征服耶路撒冷的提图斯的凯旋门也只有一个圆拱。

君士坦丁的母亲名叫海伦娜，她是罗马人当中最早皈依基督教的人之一，并且接受了洗礼。海伦娜将她毕生的精力都奉献给了基督教的事业。她跑到伯利恒去，在伯利恒和橄榄山修建了很多教堂。人们认为，海伦娜还到达了巴勒斯坦地区，在那儿找到了三百年前耶稣被钉的那具十字架真迹。在找到这具十字架之后，海伦娜将它拆开，运回了罗马。因为这些光荣的事迹，她死后被封为圣人，后来的人们也称呼她为圣海伦娜。

君士坦丁在圣彼得当年受难的地点修建了一座教堂。数年之后，这座君士坦丁修建的教堂被拆掉，人们在原址上又为圣彼得重新修建了一座更大、更宏伟的教堂。

君士坦丁是罗马帝国历史上一位很重要的皇帝。可是，他并不喜欢住在罗马城，他跑到罗马帝国的东边，住在一座叫拜占庭的城市。他把拜占庭变成了罗马帝国的首都，使其成了新罗马。这样一来，这座城市的名字也得变了，从拜占庭变成了"君士坦丁之城"。在希腊语中，"城市"这个词的读音是"波利斯"，在美国的城市中，就有安纳波利斯和印第安纳波利斯这样的名字。于是，君士坦丁之城也就叫作君士坦丁波利斯，即我们现在说的君士坦丁堡。

就在罗马帝国的皇帝改信基督教之后没多久，在基督徒中间爆发了一场很激烈的争论。基督徒内部分成了两派，彼此观点不合。双方主要的分歧在于耶稣究竟是否等同于圣父上帝。君士坦丁把这两派的人召集起来，在一个叫作尼西亚的地方开会，来解决这个神学问题。在会议上，两派的学者争论得非常激烈。最终，他们达成了一致的意见，认为基督教会应当确信圣父同圣子是一体而地位平等的。之后，大家都同意把这个结论写下来。这种宗教上的重要结论最后就演变成了宗教的教义。圣父同圣子是一体的这个结论，就是尼西亚会议上达成的一个重要教义，也被称之为《尼西亚信经》。直到今天，很多基督徒在周日礼拜中还要讲述《尼西亚信经》。

在君士坦丁之前，每个星期是没有礼拜日的，星期天同别的日子没有任何区别。人们在星期天依然还是做工，别的日子里做什么事情，星期天也还是做同样的事情。君士坦丁认为，基督徒应当每周至少有一天用来敬拜上帝，一周应当有一天是"神圣的日子"。于是他规定每周的星期天不工作，而是基督徒做礼拜的日子。就像犹太人每个星期六也不工作，用来做犹太教的礼拜一样。

君士坦丁是整个罗马帝国的皇帝，但是在他之外，还有一个人，是全世界的基督教徒精神上的领袖。这个人就是罗马教廷的大主教，在拉丁文里，他被称为"帕帕"，意思就是"爸爸"。放在正式的称谓里，我们把这个人称为教皇。圣彼得被认为是罗马教廷的第一任大主教，也就是第一任教皇。数个世纪以来，教皇是全体基督徒的精神领袖，无论这些基督徒居住在哪个国家，世俗的君主是什么人。

现在你知道这个故事完整的题目是什么了吧？它就是"凭此征兆，你将征服"。这句话的拉丁文是：

In Hoc Signo Vinces

# 第三十九章　蛮族入侵

天行恒常，人有尽时，人世间没有永恒的东西。盛极一时的罗马帝国终于也要迎来它的衰亡了。此时的罗马帝国已经过了鼎盛的时期，现在轮到它被别人征服了。不过，你可能猜不到会是什么人最终征服了罗马帝国，成为人类历史下一阶段的主宰。

我小的时候，我家镇子附近有一伙强盗，他们盘踞在加油站和铁道线附近。这伙人衣衫褴褛，浑身上下都散发着臭气。他们从来没有受过任何教育，从思想到行为都异常野蛮。可是，这些人打起架来不要命，普通人惹到他们准得倒霉。这伙人的头儿叫作"恶棍麦克"。只要一提起恶棍麦克和他那一群强盗，所有人都不免心中要打个冷战。这伙人没有正当工作，靠的就是偷偷摸摸，强抢东西为生，他们时不时地会来我们的镇子骚扰一阵。有时候我们会组织人手还击，但恶斗一场的代价很大。所以每当我们得到消息说恶棍麦克一伙人又要来了的时候，镇上就会拉起警报，我们这些小孩子们就得躲在家里不能出去。

数个世纪以来，在罗马帝国北边边境以外，一直生活着一群像恶棍麦克那伙人一样的强盗。这些人和文明程度很高的罗马人比起来，完全就是一群未开化的野蛮人。而且，更要命的是，这些蛮族不停地进犯罗马帝国的北方边境，想方设法地要从罗马帝国身上撕下一块肉下来。因此，罗马人得随时提防着这些蛮子，一旦他们侵犯边境，就得把他们给打出去。尤利乌斯·恺撒同他们打过仗，马可·奥勒留同他们打过仗，君士坦丁也同他们打过仗。这些野蛮好战的蛮族叫作日耳曼人。你可能不相信，但是事实是，日耳曼人是绝大多数西方民族的祖先。

日耳曼人的头发是浅黄或金色的，眼珠是蓝色的。而居住在地中海附近的希腊人或罗马人，头发是黑色的，眼珠的颜色要么是黑色的，要么是棕色的。如果你看到一个西方人，他的头发颜色浅，又有蓝眼珠，那么他的祖先多半是日耳曼人；而如果他的头发是黑色的，那他的祖先可能是希腊人或罗马人。

日耳曼人不懂织布，所以没有布匹做的衣服。他们打猎，把捕猎到的野兽皮剥下来披在身上，就成了他们的衣服。他们住在树枝搭成的棚子里，这些棚子看上去像树枝编成的大篮子。日耳曼人中的妇女主要负责种菜、饲养牛和马这些家畜。男人则主要担任打猎、战斗的工作。除此之外，男人还有一项很重要的工作，就是打铁。在那个时候，铁匠是个非常重要的工作，因为铁匠负责为全族人打造刀剑等武器。有了这些东西，日耳曼武士才能去捕猎和打仗，负责生产的女人们才有劳动的工具。在英文中，铁匠的读音是"史密斯"。这个词今天已经成为英美人中非常普通的姓氏，由此你可以想象得到，正是因为作为铁匠的"史密斯"如此重要，这个词才会慢慢变成人的名字。

当日耳曼武士捕猎到动物之后，会把动物的头给砍下来留着。一旦要出去打仗，他们就把这些动物的头戴在自己头上，就像今天人们戴的头盔。不过，日耳曼武士的这种"头盔"上面，原本有的像角啊，动物耳朵啊什么的，可都还是原封不动的在上面。所以当日耳曼人出去打仗的时候，你能看到这一大群气势汹汹的人头上戴着长有角的牛头，或者牙齿尖尖的狼头，要不就是怒目圆睁的熊头，又或者是狐狸头。这副样子让日耳曼武士看上去像野兽一样凶恶，让他们的敌人一见之下就会吓得手脚发软，更别提跟他们打仗了。

勇猛是日耳曼人非常看重的品质。他们觉得，一个人可以撒谎，可以偷盗，可以杀人，只要他打仗勇敢，那他就是一个"好人"。

日耳曼人没有国王，他们只是选出一个族长一样的领袖。这个人毫无疑问是他们中间最勇猛、最强壮的那个。可是，这个族长

日耳曼武士

不能把他的位置传给他的儿子。因为如果他的儿子不是所有人中间最勇猛的，那他一样当不了族长。所以你看，日耳曼人的族长更像是今天的总统，而不是封建制度下的国王。

日耳曼人有一套跟希腊人和罗马人完全不同的信仰。你肯定能想象得到，他们的主神是位战神，名字叫沃顿。沃顿同时也是天空之神，这有点像是希腊神话中的天神朱庇特和战神玛尔斯的合体。日耳曼人认为，沃顿生活在天上的一个叫作瓦尔哈拉的美丽宫殿里面。关于沃顿，有很多的神话传说，讲述他的各种神奇故事和冒险经历。英文当中的"星期三"（Wednesday）这个词，就是从沃顿的名字来的，原本写作Wodensday，字面上的意思就是"沃顿之日"。

沃顿之下另一个非常重要的神，名叫托尔。他是雷霆之神，用的武器是一把大锤子，他用它同住在极北地方的"冰巨人"打仗。英文中的"星期四"（Thursday）就是来自于托尔的名字，原本作Thorsday，意思就是"托尔之日"。

另一位重要的神叫作提尔（Tiu），英文"星期二"（Tuesday）就得名于他。还有一位女神，名叫弗蕾娅（Freya），英文中的"星期五"（Friday）就得名自她。你看，一周七天，有四天的名字在英文中的称呼都同日耳曼人的神有关系。尽管现在在西方信仰基督教的人更多，但是大家还是用日耳曼人的神来称呼一周中的这四天。

一周中其他的三天，星期一（Monday）和星期天（Sunday）很明显是来自于月亮（Moon）和太阳（Sun）。而星期六（Saturday）是以希腊神话中的神萨图尔（Saturn）来命名的。

公元400年左右，日耳曼人给罗马帝国带来的麻烦变得越来越大。他们不断入侵罗马帝国的北方边界，这种情形越演越烈，并且最终使得罗马人没法再继续阻止日耳曼人的入侵了。日耳曼人中的两个部落最终在英格兰岛登陆。那个时候，英格兰岛是归于罗马帝国的版图之内的，可是，当日耳曼人的这两个部落登岛之后，罗马人发现他们没有办法抵抗这些凶蛮的日耳曼人，所以罗马人认为，最好的办法就是放弃英格兰，回到罗马去。罗马人走后，整个英格兰岛就成了日耳曼人的天下。

进入英格兰岛的这两个日耳曼部落分别是盎格鲁人和撒克逊人。他们用自己的名字来称呼这个岛，叫"盎格兰"。久而久之，这个词的发音慢慢地有了变化，最终就变成了我们今天讲的"英格兰"。今天，居住在英格兰的人们还被叫作盎格鲁—撒克逊人，而所有从公元400年进入英格兰岛的盎格鲁人和撒克逊人的后代也都被叫作盎格鲁—撒克逊人。

　　日耳曼人的另一支叫作汪达尔的部落，入侵了罗马帝国的高卢地区。高卢就是现在的法国。汪达尔这个部落的人非常凶狠，他们每到一个地方，就把那儿给劫掠一空。在侵入了高卢之后，汪达尔人又南下进入了西班牙。在西班牙，他们无恶不作，偷盗、抢劫、放火。之后，汪达尔人又乘船跨过地中海，进入了北非。在北非，但凡阻挡在他们面前的东西，都被他们破坏殆尽。所以，今天在英语中，"汪达尔人"这个词就成了破坏者的代名词。如果一个人恶意打砸抢烧别人的财物，那这个人可以被称为"汪达尔人"。如果你不好好上课，在桌子上乱画，把书给撕掉，或者用小刀在墙上乱刮，那，你也是个"汪达尔人。"

　　而另一支日耳曼部落，叫法兰克人，在汪达尔人走了之后，也进入了高卢。只不过，法兰克人在这里留了下来，慢慢地繁衍生息，于是就有了今天的法国，即"法兰西"。

　　占领了意大利北边的一支日耳曼部落名叫哥特人，他们的领袖名叫亚拉里克。亚拉里克带领着他的手下，翻过了意大利北部的高山，侵入了意大利。意大利遭受了重创，但凡是哥特人能够沾手的东西，要么被破坏，要么被劫走。罗马人抵挡不住这支哥特部落，最终让他们攻入了罗马城，罗马城遭到了大肆洗劫。而更糟糕的事情才刚刚开始。

公元400年

# 第四十章　当白种蛮族和黄种蛮族遭遇世界霸主

从日耳曼人盘踞的欧洲往东走很远，有另外一支野蛮凶狠的部落，这一支蛮族，叫作匈奴。匈奴人聚居的地盘离日耳曼人很远，他们生活的那个国家，当时的西方人一点都不了解。

和白皮肤的日耳曼人不同，匈奴人是黄皮肤。而且，更让人难以置信的是，黄皮肤的匈奴人比日耳曼人还要凶狠可怕得多。日耳曼人打起仗来几乎无人能敌，可是他们却打不过匈奴人。而且，正是由于日耳曼人在匈奴人面前吃了大亏，他们不得不远远地避开匈奴人，这才跑到了西方，入侵了罗马帝国。对日耳曼人来说，比起迎战匈奴，拿下罗马简直就是小菜一碟。

匈奴人好勇斗狠的性格让其犹如野兽一般。他们的领袖名叫阿提拉，是个非常强悍的军事统帅。他曾经扬言，铁蹄踏处，寸草不生！阿提拉率领可怕的匈奴骑兵，从东往西，一路攻城略地，所到之处，山河破碎，真的是被他们的大军破坏殆尽。就这样，匈奴人一路打到了今天的法国巴黎城下。在这里，日耳曼人终于站出来试图抵挡匈奴人了。这两大蛮族，在离巴黎不远的一个叫作沙隆的地方展开了一场血战。

日耳曼人被匈奴人步步紧逼退守到欧洲。现在匈奴人又打到了家门口，日耳曼人一点退路也没有，只得孤注一掷，拼死抵抗。这场沙隆大战，是白种蛮族同黄种蛮族的殊死较量。最终的结果是，黄种蛮族匈奴输掉了这场战争。对于西方人来讲，沙隆大战以匈奴人的失败告终真是大幸。因为，如果匈奴赢了的话，那黄种蛮族匈奴人随后就会逐步征服整个世界。白种蛮族日耳曼人虽然凶恶，但是对于西方人来讲，黄种蛮族匈奴人更为可怕。这一场沙隆大战对于西方历史意义重大，它发生在公元451年。

在沙隆遭受了打击之后，阿提拉率领匈奴大军转道向南，避开日耳曼人，开始攻打罗马。罗马人对匈奴人怕得要死，觉得匈奴人根本不是人类，而是可怕的野兽，所以罗马人毫无抵抗地就让匈奴人进入了意大利。匈奴人一路上所向披靡，所经之处杀得罗马人片甲不留，眼看就要逼近罗马城了。

当时罗马城的教皇是利奥一世，他的名字的意思是"狮子"。可是教皇是文职人员，本身不是武士，也不会指挥打仗。然而，这位教皇利奥一世，在穷凶极恶的匈奴大军即将攻入罗马城的时候，率领所有的红衣主教和大主教们走出城门，面对面地去见阿提拉。从教皇到主教，没有一个人身披铠甲，也没有一个人携带武器，他们只是穿着最庄重的法袍，就这样去面对匈奴的大军。看起来，这是一个一边倒的局面。教皇和他的主教们就像羊入虎口那样，一定会被阿提拉给通通杀掉。

可是，令人意想不到的事情发生了！阿提拉竟然没有杀掉教皇和主教们，甚至他最后连罗马城也放弃了占领。阿提拉在见过教皇之后，率领全体匈奴人撤离了意大利，回到了他们在东边的那个不被西方人所知的国家。在教皇和阿提拉的这次会见过程中究竟发生了什么事情，没有人能确切地知道了。也许阿提拉在见到了教皇和各位主教的庄严相貌之后，被他们的精神彻底震撼，所以放弃了伤害这些人。又或者教皇告诉了他人死后会上天堂、下地狱的道理，阿提拉对自己的所作所为感到由衷地害怕，害怕自己死后会到地狱受苦，所以回头是岸。当然，这里面的真相究竟是什么，现在无人能知，但无论如何，罗马没有毁在匈奴人的手中。

可是，阿提拉前脚刚走，汪达尔人后脚就来了。汪达尔人看出了罗马现在的空虚，知道这是自己的好机会，于是趁阿提拉一离开，就渡过地中海，从非洲登陆意大利半岛，很快地渡过了台伯河，进入了罗马城。他们没费吹灰之力就占领了罗马城，将罗马城中的一切值钱的东西全部洗劫一空。

可怜的罗马！曾经那么庞大的帝国，统治了世界几百年的时间，到头来昔日的荣光尽落，走到了覆灭的这一天！在不同的蛮族部落的轮番攻击下，衰弱的罗马再也没有能力保卫自己。罗马帝国的最后一位皇帝有个非常响亮的名字，叫罗慕路斯·奥古斯都路斯。你还记得罗慕路斯是谁吗？他是那对被母狼收养的双胞胎之一，后来成了罗马城的建立者。而"奥古斯都路斯"的意思，是"小奥古斯都"。奥古斯都就是恺撒大帝，罗马帝国的第一任皇帝。可悲的是，罗慕路斯·奥古斯都路斯空有一个响亮的名字，他在位的时候国运衰微，他什么权力也没有，什么事情也做不了。当时他的情形，就像一个留着卷发、穿着漂亮的天鹅绒大衣的小男孩儿，手无寸铁地待在一座空荡荡的大理石屋子里，眼睁睁地看着野蛮的、恶棍麦克式的汪达尔人攻进屋来。这之后会发生什么，不用我说你也可以想得到了。

罗马是在公元476年被完全摧毁的。不过，被蛮族摧毁的只是以罗马城为首都的西罗马帝国这一半。西罗马帝国分裂成了很多的小国家，被不同的日耳曼部落控制着。西罗马残余的军事力量再也没法从蛮族手里把西罗马重新统一起来。不过，以君士坦丁堡为首都的东罗马帝国的命运却有所不同。东罗马帝国没有被蛮族征服，得到了保全，因此一直持续发展了下去。从这时候起，东罗马帝国又继续维持了差不多一千年的时间，直到——嗯，直到我们这本书讲到那段历史的时候，我再告诉你东罗马帝国后来的故事吧。

人们把公元476年称之为古代史结束的年份。从公元476年到公元1453年这段历史被称为"中世纪"或"中古时期"，这段历史是人类历史上相对黯淡的一页。因为在这漫长的几个世纪中，统治欧洲的几乎都是这些既不会读也不会写的日耳曼蛮族，古代人类的文明成果遭受了巨大的摧毁和压制。

可是，令人意外的是，蛮族日耳曼人征服了西罗马之后，他们自己却逐渐被西罗马的文化同化了。即使是在征服西罗马之前，就有不少的日耳曼人已经信仰了基督教。

文化同化的另一点体现在语言上。为了表达清楚自己的意思，日耳曼人必须学习当地的语言，而整个罗马帝国统一的语言就是拉丁语。在学习拉丁语的过程中，日耳曼人将自己的方言融合到了拉丁语里，从而在不同的地方创造出了不同的地方语言。生活在意大利的日耳曼人，将自己的语言融合入拉丁语之后，就形成了意大利语；同样地，在西班牙的日耳曼人，融合之后形成的语言就是西班牙语；在法国的日耳曼人，融合之后的语言就是法语。

而在不列颠岛上的盎格鲁—撒克逊人，情况则有所不同。他们没有接触到罗马人的语言和文化，因此也就基本上完全保留了他们自己的语言。经过一段时间的发展，这种语言就成了今天我们熟知的英语。同时，盎格鲁—撒克逊人还保留了他们的宗教，一直到大约公元600年，他们依旧崇拜主神沃顿、雷神索尔等日耳曼神话中的神祇们。

但这种情况在公元600年左右发生了变化。当时一些盎格鲁—撒克逊人被作为奴隶卖到了罗马。这些盎格鲁—撒克逊人相貌堂堂，长得非常漂亮。罗马教皇一见到这些人，觉得非常吃惊，于是就问他们是哪里人。

"这些人是盎格鲁人。"

"盎格鲁人！"教皇很惊讶，又说，"这些人长相这么漂亮，算得上是天使的相貌了。他们应当成为基督教徒。"

于是教皇派了传教士到不列颠去传播基督教，打算把英格兰的英国人变成真正的基督徒。就这样，不列颠岛上的人们，最终也信了基督教。

# 第四十一章　新的统治者

西罗马帝国失陷了，可是，在东罗马帝国的首都君士坦丁堡，国家的权力依然掌管在罗马人手里。这位东罗马帝国的皇帝叫查士丁尼。在查士丁尼当政之前，东罗马帝国的法律条例多如牛毛，处处控制着人们的行为。但问题是，这些法律条例很多互相重叠，相互抵触。有些法律说这件事可以做，有些法律却说这件事不能做。就好比你妈妈同意你晚上可以玩到九点再睡觉，而你爸爸却规定说你一定得八点就上床去。这种法律规定互相抵触的情况，让东罗马帝国的人民非常困惑，因为他们实在不知道什么可以做，什么不可以做。

查士丁尼上台之后，对这种政令混乱的情况非常不满，于是他下决心要根除这一弊端。他重新制定了新的法律，以规范政府的职权，这就是著名的《查士丁尼法典》。这部法典制定得非常完善、非常公正，甚至到今天还被现代国家的政府所借鉴使用。

查士丁尼还做了一件流芳至今的事情。他在君士坦丁堡修建了一座非常漂亮的教堂，叫圣索菲亚大教堂，如今这座教堂还存在，但已经成了博物馆。它是查士丁尼时代留下来的宏伟建筑和著名的旅游景点。查士丁尼还有另一件非常重要的功绩，不过你可不一定能猜到是什么。这项功绩同战争、法律或建筑都无关。

当时，有些到过遥远的东方——也就是中国的人，回到君士坦丁堡之后，向大家讲起东方的奇闻逸事。这些人往往都会提到一种神奇的毛虫。他们说，这种毛虫将自己裹在极细极长的丝线里面，而中国人将丝线抻开，织成布。世界上再也找不出比这更光滑、更柔软的布了。当然，你一定猜得到，这其实就是中国的丝绸，而那种把自己裹在丝线里面的毛虫，就是蚕宝宝。欧洲人见过丝绸，他们非常喜欢丝绸的美丽，但是丝绸是如何生产出来的，他们一点儿也不明白。关于丝绸的制作，在当时的欧洲还出现了许许多多荒诞的说法，有人说丝绸是仙女或精灵织出来的，有人说丝绸是从天而降的礼物。查士丁尼最终解开了丝绸的秘密，他命人从东方带回了蚕宝宝。从此东罗马人也有了自己的养蚕业和丝绸纺织业，欧洲人也能自己生产出丝织品了。这就是查士丁尼的另一项丰功伟绩，是他开启了欧洲的丝绸贸易。

大约在查士丁尼生活的时代，在今天的法国境内有一个国王，名字叫克洛维。毫无疑问，克洛维是日耳曼人，他所属于的部落是法兰克。前面我们已经说过，"法兰西"这个名字就是从日耳曼部落法兰克来的。同所有日耳曼人一样，克洛维信仰的是主神沃顿和雷神托尔等日耳曼神祇。克洛维有个妻子，名叫克洛蒂尔达。克洛蒂尔达当然也是日耳曼人，可是她却一点儿都不喜欢日耳曼人的尚武精神。她觉得这一切都太过血腥残忍，相反地，克洛蒂尔达听说了耶稣的事迹，基督教平和、隐忍的教义非常符合克洛蒂尔达的追求。于是，克洛蒂尔达成了一名耶稣的追随者。她找到了基督教会，接受了洗礼，正式成了一名基督徒。之后，克洛蒂尔达劝说她的丈夫克洛维，也改信了基督教。

克洛维当时正准备出征打仗——这可是基督徒最反对的事。克洛维深爱他的妻子，为了让他的妻子高兴，他答应说，只要他这次打仗获胜，他就改信基督教。结果，克洛维取得了战争的胜利，他也真的信守诺言，接受了洗礼，成了基督徒。不但他自己改变了信仰，他还下令让他的全体士兵也都改信了基督教。这之后，克洛维定都巴黎，而巴黎至今依然是法国的首都。

大约也是在克洛维的同时代，在英格兰也出了一位伟大的国王，他的名字叫亚瑟。关于亚瑟王，有很多的故事和诗歌，不过这些故事大多都是传说故事，而非真正的历史。但是，尽管人们明知这些故事不是历史，还是非常喜欢它们，因为这些故事的确非常非常有趣，跟我们前面讲的特洛伊战争的故事一样饶有趣味。

亚瑟王的传奇故事有一个非常有趣的开头。故事说，在英国某地，有一柄王者之剑，这把剑紧紧地插在一块大石头中。当时人们都说，谁能把剑从石头中拔出来，谁就会成为英格兰的国王。许许多多的王公贵人都来拔剑，

公元500年

可是他们全都失败了。直到有一天，一个叫作亚瑟的小孩子，也来拔剑，结果他毫不费力地就把剑给拔了出来。后来这个小孩子——亚瑟，就真的成了英格兰的国王。

亚瑟王挑选了一群最孔武有力的骑士同他一起战斗。这些骑士和亚瑟王团团围坐在一面巨大的圆桌上，一起吃喝，一起议事。因此，这群骑士就被称为"圆桌骑士"。19世纪的英国著名诗人丁尼生写了一部长诗《亚瑟王传奇》，讲述了亚瑟王和他的圆桌骑士的全部传奇故事。将来有一天，你自己也可以读读这本非常有趣的书的，而我们现在，得往下讲后面的故事了。

# 第四十二章　"善"

你认为什么才算是"善"？

日耳曼人认为"善"就是要勇敢。

雅典人认为无论什么东西，只要漂亮、美观就是"善"。

斯多噶学派认为承受困苦而"不在乎"就是"善"。

伊壁鸠鲁派则认为开心、享受就是"善"。

为基督教献身的殉教者认为，坚定对耶稣的信念，受苦乃至牺牲，就是"善"。

自从出现以身殉教的先例之后，那些想寻求宗教完满的基督徒开始从事一种特殊的修行方式：他们离开城镇，专门挑选自然条件极为恶劣的荒山野岭，跑到这些地方去独自生活。这样做的目的是为了远离人群，因为他们觉得，只有在自己独居的情况下，才能更好地、精神更加集中地祈祷和进行冥想。这种隐修的方式，在他们看来就是"善"。

在这些狂热的隐修士当中，有一位名叫圣西蒙·斯泰莱特的。他修建了一个柱子，足有十五米高，柱子顶端的空间很小，人在上面只能坐着，而没法平躺下来。柱子修好后，圣西蒙爬到上面去坐了下来，这一坐就是好多年。在这多年的岁月中，寒来暑往，刮风下雪，风吹日晒，圣西蒙都从来没有从柱子上下来过。除了他的朋友用一架梯子爬到柱子顶端给他送饭外，他断绝了同人群和社会的所有联系。圣西蒙认为，只有在离地面如此高的地方，他才能最好地过他所向往的"神圣"的生活，这就是他的心目中的"善"。当然，我们觉得这样的行为还是稍微显得古怪了一些。

随着时间的推移，那些想要过"神圣"生活的人们逐渐改变了做法。起初，他们是像圣西蒙那样远离人群，自己独处。后来，这些志同道合的人开始聚集在了一起。他们找到一个地方，在那儿修建屋子，共同修行。这些人慢慢地就成了专职宗教事务的人员，男的叫修道士，女的叫修女，而他们共同居住的房子，就是所谓的修道院。每个修道院都有一位主持大小事务的修道院院长，他同时也是这所修道院里的领袖。他像父亲一样管教他下面的全部修道士，对他们的生活和修行提出要求，如果他们有做得不对的地方，修道院院长有权力处罚他们。女修道院也是如此。

在公元500年左右，在意大利出了一位修道士，名叫圣本笃。他非常坚定地认为，所谓"神圣"的生活，一定是勤勉工作的生活。换句话说，工作是保持人生神圣性的重要内容。他还认为，修道士不应该有属于自己的财产，因为基督在圣经里面清楚地说过，"你若愿意作完全人，可去变卖你所有的，分给穷人……"为了宣扬自己的思想和生活方式，圣本笃创立了一套修道士应当依从的教规。愿意听信他的修道士，都应当遵守下面这三条最基本的规范：

第一条就是放弃个人财产。

第二条是服从修道院院长。

第三条是不结婚。

所有认可和遵循圣本笃教规的修道士自然形成了一个团体，这个团体就叫作"本笃会"。

你也许会认为，不可能有谁会愿意拿自己的一生去遵守这样三条奇怪的规范：不要个人的钱财，服从修道院院长——不论修道院院长说什么你都得去做，还有不结婚。可是，在欧洲各国，还真就有很大一批人愿意接受这三条教规，成了本笃会的成员。

本笃会的修道士或修女不讲究豪华的生活，他们住在非常简陋的房子里，每个房间都小得好像监狱里的囚室。他们每天吃的东西也都非常简单。到了吃饭的时候，大家都聚集到修道院的饭堂里集体用餐。在修道院里，祈祷是最基本的生活内容，每天的日升日落之时，是两次固定的祈祷时间，除此之外，一天当中还要祈祷很多次。有些信念坚定的修道士，还会在午夜时分醒来，再做一次祈祷。除了祈祷之外，修道院生活中还有一项内容，就是劳动。本笃会修道士愿意做任何劳动，无论是擦洗地板，还是在田里耕作，所有这些活儿，他们都高高兴兴地去做。

通常情况下，修道院都坐落在自然环境非常恶劣的地方。这些地方要么土地贫瘠，要么沼泽密布。好的土地自然人人都想要，可本笃会没有钱，因此落到他们手里的都是不好的，甚至是非常糟糕的土地。可是本笃会的修道士通过勤勉的劳动改变了一切。他们排干沼泽里的污水，精心耕耘土地，渐渐地，这些没人要的地方变成了可以种植农作物的良田。修道士们种植蔬菜，丰富了自己的餐桌，还积累起饲料来养马、养牛和养羊等。本笃会需要的所有食物、用具，都是靠他们自己的双手生产出来的。

更让人敬佩的是，修道士们不仅仅从事农业、手工业这些笨重的活儿，他们还有一项非常重要、非常精细的工作，这就是抄写整理书籍。在那个时候，还没有印刷技术，因此，所有的书籍都是靠人手抄写出来的。他们把拉丁文或者希腊文写成的古籍重新抄写出来，这样一本书就有了更多的摹本。为了增加效率，有时一位修道士慢慢地读原书上的字句，其他若干修道士边听边记，这样就可以在同一时间内做出若干复制本来。

正在抄书的修女

那时候的书不是纸质的，而是用小牛皮或者羊皮做的。牛皮或羊皮比我们今天的纸张更加坚韧，能够保存更长的时间。

修道士们抄写下的书籍也叫作"手抄本"。今天，像这样的手抄本可以在博物馆或图书馆里见到。这些书是修道士和修女们以非常严肃认真的态度抄写出来的，往往具有很高的艺术价值。一般来讲，每章节的首字母以及边框部分，都会用特别的花纹和图案来进行装饰，这些图案有花朵、藤蔓和鸟儿，用红色、金色或者别的颜色画出来。如果没有这些修道士和修女们的抄写工作，那么很多古老的书籍就有可能会遗失在历史长河中，再也不可能让今天的人读到了。

修道士们还记日记。这些日记不是记他们自己的饮食起居，而是记每天发生的重大事情。他们这样记录着，日复一日、年复一年。这些古老的日记，或者称为"编年记"，成了我们今天了解当时历史的最好材料。因为那个时代没有报纸，如果没有修道士们写下的这些日记，我们是很难了解当时所发生的事情的。

修道士是那个时代的知识分子，他们受过教育，因此也给别人当老师，把他们所知道的知识传授给别人。修道院同时也是旅行者的旅店，无论是谁来到修道院，不管他有没有钱付给修道院，只要他希望借宿，都可以在那里得到食物和床铺。

修道士乐意帮助穷苦的人。很多生了病的人也来到修道院里，希望得到治疗。修道士们也确实有懂得医术的人，能给病人治病。所以有时候，修道院也同今天的医院类似，是一个救死扶伤的地方。很多得到过修道院帮助的人，心怀感激，于是向修道院捐赠财物作为答谢，逐渐地修道院变得富有起来。只是，这些财产是修道院的公有财产，修道士自己并不拥有哪怕是一只勺子的个人财产。

现在你看到了吧，修道士们并不仅仅是向往和实践"神圣"生活的人，他们还是一群对社会有所贡献的公民。换句话说，修道士是"有其价值的好人"，这就是"善"。

公元前600年

# 第四十三章  赶骆驼的人

每一百年叫一个世纪，可是奇怪的是，从公元500年到600年这一百年，叫作六世纪，而不是五世纪。从公元600年到700年这一百年，叫作七世纪，而不是六世纪。而公元615年、625年或650年，都是七世纪的年份。

好，我们现在来到了七世纪，第六个一百年。下面要讲的故事是关于一个男人的，他所做的事情改变了整个世界。可是，这个人既不是希腊人，也不是罗马人；既不是法兰克人或哥特人，也不是不列颠人；既不是国王，也不是将军，而仅仅是一个——

你猜他是个什么人？

他是个赶骆驼的人！

这个赶骆驼的人住在遥远的阿拉伯半岛上一个叫麦加的地方，他的名字叫穆罕默德。有一次，穆罕默德为一位富有的阿拉伯妇人跑腿办事，他的才干获得了这位妇人的赏识，这位妇人对他倾心不已，决定嫁给他做他的妻

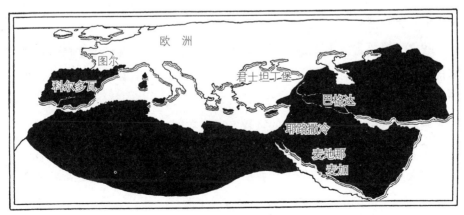

伊斯兰世界

子。穆罕默德当时一文不名，只是一个赶骆驼的下人，而那位贵妇则有很多钱。可是尽管如此，这两个人还是相爱并结了婚。婚后他们幸福地生活在一起，过着平淡的生活，一直到穆罕默德四十岁之前，都没有什么值得记述的事情发生。

穆罕默德有一个习惯，他经常到沙漠中的一个山洞里去学习和冥想。有一天，他像往常一样来到这个山洞，坐下来祈祷。可是，这时候发生了一件奇怪的事情，他做了一个梦，或者，更准确地说，他眼前出现了幻觉——因为毕竟这是白天，他也没有睡着。在奇幻的景象中，穆罕默德看见天使加百列从天而降。加百列对穆罕默德说，神——或者阿拉伯人称呼的"安拉"，吩咐穆罕默德开创一支新的宗教，并用这支宗教的教义教导世人。

穆罕默德回到家后，告诉了妻子他所见到的神迹，以及安拉交给他的使命。他的妻子对穆罕默德说的话深信不疑，立马就成了穆罕默德的第一个信徒。穆罕默德随后真的开始了传教的事业。他先是在他的亲戚朋友中间讲述他所见到的神迹，告诉他们安拉要求他所做的事。他的亲戚朋友们也听信了他的故事，成了穆罕默德的信徒。

可是，穆罕默德随后的传教经历就不那么顺利了。不少人认为穆罕默德是个疯子，觉得他的这些言论非常危险，于是他们聚集起来，打算把穆罕默德除掉。穆罕默德听说了这些人的计谋，于是他打包好全部财产，带上妻子和其他信徒，偷偷地离开了麦加，逃到了另一个城镇——麦地那。这件事发生在公元622年，被当时人称为"希吉拉"。在阿拉伯语里面，"希吉拉"这个词就是"逃离"的意思。

我之所以要告诉你穆罕默德逃离麦加的年代，是因为这个年代对于穆罕默德所创立的宗教有非常重要的意义。你可以看到，随着时间的推移，穆罕默德创立的这个宗教发展得越来越壮大。到今天，世界上有差不多三分之一的人口信仰穆罕默德和他创立的宗教，这人数同信仰基督和基督教的人数已经不相上下了。换句话说，世界上有三分之一的人是基督徒，而另外有三分之一的人是穆罕默德的信徒（现在伊斯兰教仍是世界三大宗教之一——译者注）。穆罕默德的追随者将"希吉拉"发生的这一年，也就是公元622年，视作他们的礼法的元年。这如同基督徒将耶稣出生的那一年算作公元元年一样。同样的情形我们还知道的有，希腊人把第一次奥林匹克运动会举办的年代算作元年，而罗马人把罗马城建立的年代算作他们的元年。你看，因为历史和传统的不同，希腊人、罗马人、穆罕默德的信徒，以及基督徒分别有不同的纪年方式。

穆罕默德创立的这个新的宗教，叫作"伊斯兰教"，而信奉伊斯兰教的人就是穆斯林。穆罕默德自称他经常会收到从安拉那里得来的指示。穆罕默德自己既不会读也不会写，他有一个书记官，把他所得到的神示给记录下来。最开始，这些记录被写在棕榈树叶上面，久而久之，这些神示越来越多，最终人们把它们全部辑录成一本书，这本书就是《古兰经》。《古兰经》是伊斯兰教徒的圣经，指导他们什么可以做、什么不可以做。

报时人在尖塔上召集人们做礼拜

因为穆罕默德出生在麦加，所以麦加成了伊斯兰教的圣城。对于穆斯林而言，无论他们居住的地方离麦加有多远，他们都要在一生当中设法去麦加朝拜至少一次。并且，每一个穆斯林在祷告的时候，都要将自己的脸朝向麦加的方向。在通向麦加的路上，随时都有朝圣者的队伍向麦加行进。穆斯林的礼拜堂叫作"清真寺"，他们会到清真寺里去做礼拜。除此之外，伊斯兰教徒每天还要进行五次祈祷。在清真寺里，有一个专门的报时人。每到礼拜的时间，这个人就站在清真寺的尖塔上，向下面的人群大声地呼喊："礼拜了，礼拜了，安拉是唯一的真神。"这时候，无论是谁，无论他在哪儿，在做什么，只要他是穆斯林，他都得停下手上的事情开始祈祷。人们全都脸

穆斯林在做礼拜

朝向麦加，双膝跪下，把头和双手放在地上行礼并祈祷。有时候，一些穆斯林会随身携带一张小毯子，这毯子叫作祈祷毯。在做礼拜的时候，就可以跪拜在这张神圣的毯子上。

在出奔麦地那之后，穆罕默德又继续生活了十年，到公元632年去世。穆罕默德死后，穆斯林中的领袖叫作"哈里发"，即"代理人"或"继承者"的意思。哈里发继续传播伊斯兰教。

阿拉伯人的势力壮大之后，开始向欧洲扩张。他们一路凯歌，建立了一个庞大的阿拉伯帝国。最后，阿拉伯人来到了君士坦丁堡。我们知道，君士坦丁堡是东罗马帝国的首都，这里的人们信仰的是基督教。守城的基督徒奋力反抗，他们用烧热的沥青和焦油泼向城下的敌人，迫使穆斯林军队退后。因为君士坦丁堡内基督徒们的顽强抵抗，阿拉伯军队没法在此前进一步。尽管阿拉伯军队不断地进攻，但是他们始终都不能攻下这座城市。最终，他们只能放弃从君士坦丁堡攻入欧洲的计划。

于是阿拉伯人另寻路线，绕过君士坦丁堡。他们从麦加出发，进入埃及，没费什么力气就征服了埃及，把这里的人全部变成了伊斯兰教徒。之后，阿拉伯人沿着非洲的海岸线一直前进，摧毁了一切阻挡在他们前进的东西，最终他们到达了非洲最西端。在这里，他们折而向北，乘船跨过直布罗陀海峡，侵入了西班牙。这还不算完，在征服了西班牙之后，阿拉伯人又一路向北，深入到了法兰克境内。在法国小镇图尔，阿拉伯人终于遭遇了他们的对手。当时的法兰克国王身边有一位得力助手，是国王的臂膀一样的人物，此人名叫查理。又因为他力大无比，一拳挥出像铁锤砸出一样，所以他又有一个绰号叫"铁锤查理"。查理当时的官职叫"宫相"，意思就是国王身边最大的权臣。可是，在实际的才能上，查理远远超出了当时的国王，国王的实权并没有查理大。

铁锤查理率领法兰克军战士迎击穆斯林军队。在图尔附近，双方打了一场大仗，最终穆斯林大军战败，停止了向欧洲进一步扩张的脚步。图尔大战发生在公元732年，刚好是"希吉拉"事件发生后的110年。在遭受图尔战败之前，伊斯兰教征服了从君士坦丁堡以南到法兰克的图尔这一线的地中海地区。（今天的中东和北非地区，依然是伊斯兰教的范围——译者注）

# 第四十四章　阿拉伯文明

在穆罕默德去世后的短短一个世纪里，穆斯林征服了中东和北非地区。接着，他们又东扩，建立了极其庞大的阿拉伯帝国。在此期间，不仅伊斯兰教得到了迅速发展，阿拉伯文明也在世界范围内传播开来，为人类文明做出了很大贡献。现代社会不少有用的东西都是从阿拉伯人那里传承下来的。下面就是几个例子。

腓尼基人发明了字母，而阿拉伯人发明了数字。我们今天做算术所用到的1、2、3、4……这些数字，都是阿拉伯人发明的，所以也叫阿拉伯数字。罗马人当初计数采用的是字母：V表示5，X代表10，C是100，M是1000，如此等等。如果一个罗马孩子要做算术，那可真是一件麻烦之极的事情。比如说，做下面一个加法运算：

IV

XII

MC

CXII

+VII

---

光是看一看这个算式，是不是都觉得很复杂呢？因为这样一个算式是没法像我们惯用的阿拉伯数字那样相加的。而如果不是加法而是乘法或除法，用罗马数字来算基本上就是不可能完成的事情了。比如下面这个乘法运算：

今天，用到罗马数字的场合已经非常少了，偶尔你还会在钟表上看到它们。而在日常生活中，我们都是使用的阿拉伯数字。你做的算术，你爸爸在公司或者商店里面记账，大家都用阿拉伯数字。

阿拉伯人对世界文明的另一个贡献是他们别具一格的建筑。

阿拉伯人修建了很多漂亮的建筑。这些建筑同希腊或罗马样式的建筑完全不同，同基督教风格的教堂也很不一样。希腊、罗马或者基督教风格的建筑，在门窗的设计上要么是方形的，要么是圆形的。而阿拉伯风格的门窗则是马蹄形的。阿拉伯人的清真寺有特征非常明显的穹顶，这

包头遮面的穆斯林妇女站在伊斯兰风格的拱门下面

种穹顶的形状看上去像洋葱一样。而在清真寺的四个角落，一定会有高耸的尖塔，这种尖塔是供报时人提醒人们礼拜时间所用的。阿拉伯人在建筑的墙壁上画非常漂亮的壁画作装饰。不过，穆斯林非常注意一点，这些壁画所画的内容，一定不会是现实世界中任何存在的东西。因为在《古兰经》中有这样一条戒律："但凡任何天上有的，地上有的，以及水里有的东西，你们都不可以模仿做出一模一样的。"这就像基督教圣经中的"十诫"一样，《古兰经》中的这条戒律是穆斯林非常重视的训诫。因为有这条训诫，穆斯林从来不在图画中表现任何花草或者动物。他们认为，如果画了这些东西，那就是违背了诫命。因此，穆斯林的图画大都是一些用弯曲的线条构成的图案，这些图案同自然界中存在的东西没有一点相干。这种线条的图案，就叫作阿拉伯纹饰。尽管这种纹饰画出的图案不像自然界中的任何东西，但是不可否认，它们非常精美。

阿拉伯人对世界文明的贡献还有：

在阿拉伯半岛上生长着一种低矮的灌木。这种灌木结出小小的果实，里面有籽，而羊非常喜欢吃这种灌木的果实。阿拉伯人注意到，一旦羊吃了这种果实，就会变得非常兴奋活跃。于是阿拉伯人自己也开始尝试着吃这种果实。逐渐地，他们找到了食用这种果实的最佳方式。先把果实里面的籽取出来，烤干之后研磨成粉末，然后在水里煮，最后喝煮出来的水。这种东西，就是今天西方人每天都离不开的咖啡——咖啡是阿拉伯人最先发现的，而现在几乎全世界的人都在喝它。

阿拉伯人还发现了另一种饮品。他们发现葡萄或者其他水果乃至谷物如果放上一段时间，就会慢慢腐败。在这个过程中，水果或谷物的汁液会发生特殊的变化。今天的人，把这种变化的过程称之为发酵。当时的阿拉伯人不明所以，但是他们发现，人如果喝了发酵之后的汁液，会变得非常兴奋，甚至于疯疯癫癫。他们把这种新产生出的汁液叫作"酒精"。阿拉伯人对酒精非常恐惧，他们认为这种东西是毒药，所以非常不喜欢醉酒的状态。由于这样的原因，阿拉伯人禁止任何人饮用含有酒精的饮料，比如葡萄酒、啤酒或威士忌等等。阿拉伯人发现了酒，同时他们又禁止饮用酒。他们是禁酒主义者。

阿拉伯人对世界文明的贡献还有：

人们剪下羊毛织成布来做衣服。可是羊毛产量有限，往往小小一件衣服就得用去很多羊毛，因此纯羊毛的衣服大都价格不菲。阿拉伯人发现了一种植物，也就是我们今天非常熟悉的棉花。棉花的产量比羊毛大多了，因此用棉花纺线织布做出来的衣服，就比羊毛衣服便宜很多。不过，棉布本身是白色的，看上去有些单调。所以阿拉伯人又发明了在布上压花和染色的技术。他们把木块设计成不同的形状，然后放在布匹上面压出相应的图案，之后再把布匹放到染料里去染色。这种经过压花和染色之后的布匹，就叫作印花布。

阿拉伯人对世界文明的贡献还有：

阿拉伯人是锻造钢铁的能工巧匠。经他们的手做出来的刀剑锋利无比又柔韧之极。据说，最好的阿拉伯刀剑即使对折也不会折断。刀锋的锋利程度更是无与伦比，就连漂浮在水面上的头发，也一刀就可以斩断。而同时，这刀锋还削铁如泥，一刀劈下去，铁块也能砍下一个角来。制造这种刀剑的地方，全世界只有两个。一是在东边阿拉伯半岛上的大马士革，另一处是在西边西班牙境内的托莱多。可惜的是，今天已经没有人知道当年阿拉伯人铸造这种神奇利刃的方法了。这是一种"失落的技艺"。

在当年巴比伦城附近，阿拉伯人修建了一座城市，叫作巴格达。如果你读过《一千零一夜》的故事，那你就一定听说过巴格达这个名字。因为《一千零一夜》里的很多故事都发生在巴格达。巴格达是阿拉伯帝国在东边的首都。在这里，阿拉伯人建立了一所非常好的学校。这所学校在随后的很多年里，都非常知名。在西班牙，阿拉伯帝国修建了另一个首都，算是西边的首都。这个地方叫作科尔多瓦，这里也有一所非常有名的阿拉伯学校。

我还可以给你讲述很多阿拉伯人对于世界文明的重要贡献。比如，他们设计制造出了有钟摆的挂钟，能够非常精确地计时。在此之前，人们还没有真正的可以准确计时的东西。阿拉伯人还建立了藏书丰富的图书馆。聪明的阿拉伯人像这样的成就我还可以说上很多很多，不过现在让我们就此打住。我们已经讲了挺多的了。

阿拉伯人属于闪米特人种，同腓尼基人和犹太人同宗同源。阿拉伯人既同腓尼基人一样聪明，又同犹太人一样有虔诚的信仰。

　　穆斯林对于女性有一种非常特殊的观点。他们认为女人如果把自己的脸露出来让别的男人看到，是非常不检点的行为。因此，阿拉伯女性，但凡要出门去，全都须得戴上一块非常厚的面纱，除了眼睛别的地方都不能露出来。这样一块面纱，让她可以看到别人，而别人——尤其是除了她丈夫之外的别的男人，是看不到她面目的。

　　现在的穆斯林妇女仍保持着这种习俗，你下次见到可不要大惊小怪哦！

# 第四十五章 黑暗时代的一线亮光

欧洲处在"黑暗"之中已经有三个世纪了。你当然明白这里的"黑暗"指的是什么。

终于历史来到了公元800年，一束"耀眼的光芒"，一个伟大的男人，一位王者——终于出现了。他的能力足以让他重新统一起四分五裂的欧洲，再建一个新的罗马帝国。不过，这个伟大的国王不是罗马人，而是一个法国人。他叫查理，是在图尔击退了阿拉伯人的铁锤查理的孙子。在法语中，查理也被叫作查理曼，意思是"查理大帝"。

查理曼一开始是法兰克王国的国王，可是他并不满足只当一个国家的国王，于是他展开了征伐。他首先向周围的国家出兵，攻下了西班牙和德国的一部分。当建立起了这样一个帝国之后，查理曼将帝国的首都从巴黎迁往一个叫亚琛的德国城市。因为亚琛的地理位置比巴黎更便于统治这样一个庞大的国家。另外一个原因是，亚琛周围有温泉，是非常好的温泉浴场。查理曼本人非常喜欢洗温泉，他同时也是一个游泳的好手。

意大利当时是由教皇掌管着的。可是在意大利北方，有一些部落不服教皇的管束，成为教皇的心头之患。于是教皇向查理曼求助，希望查理曼能够把这些部落给收服了。查理曼巴不得教皇有此请求，他立刻就答应了。就这样，查理曼率军长驱直入意大利，非常容易地就扫平了意大利北方的那些部落。教皇对这一结果感到非常满意，于是给查理曼许诺，要嘉奖他。

在当时，不论本身居住何处，每一个基督徒都会在一生中想办法到罗马去朝一次圣。他们的目的地是圣彼得大教堂，这座教堂是在当年圣彼得被钉上十字架的原址修建起来的。就在公元800年的圣诞节这天，查理曼也到了圣彼得大教堂朝拜。就在他在祭坛下跪下来祈祷的时候，教皇走上前去，将一顶王冠戴在查理曼的头上。同时，教皇称呼查理曼为"皇帝"。要知道，在当时教皇有权力任命国王乃至皇帝，经他的口将查理曼称为"皇帝"，就意味着他将这一重大的位置任命给了查理曼。换句话说，意大利现在也并入了查理曼统治的帝国版图之内。而这时候，查理曼所统治的全部地方加起来，正好和从前西罗马帝国全盛时期的版图一样。因此，现在的查理曼帝国就好比一个新生的罗马帝国一样。唯一不同的是，这个新的罗马帝国的皇帝是一个法国人而非罗马人。

查理曼是日耳曼人，同其他日耳曼人一样他也是个文盲，几乎不会写字。然而和其他人不同的是，他非常渴望接受教育，急迫地希望知道一切应该知道的事情和道理。他更希望能从事所有人能够从事的事业。

查理曼希望受到教育，可是在他自己的帝国，没有人有能力和知识来教他。可是，在英格兰，有一位非常有学问的修道士，名叫阿尔昆，他比那个时候的任何人懂得都多。于是查理曼邀请在英格兰的阿尔昆，来罗马给他和他的人民当老师。阿尔昆答应了查理曼的请求，来到了欧洲大陆，教查理曼科学、拉丁文以及希腊诗歌。更重要的，他还教给查理曼古希腊哲学。

除了读书和写字外，其他学习内容对于查理曼来讲都很轻松，我们觉得最简单的读书和写字这两样基本的能力，对他来讲却非常困难。他只能认识很少的一些字，而对于写，则几乎完全不行。据说他睡觉的时候都把写字板放在枕头下面，只要醒来，一有空他就练习写字。可是，即使他这么用功，最终他也只是学会了写他自己的名字。毕竟，查理曼是已经到了成年之后才开始学习的，很多事情对他来讲并不是那么容易。可是，难能可贵的是，查理曼此后一生都没有停止学习。除了读书写字他始终不行以外，查理曼最终成为那个时代在他的老师阿尔昆之后，第二有学问的人。

尽管查理曼的女儿们生下来就有公主的身份和地位，但他还是让女儿们学习织布、缝纫以及烹饪这些生活技能。他对子女的教育，完全是以他们能自谋生路这个前提设计的。

尽管查理曼在经济上非常富有又有权势，只要是他想要的东西，没有什么是他得不到的，可是他却甘于过非常简朴的生活。他吃简单的食物，穿普通的衣服，对当时人们所崇尚的华丽服装嗤之以鼻。他下面的王公大臣们喜好穿绸缎的衣服，有一天，查理曼想了一个点子，要让这些崇尚奢华服装的贵族们瞧瞧他们的那身打扮是多么华而不实。这天眼看一场暴风雨就要来临，查理曼故意命令宫中的权臣们跟随他出宫去打猎。查理曼心里暗自好笑，等着瞧这群人的好戏。后面的结果当然可以想象得到，这群贵族的锦衣华服被雨水淋了个透，在打猎的时候又沾满了泥巴，不少地方还被树林里的荆棘给挂开了口子。看着他们狼狈的样子，查理曼乐不可支。

不过，查理曼虽对吃穿很不讲究，对居所却很重视。他所居住的宫殿修得非常讲究，里面有金银做成的桌椅，以及其他很多华丽的家具。在宫殿里面，他还修了一个游泳池和一个非常豪华的图书馆，另外还有一个剧场。围绕着剧场的四周，是好几个漂亮的花园。

在查理曼时期，乃至整个中世纪，要看一个人是不是犯有偷盗或者杀人这些罪行，采取的是一种非常奇怪的方式。今天，有犯罪嫌疑的人会被送上法庭，在法官和陪审团面前回答各种质询。陪审团根据他的回答，判断这个人是不是真的犯了罪。可是，在中世纪，完全就不是这个样子的。有嫌疑的人会被要求扛着烧红的铁块走上十个台阶，或者把他的两只胳膊放进滚烫的水中，再或者赤足在烧红的煤块上行走。人们普遍认为，如果一个人没有犯罪，那即使是做完这些事情，他也不会受伤，或者即使这个人当时被烧伤了，但伤也能够马上痊愈。这种判断犯罪的方式，叫作"神裁法"。因为在《圣经》当中有这样的故事，说在尼布甲尼撒的时代，有三个人，分别叫沙得拉、米煞和亚伯尼歌，他们受人中伤，被尼布甲尼撒给扔进火窑当中。可是他们三人却毫发无伤地从火窑中走了出来，原因就是他们没有任何过错。大概正是因为《圣经》中的这段故事，中世纪的人们相信无罪的人不会被烧伤。即使是像查理曼那样开明的君主，对此也深信不疑。今天，我们再也不会采用这种残酷和荒唐的方式来判断一个人是不是有罪了。可是，如果有谁遇上了麻烦，并且需要证明自己的清白，我们依然还是会说："他得经历神裁。"

在查理曼时代的同时，在遥远的东方巴格达，有一位哈里发，名叫哈伦。如果你读过《阿拉伯之夜》中的故事，你一定就知道这个哈伦。因为《阿拉伯之夜》这本书就是写于这位哈伦当哈里发的时代，而书中很多次都提到了他。有意思的是，尽管哈伦是一位穆斯林而不是基督徒，可是他却非常崇拜查理曼。为了向查理曼表达他的敬意，哈伦送给查理曼很多贵重的礼物。在这些礼物当中，有一只非常精美的钟，这只钟每一个小时都可以报时。你应该还记得，当时的欧洲没有钟表，是阿拉伯人最先发明了钟表的。对于查理曼来讲，这钟可是个非常稀罕的玩意儿。因为当时的欧洲人能够判断时间的办法可不多，要么是通过太阳光落在日晷上的影子来判断，要么是通过沙漏或者水漏来计时。

哈伦是一个非常有智慧的好君王，他也因此被称为"拉希德"。"拉希德"的意思是"正义的"。你还记不记得在古希腊，有位也是被称为"正义的阿里斯提蒂斯"的执政官吗？哈伦曾经穿上普通人的衣服，把自己打扮成一个再平常不过的工匠走出宫去，到巴格达的老百姓中间去微服私访。他同在街上或集市中遇到的人聊天，问他们对当政的"哈里发"的看法，倾听百姓对现实社会的各种意见。哈伦发现，每当自己穿上旧衣服，化装成普通人的时候，才能够听到人民最真切的表达。因为同他谈话的老百姓不知道他是哈里发，只当他是跟自己一样的一个普通工匠。通过这种办法，哈伦明白了民间的疾苦，也知道了老百姓对他的统治喜欢什么、不喜欢什么。每次微服私访之后，哈伦回到宫里，就会重新制定法律或者调整他的政策，把那些不公平、不合理的地方改正过来。

查理曼死后，欧洲又失去了一位强有力的君主。新的罗马帝国再度分裂，"君王的战马和骑士都不能把欧洲重新统一起来"。

# 第四十六章　启　动

我曾经认识一个孩子，在他的手臂上有一个红色的胎记。这个胎记看上去很像英格兰的地形轮廓，所以这个孩子就给他的胎记取名为"我自己的英格兰"。

英格兰只是一个小岛而已。

在公元900年的时候，英格兰还是一个一点儿也不重要的小岛。

可是马上，英格兰就要变成世界上最重要的小岛了！

大约在查理曼之后的一百年，在英格兰出了一位国王，名叫阿尔弗雷德。阿尔弗雷德小的时候，很不喜欢学习，读书对他来说是一件非常困难的事儿。可是后来的一件事改变了他学习的兴趣。当时的书，几乎都是由修道士手工抄写出来的。这些书有很漂亮的图画，每一章的首字母也是用漂亮的颜色装饰过的。有时候，这种字母上的装饰甚至会用到金子。一天，阿尔弗雷德的妈妈拿出一本非常漂亮的书，对她的几个孩子说，谁能最快读完这本书，她就把这本书给谁。对阿尔弗雷德的妈妈来讲，这只不过是一个游戏，可是阿尔弗雷德却当真了。他非常想要那本书，于是，他头一次非常认真投入地读起书来。因为认真，这一次他很快地读完了这本书，比他的兄弟们都快。最后，他也如愿以偿地得到了这本书。

当阿尔弗雷德长大之后，英格兰遭遇了非常严重的海盗侵扰。实际上，这些海盗是英格兰人的同族，也是日耳曼部落的一支，叫丹麦人。英格兰人很早就成了基督徒，进入了文明社会，而丹麦人却依旧过着野蛮的生活。他们从居住的地方跨海而来，在英格兰的海岸登陆，抢掠英格兰靠海边的村庄和乡镇。在抢劫了全部值钱的东西之后，他们又退回海上，回到自己的地方去。这情形就像坏孩子们翻过果园的篱笆，偷去农夫果园里的苹果一样。

逐渐地，丹麦人的胆子越来越大，开始的时候，他们抢劫完毕还要逃跑，跑回他们自己的地盘。后来，他们抢劫完之后，连跑都懒得跑了，他们就等在原地，同赶来的英格兰人抗衡。他们就像偷农夫果园里的苹果的坏孩子那样，同赶来的农夫对骂。一旦农夫想要捉住他们，这些坏小子们就向农夫扔石头。这些海盗成为英格兰海疆的大患。英格兰国王曾发兵想要剿灭这些海盗，可结果是国王的军队反而被海盗给打得大败。看起来，这些丹麦海盗的势力似乎更大，如果任其发展下去，他们恐怕有可能打败英格兰国王，成为这个国家的新统治者。

英格兰这时候处于非常窘迫的境地。有一次，国王阿尔弗雷德吃了败仗，身边一个士兵也没有。他独自一人走在路上，衣服也撕破了。前面不远处出现一个牧羊人的窝棚，阿尔弗雷德走上前去，看见窝棚里有一位老婆婆，正在火上烤面饼子。这老婆婆是牧羊人的妻子。阿尔弗雷德又累又饿，就向这老婆婆讨一点吃的。老婆婆因为正好需要离开火堆，去外面挤些牛奶，所以就同意了。她对阿尔弗雷德说，如果帮助她照看火上烤着的饼子，不要让饼子烤焦，那等她回来的时候就可以给他一块饼子。阿尔弗雷德在火边坐下来，看着饼子出了神。他满脑子想的都是如何对付棘手的丹麦海盗，结果完全忘记了照看火上的饼子。当老婆婆挤完牛奶回来一看，所有的饼子全部都烤焦了。老婆婆损失了粮食，非常生气。她大声地咒骂阿尔弗雷德，把他赶出了窝棚，因为她完全不知道面前的这个人是英格兰的国王。

不过，经过在窝棚中的这一番思索，阿尔弗雷德也想出了对付丹麦人的办法。这些人从海上来，所以最好也是在海上就把他们给抵挡住。于是阿尔弗雷德开始着手修建舰船，他建造的船比丹麦人的船更大、更好。经过一段时间的经营，阿尔弗雷德手中有了一支舰队，这些船确实比丹麦人的船要造得更大。可是大船也有大船的问题，因为船大，吃水就深，所以这些船没法走到水浅的地方去，否则就有搁浅的危险。而丹麦人的小船没有这个麻烦，可以一直深入到海岸边水浅的地方。不过，在深水区，阿尔弗雷德的舰船就非常有优势了。这是英格兰历史上所拥有的第一支舰队。在二十世纪二三十年代，英国的海军是世界上最强大的，而阿尔弗雷德国王就是建立英格兰海军的第一人。

另外，阿尔弗雷德制定了非常严峻的法律，任何违反法律的人，都会受到严惩。在阿尔弗雷德治理之下的英格兰，人们都谨遵法令。据说，就算有人在路上掉了金子，都不会有人把这金子据为己有。

阿尔弗雷德还从欧洲请来了很多学识深厚的学者。他请这些人当老师，教英格兰人读书写字。他还请来很多能工巧匠，教英格兰人制造各种有用的东西。在学习文化技能的人中，有孩子，也有老人。他还创立了一所学校，是牛津大学的前身。牛津大学是今天世界上最好的大学之一，它已经存在了近千年了。

阿尔弗雷德建立了海军，制定了法律，开创了学校，这些都是英格兰人此前从来没有过的。不但如此，他还发明了很多别的有用的东西。

比如说，他发明了一种计时的办法。我们前面讲过，哈伦在一百年前送给了查理曼一只钟。今天看来，钟表是再普通不过的东西了，可是在当时，钟是非常稀罕的东西。尤其是在英格兰，没有人见过钟表是什么样子的。阿尔弗雷德自己也不知道钟表是什么，但他发现，蜡烛燃烧的速度是一定的。因此他在蜡烛的烛身上相应的位置刻上刻度，蜡烛燃烧到某个刻度，就能够知道大约用去了多少时间。这种有时间刻度的蜡烛被称为"计时蜡烛"。

人们当然还用蜡烛来照明。可是如果想把蜡烛带到户外去，就会比较麻烦，因为风会把蜡烛吹灭。为了解决这个问题，阿尔弗雷德做了一个罩子，把蜡烛放在罩子里面，这样就能防风了。可是，为了要使蜡烛的光能够从罩子里透出来，就一定得选择特殊的材料。今天我们当然可以使用玻璃，可是在那个时候，玻璃是非常稀有的东西。阿尔弗雷德找到的材料是牛角。把牛角切成片，磨得很薄很薄，也就能透光。这种用牛角做成的蜡烛灯台就叫作"角灯"。

这样一些小发明，对于历史的重要性非常有限。今天的人们使用机器成批成批地生产出这样的小玩意儿。阿尔弗雷德的这些创造，放到今天，不过是家庭生活杂事中最普通的生活小发明。我告诉你这些东西，主要的目的是想要你知道，当时的英格兰人，乃至其他生活在欧洲的日耳曼部落，文明程度是多么低下。同他们相比，已经能够做出钟表的阿拉伯人真的是高出不少等级了呢。而英格兰的文明才刚"启动"呢。

# 第四十七章　世界末日和世界尽头

如果你知道下个星期或明年世界就要灭亡，在此之前你会想做什么？

生活在十世纪的人，根据《圣经》上的记载，认为整个世界到公元1000年的时候就会走向毁灭，而这一年叫作"千禧年"。在拉丁文里，这个词的意思就是一千年。

有些人对世界的终结并不担心，相反还很高兴。这些人是穷人，他们在现实世界受尽了痛苦和折磨，因此反而非常希望世界毁灭了之后好让他们到天堂里去。因为他们相信，只要自己在人世间多做好事，死了之后就能到没有苦难的美好的天堂里去。因为这个信念，这些人的确一有机会就做对别人好的事情。他们希望这样能够让自己有资格进入天堂。

还有一些人并不那么希望世界毁灭。可是，他们觉得，如果这件事情无法避免，而且马上就要到来，那么自己最好抓紧时间好好享乐。

就这样，公元1000年终于还是来了。可是，让所有的人大吃一惊的是，什么事情都没有发生。一开始，人们以为是自己把年份算错了，从耶稣诞生到现在还不足一千年。于是人们又开始等待，等着世界终结的到来。大家拿出《圣经》反复地读，又觉得会不会世界的终结不是在耶稣诞生后的一千年，而是耶稣死后的一千年。可是，随着时间的流逝，又是很多年过去了，还是什么都没有发生。于是人们又觉得，这应当要来的终结是不是因为某种原因给推迟了。是什么原因人们不知道，说不清。最终，在千禧年过去了很长时间之后，人们终于意识到世界好像真的不会终结。

每过一段时间，就会有人宣扬世界行将毁灭的观点。这些人觉得自己洞悉了世界的秘密，对世界将要毁灭言之凿凿。可是我们依旧非常肯定地相信，世界将依然如故地运转下去。即使在我们都变老死去之后，世界还是会这样地存在着，即使在我们的子孙后代都死去之后，世界也依然还是会这样地存在着。

就在大家都在翘首等待世界的终结之时，在欧洲北方有一支日耳曼部落却展开了他们的远航。这一支日耳曼部落叫作北欧人，或者维京人，他们同迁往英格兰的丹麦人是同族。不过，维京人不是基督徒，所以《圣经》里面所说的任何关于世界毁灭的故事他们都不信。维京人是勇敢的水手，他们甚至比过去的腓尼基人还更要勇猛无畏。维京人把他们的船涂成黑色，并且在船头雕刻上海怪或者龙的装饰。他们先向北方航行，之后朝着日落的方向向西走。这一条航路在此之前没有任何人走过，他们首先发现了冰岛和格陵兰岛。之后，在他们的首领莱夫·埃里克松的带领下，维京人来到了美洲海岸。在公元1000年，欧洲人在等待世界终结的时候，维京人真真实实地来到了当时他们认为的"世界的尽头"。

维京人把这片新的土地叫作"文兰"，意思是"酒之乡"。因为他们在这里发现了可以酿出葡萄酒来的葡萄。不过，维京人没有深入到这片大陆的腹地去，因为他们以为这不过又是另一个小岛罢了。他们完全没有意识到这是一片新的大陆。而且，由于这里离开他们的故乡实在太远，当地的土著人，即美洲印第安人也在不断地骚扰他们，最终，这些维京人决定返航回家。因此，欧洲人也就完全没有想到这里还有一片土地。直到五百年之后，另一位伟大的航海家再次发现了它，这里才有了新的欧洲移民。

# 第四十八章　真正的城堡

　　在童话故事里，英俊的王子和美丽的公主都住在漂亮的城堡里。所以你会不会以为城堡只存在于童话故事中？

　　可是，在公元1000年前后，城堡几乎遍布欧洲各地。这些城堡可不是存在于童话故事中，而是现实生活中实实在在的建筑，而且还有人生活在里面呢。

　　当罗马帝国于公元476年灭亡之后，整个帝国四分五裂，像一盘散沙。这之后，生活在不同地方的人们就开始修建城堡，一直持续到十四世纪。下面就让我告诉你为什么人们要修建城堡，还有他们是怎么修的，以及后来为什么人们又不再修建城堡了。

　　在欧洲，每当一个统治者，无论是国王还是王子，在攻克了另一个国家之后，就会把这个国家的土地分给他手下的将军和大臣们，分封的土地就是国王或者王子赏赐给将军的酬报。而得到了土地的将军们，又会把他手中的土地分给他的属下，作为他给这些下属的酬报。这些得到了土地的将军或武士，就成为最初的贵族。因为拥有土地，他们也被叫作"地主"。而分给地主土地的人，就是他们的领主，这些地

城堡、吊桥、护城河和骑士

主是他们的领主在各个地方的封臣。每个封臣都要宣誓向他的领主效忠，只要领主有命令，封臣就一定要出马协助领主打仗。这种效忠关系的建立不是随随便便的，否则就太不成体统了，领主和封臣关系的确立一定要有一个非常严肃的仪式才行。封臣要在领主面前跪下，把自己的双手握起来。领主也会用双手来握住封臣的手。封臣此时庄严宣誓，只要领主有令，自己定当报效。这一仪式被叫作"宣誓效忠"。此后的每一年，封臣都要到领主面前来完成一次"宣誓效忠"的仪式。这种领主分土地给封臣，封臣向领主效力的制度，叫作"封建制度"。

每位得到了土地的封臣都会在他的封地上修建一座城堡，他自己住在城堡里面，统领在他的土地上生活的人民。封臣就是他自己土地上的国王，对于在他的土地上生活的人们来说，他又成为这些人的领主。城堡不仅仅是领主居住的家，它还是防御这片土地的要塞和堡垒。因为别的地方的领主有可能眼红这块土地，或者又因为别的原因，可能会来进攻这座城堡，想要征服这片土地上的领主，好让自己取而代之。所以，为了保证自己城堡的安全，领主往往都会把自己的城堡修建在山顶或者峭壁边。这样，敌人才不能轻易地攻下城堡。除了地理位置的险要之外，城堡的修建也很讲究。一般来讲，修建城堡的石墙都非常的厚，其厚度可以达到三米多。而且，在城堡周围，还有一条壕沟，壕沟里面有水，所以又被叫作"护城河"，有了它，敌人更不容易攻入城内。

在和平时期，人们在城堡外面的土地上耕种。而一旦发生战争，特别是有敌军来进攻的时候，人们就退守到城堡里面，把城堡的门关起来。粮食和牲畜，以及其他一切有用的物资都储存在城堡里面。这样一来，城堡里的人就可以在里面待上很长时间。一般是数月，如果粮草充足，有时候甚至可以待上几年。因为这样的原因，城堡都修建得非常大，这样才能容纳下那么多人和牲畜。实际上，有不少城堡真的像是一个有围墙的小城市一样。

在城堡里面，各种建筑一应俱全。有人住的房子，有牲畜待的地方，有粮仓，还有厨房。城堡里面甚至还有教堂。当然了，最主要的建筑还是城堡主人住的房子，这就是城堡的主楼。

城堡主楼里面最重要的一间屋子是大厅堂。大厅堂里面有厨房，之外还有一个很大的空间，足够摆下一张巨大的餐桌。这张餐桌本身并不豪华，就是一整块巨大的木板，用四条腿儿支起来就行。餐桌如此大，为的就是可以同时招待很多人。在没有宴席的时候，这张木板就立起来，靠着墙摆放。吃饭的时候没有叉子，没有勺子，没有盘子，没有碗碟，也没有餐巾，大家全部用手抓着吃。要是觉得手指头沾了油，那么在嘴里嘬一嘬就好，或者在自己的衣服上擦一擦也行。骨头什么的就往地上一吐，因为有狗在桌下钻来钻去，它们会解决掉所有人不吃的东西。在这样的场合吃饭，什么餐桌礼仪都是不需要的，开心享用才是最重要的！吃到最后，有人会送来一大盆水和一些毛巾，让那些想要洗手的人洗手。

晚宴之后，餐桌撤走，大厅堂就成了娱乐的场所。漫长的黑夜需要歌唱和讲故事来打发，于是这时候就是游吟诗人登场表演的时间了。他们会唱歌，讲点小故事，还会表演些滑稽戏。所有人在这种场合都开怀大笑，其乐融融。

坐守在这样的一座城堡里面，面对任何的进攻，城堡的主人和他的人民都无需有任何的担忧。对于攻打城堡的人来说，他们首先面临的一个难题就是环绕在城堡一周的护城河。每一座城堡的护城河上都会有一座吊桥，这是连接城堡大门和护城河对岸的唯一通道。城堡的大门是厚重的铁门，没有战事的时候就开着，让人可以自由地通过。一旦发生战事，守卫城堡的士兵首先要做的事情就是收起吊桥。可是如果敌人来得太迅猛，没有时间收起吊桥的话，那在最后关头就得赶快放下城堡的铁门。一旦吊桥吊起，那除了涉水渡过护城河之外，再没有别的办法可以进入城堡了。而如果有人真的打算游过护城河，那招待他的就是守城士兵从墙头上掷下的石块或者滚烫的焦油。在城墙墙头，有很窄的垛口，守城的士兵可以从这里往下射箭。而对于攻城的人来讲，却很不容易瞄准垛口后面的士兵。

可是，即使城堡已经是如此的固若金汤，人们还是想出各种办法来攻城。一种有效的攻城办法是高塔。这种用木头搭建起来的高塔可以建得很高，而且塔基还可以装上轮子。当塔的高度修得超过城墙的高度时，就把塔慢慢地向城堡移动，而站在塔上面的人，就可以从高于城墙的位置直接向城里射箭了。

还有一种办法是挖地道。在护城河的下方挖出一条深深的地道，然后挖通到城堡里面去。

还有一种重型武器是攻城车。这种车用大树或者石块做车子的尖头，大家反复地推动车子，把城墙给撞开。

另一种攻城的重型武器是投石器，这种投石器能把巨大的石块掷过城墙去。在没有大炮和火药的时代，这算是非常有杀伤力的武器了。

城堡的领主和他的家人是贵族，而城堡的臣民则依附于这个领主，他们的地位只比奴隶稍微好一点。在和平时候，普通臣民绝大多数都住在城堡外面的庄园里，在这里，他们为领主劳动。领主给予臣民极少，而从臣民手里拿走很多。领主会在最起码的程度上照看好他的臣民，因为这样他的臣民才会为他打仗和工作。就好像他得好好照顾他的马和牛，这样才有马供他驱驰，才有牛给他提供牛奶和牛肉。可是，领主对他的臣民可不如他的牲畜。臣民要为领主工作，把自己劳动种出来的大部分粮食上缴给领主。而他们自己住在比牛棚好不了多少的房子里，房子往往只有一间屋子，地上什么也没铺，落脚就是土。房子里或许有一层阁楼，得用梯子才能爬上去。上面是睡觉的地方，可是所谓的床铺往往就是一张草垫子而已。睡觉的时候，白天身上穿的什么衣服，睡觉的时候还是穿什么衣服。

依附于领主的这些人叫作"农奴"。有时候，某个农奴会因为实在忍受不了这种生活而逃跑。如果在一年内（365天）的时间里，领主都没有抓到他，那么从366天开始他就可以成为自由人。可是如果他在一年内就被抓到了的话，那他的领主就有权惩罚他。他会挨鞭子，或者被烧红的烙铁烫，甚至有可能被砍去双手。领主对于自己的农奴几乎有无限的权力，除了不能杀死或者出卖农奴之外，领主几乎可以对农奴做任何残忍的事情。

因此，你如何看待这样的封建制度呢？

# 第四十九章　骑士和骑士时代

我前面讲给你听的这些领主啊，城堡啊，它们所在的时代在历史上被称为"骑士时代"。这是一个非常讲究身份和社会地位以及相对应的礼仪规范的时代。城堡的领主和他的家人属于上流社会，拥有贵族身份。但这一部分人的数量很少，其他的绝大多数人，则是普通人或领主的农奴。

普通人没有任何学习文化知识的机会。事实上，没有什么学校是为普通人开设的。他们参与社会生活的机会很少，唯一需要懂得的，就是如何劳作。而一个领主的儿子们，则被非常精心地养育长大，可是他们所学的也只有两个内容：贵族的礼仪以及战斗的技巧。读书写字被看作是毫无用处的事情，学习这些会被认为是浪费时间。

下面让我来详详细细地告诉你一个领主的儿子是如何被教养长大的。到七岁之前，这孩子都生活在妈妈身边。妈妈会照顾他的生活，帮他打理一切。可是到了七岁这一年，他就获得了一个身份，成为贵族的"侍从"。在此之后的另一个七年里，也就是说到他十四岁之前，他的身份都是侍从。作为侍从，他的主要任务就是为城堡里的贵妇们服务：跑跑腿儿办件小事情啦，送个口信儿啊，伺候贵妇们吃饭什么的。同时他也会学习骑马以及各种礼仪规范。

到了十四岁的时候，这孩子获得了另一个身份，叫作"侍卫"，这一身份一直保持到他二十一岁。在当侍卫的这七年中，他要跟随一位骑士，为这位骑士效力。他还要照料骑士的马匹，跟骑士上战场。在战场上，备用的马匹和长枪什么的，都由这位侍卫负责照料。

当他长到二十一岁的时候，如果他当侍卫期间一切都做得很好，也把骑马、打仗这些内容都学得得心应手，那他就可以被封为"骑士"了。骑士是一个非常重要的身份，册封骑士也有一套非常严肃的仪式，其重要意义有点像我们今天从学校毕业时候的毕业典礼。成为骑士意味着这个孩子从少年变成成年人，能够独当一面了。

为了骑士册封的仪式，这位准骑士要做很多准备。首先他得沐浴。这一点在今天看来似乎用不着提，可是在那个时代，人们很少洗澡，有时候甚至数年都不洗一个澡。所以在册封仪式之前好好洗个澡，还是很有必要的。沐浴完毕，他穿上一套崭新的衣服。之后到教堂里面去，彻夜祈祷。当早晨来临，他来到仪式现场，在众人的注视中庄严宣誓，永奉如下戒命：

永葆勇敢坚毅的精神，行正直有益之事；

为基督教而战；

保护弱小；

尊敬妇女。

这些就是成为骑士时要许诺的誓言。当他发誓完毕之后，会被授予一条白色的皮带，一对金子的马刺也会装在他的靴子后跟。然后，是最重要的步骤，他要双膝跪地，跪在领主面前，他的领主手持一柄剑，将剑的剑身搭在他的肩头，然后说："我授予你骑士称号。"

骑士在上战场作战的时候，都会全身披重甲。这身盔甲叫作"锁子甲"，是由无数细小的铁环串在一起做成的，看上去很像鱼身上覆盖的一层鳞片。除了身上的锁子甲，骑士还有一个非常厚重的头盔，头盔也是铁做的。这身装备能够保护骑士免受弓箭和长矛的攻击。这身盔甲当然没法抵挡现代战争的枪炮，可是，在没有枪炮的冷兵器时代，这样的装备已经足够了。

这样的盔甲穿在身上，全身上下都遮得严严实实，在别人看来，根本看不出盔甲里面的人长什么样子，到底是谁。因此，有意思的事情就发生了。如果交战双方都是骑士组成的部队时，一旦双方短兵相接，斗到一处，几乎就很难分清究竟谁是谁。在你面前挥动刀剑的这个人是你的对手还是你的朋友，你从外表看着他的盔甲，根本就分辨不出来。

为了解决这个问题，在战场上分清敌我，骑士们会在盔甲外面再罩上一件袍子。在袍子上绣上相应的图案，这些图案有动物，如狮子；也有植物，如玫瑰花；也有十字架这样的几何形状。这种图案叫作"纹章"，同属一位领主或家族的骑士都会使用同样的纹章。今天，在西方国家，有些人还会在书信上面盖上这样的纹章，如果是这样，那就说明这个人的曾曾曾祖父曾经是个骑士。

我们前面讲到，作为骑士，有一个很重要的品质，就是要谨遵礼仪，尤其是对妇女，更是要彬彬有礼。所以，即使是今天，我们在形容一个人很有礼貌的时候，也说他"具有骑士精神"。当骑士遇到妇女的时候，他是应当脱下他的头盔的。这一举动意味着："你是我的朋友，所以我不需要戴头盔"。今天，西方人在向妇女致意的时候，也是要把帽子取下来的。

可是，对于骑士来讲，更为重要的素质不是礼仪，而是打斗的技能。在那个时代，即使是竞技运动，也是训练打斗。

每个国家在每个时代都有自己独创和喜爱的体育运动。古希腊人有奥林匹克运动会，古罗马人有战车比赛和角斗士竞技，我们现代人喜欢足球、篮球等体育运动。可是在骑士时代，骑士中最流行的运动就是打斗。当然这样的打斗是在自己人中进行的，是对真正的战斗的模拟。骑士们管这叫作"比武"。

贵妇与猎隼

这样的比武大会通常在竞技场举行。数量众多的观众拥向竞技场去观看比赛，赛场周围彩旗飘扬，号角手把手中的小号吹得震天响，这跟今天足球比赛的时候观众手挥旗子，吹着号角的情形没什么两样。不同阵营的骑士端坐在战马背上，分列赛场两边，他们手持长枪，枪尖用布包上，这样就不会真的把人刺伤。当一声令下，双方的骑士都冲向对方，试图用自己的长枪把对手从马上挑下来，而最后还端坐马上的人就是胜利者。比赛结束后，胜利者有贵妇来向他授予一条缎带或别的纪念品。在骑士眼中，这样的纪念品是非常珍贵的战利品，这就好像我们今天在网球比赛中，最后的获胜者得到的奖牌或者奖杯一样。

骑士们还很喜欢的一项活动是打猎。打猎的时候他们通常会带着猎狗，不过另一种经过训练的鸟儿也是打猎时很好的帮手，

公元1000年

这种鸟叫作"猎隼"。打猎不光骑士们喜欢，领主和他的女眷们也热衷于此。猎隼被训练得很听话，它们可以像猎狗一样去捕捉其他的鸟儿，如野鸭子或者鸽子一类的，甚至有些小动物，也可能成为猎隼捕杀的对象。打猎的时候，猎隼被一条链子锁在人的手腕上，它们的嘴上套着一个嘴环，一旦发现天上有别的鸟儿，猎隼就被放出去，嘴上的环也被拿掉。猎隼飞行的速度非常快，它像一道闪电一样扑向猎物，一击之下往往就能把猎物给捉住。猎人随后上前，把猎物捡起。猎隼再度回到主人的手腕上休息。在打猎时，人们最喜欢捕猎的动物是野猪。野猪有长长的獠牙，捕猎的时候有一定的危险性，不过，越是这样才越能显示出猎人的男子气概。

# 第五十章 一个海盗的伟大孙子

当阿尔弗雷德做英格兰国王的时候，丹麦人侵入了这个国家。

而同时候，丹麦人的同族维京人侵入了法兰西。

阿尔弗雷德最后的解决办法是在英格兰国土中划了一块土地给丹麦人，让其居住下来，逐渐地，丹麦人也成了基督徒。

法兰西国王也如法炮制。为了免遭维京人的继续侵扰，法兰西国王也划出一片土地给了维京人。这之后，维京人也定居下来，慢慢地成了基督徒。

入侵法兰西的维京人有一个领袖，名叫罗洛，是个非常顽强凶狠的家伙。为了答谢法兰西国王赐予维京人土地，罗洛应当向法兰西国王行跪拜之礼，行礼的时候，他应当跪下去吻法兰西国王的脚。罗洛觉得这样做让自己很没面子，于是他命令手下的人去替他行礼。他的手下也很不情愿，但还是按罗洛的吩咐做了。只是这个人在向法兰西国王行礼的时候，把法兰西国王的脚抬得太高了，结果害得法兰西国王从

维京人高高地抬起国王的脚

椅背上翻了过去。

法兰西国王赐予维京人的那块土地叫作诺曼底，这个地方今天还叫这个名字，那里的人因此也被称为诺曼底人。

公元1066年的时候，统治诺曼底的是一位很有权势的公爵，名叫威廉。威廉公爵的先祖就是当年桀骜不驯的罗洛。今天，在西方国家，威廉是一个非常常见的名字，也许这些威廉都有一个共同的祖先，就是这位诺曼底的威廉公爵。

威廉公爵身体健壮如牛，意志坚毅，把诺曼底治理得井井有条。他射箭射得又远又准，技艺比他手下的任何骑士都高超，就连他所使用的弓，也没有谁能拉得开。

威廉公爵和他的臣民都信了基督，可是在他们的观念里，基督教的上帝，就是自己族人以前的主神沃顿。威廉公爵相信"强权即公理"，因为他的祖先是海盗，他的观念和行事作风始终脱不了海盗的方式。所以，不论他想要得到什么，他的方式就是去抢过来。尽管这样的行为在基督教中是不被允许的，他也毫不理会。

当时，威廉的身份是公爵，而不是国王。可是他并不满足于当一个公爵，国王才是他一心想要的。而且，他希望成为英格兰的国王。英格兰跟诺曼底只隔着一道海峡，与之隔海相望。

恰巧，有位英格兰王子哈罗德，在诺曼底海边遭遇了船难。王子落了水，被诺曼底人给救了起来，所幸没有大碍。哈罗德王子随后被送到威廉公爵的宫里休息。根据英格兰王室的规矩，哈罗德王子将来有一天是要继承英格兰王位的。现在王子在自己手里，威廉公爵觉得这真是一个夺得英格兰王位的绝好机会。于是，在让哈罗德王子回家之前，威廉公爵让王子发了一个誓，说只要有一天哈罗德王子登基成为国王，他就要把英格兰送给威廉公爵。这誓言把堂堂一个偌大的国家变得像一匹马、一套盔甲一样，可以交换，可以送人。威廉公爵心里也清楚，一个国家毕竟不是一匹马、一套盔甲，光是这样随口说说，哪那么容易就能让人拱手相让。于是，为了让哈罗德王子所发的誓更加有约束力，威廉公爵要求王子把手按在祭坛上发誓，这就像今天的西方人，在发誓的时候要把手按在《圣经》上一样。当哈罗德王子照做之后，威廉公爵把祭坛打开让王子看。原来在祭坛下面，威廉公爵放了不少基督教圣徒的遗骨，这些遗骨已成为基督教非常神圣的法器。哈罗德王子对着圣徒的遗骨起了誓，这样誓言就有了牢不可破的庄严性，因为人们觉得，违反这样的誓言是要遭到上帝惩罚的。

发完誓后，威廉公爵放哈罗德王子回到了英格兰。不久之后，哈罗德王子到了可以继承英格兰王位的时候了，这时，英格兰的人民不干了，大家当然不愿意把自己的国家交给威廉公爵。而且，不光英格兰的老百姓不愿意，哈罗德自己也心里不情愿。他说，当时自己在发那个誓的时候，是被威廉公爵强迫的，而且威廉公爵事先并没有告诉自己祭坛下面有圣骨，自己是被威廉公爵给骗了，这样的誓言，没有约束力。于是，哈罗德自己当了国王。

当威廉公爵听到这个消息后，便大发雷霆。他认为哈罗德违背了誓言，欺骗了自己。于是他立即派出军队，渡过海峡，要把英格兰从哈罗德手里给"夺回来"。

当威廉公爵从他的船上下来，刚一踏上英格兰的土地时，他脚下一个踉跄，面朝下地摔了一跤。跟随着他的士兵都惊呆了，大家把这一意外当成是一个不好的"征兆"——还记得古希腊人是如何看待征兆的吗？可是威廉公爵非常机智，他一摔倒就意识到了问题，同时也马上想到了应对的办法。在他摔倒在地的一瞬间，他马上张开双手，左右手各紧紧地攥了一把土。然后他站起身来，向全体士兵说，他相信他摔倒是上天给他的一个预示，预示着他们必将夺得英格兰的土地。他边说，边举起双手，给大家看他手里的泥土。并说，这就是预示，英格兰全国都将被他们征服。就这样，他彻底扭转了士气，把一个坏的征兆变成了好的预示。

战争打响了，英格兰人非常顽强地抵抗来自诺曼底的入侵者。双方决定命运的会战发生在一个叫黑斯廷斯的地方。战斗一开始仿佛有利于英格兰人，因为诺曼底人被打得节节败退。可是，英格兰人哪里知道，这是威廉公爵的计谋。他下令诺曼底士兵佯装战败，向后退却。不知内情的英格兰士兵兴高采烈地在后面追赶，他们自以为胜利在望，所以队伍四散开来，没有保持打仗应有的阵形。然而，就在这时，却听威廉公爵一声令下，他的队伍全体调转头来，后队变前队，反退为进。英军大吃一惊，完全来不及集结成防守阵形，就被凶猛的诺曼底人给打得个落花流水。英格兰国王哈罗德眼睛上中了一箭，摔下马来死了。黑斯廷斯一役，成为英国历史上非常重要的一章。

其实，在抵抗诺曼底人的战争中，哈罗德表现得非常英勇，可是运气不在他那一方。因为就在黑斯廷斯战役之前的几天，他还跟他的亲兄弟打了一仗。他的兄弟密谋反叛，拉起了一支队伍来攻打哈罗德。对于可怜的哈罗德，我们只能表示惋惜。可是历史就是这样，人力不能勉强的地方，也许让历史自己发展，反而是对所有人最好的选择。因为历史应当如何发展，谁能说得清呢？

打胜了黑斯廷斯战役之后，威廉公爵长驱直入到了伦敦。在1066年的圣诞节，他自己加冕为英格兰国王。从此之后，他就被称为"征服者威廉"，也叫"威廉一世"。而诺曼底人打下英格兰这一事件，就被叫作"诺曼征服"。从诺曼征服之后，英格兰有了新的国王谱系——一个海盗家族出身的诺曼底家族。

按照封建制度，征服者威廉把英格兰这块大蛋糕分成若干小块，分封给他手下的王公大臣。这些王公大臣向征服者威廉宣誓效忠，愿意永远听命于他，成为他的封臣。每一个获得了封地的贵族都在他自己的那块地上修建城堡，威廉自己也在伦敦泰晤士河边修建了一座他的城堡。在这个地方，当年的尤利乌斯·恺撒修建过一座堡垒，英格兰国王阿尔弗雷德也修建过一座城堡。可是，无论是恺撒的堡垒还是阿尔弗雷德的城堡，都不复存在了，只有征服者威廉所修建的城堡，直到今天还屹立在那儿。这就是著名的伦敦塔。

威廉是一个非常英明的君王，治理国家很有一套。他采取了一项措施，把全英格兰所有的土地都登记在册，把全英格兰的人口以及他们的财产也记录在案。这一记录叫作《英国土地志》，类似于今天每个国家隔一段时间都会做一次的全国普查。在这本土地志上，全英格兰人的姓名，拥有多少财产，包括有多少头牛和猪，都记录得清清楚楚。如果一个西方人，知道自己的祖先曾经是英格兰人，那他翻开这本土地志，也一定能找到他祖先的名字，并且能看到他拥的土地和财产有多少。

另外，为了防止有人晚上趁黑干坏事，征服者威廉实行了一项措施，叫

"宵禁"。每天晚上，到了某个固定的时间，就会有钟声响起，这就是宵禁开始的信号。钟响以后，全部人家的灯都得熄灭，所有人都必须待在家里，不得外出，基本上很多人也就上床睡觉了。

不过，征服者威廉有一件事做得让全体英格兰人都很生气。威廉非常热衷于打猎，可是在伦敦附近没有好的猎场。于是，为了建起一片猎场，威廉下令推倒了一大片村庄和农田，把这片地方变成了树林。这片树林就是"新森林"。这片树林今天还在，尽管已经过了快一千年的时间，人们还是叫它"新森林"。

总体而言，威廉带给英格兰的好事多于坏事。虽然他是个海盗的后代，但是他在英格兰建立起了良好的政府管理体制，强化了社会治安。英格兰在他的统治之下，比此前别的统治者的时代都更好、更安全。因此，1066年也被有些人看作是英格兰历史上的元年。

每当有出生寒微的移民子弟通过自己的努力和奋斗成为社会栋梁的时候，我们总是由衷地为他们感到高兴。人们往往形容这

公元1066年

种改变自己社会地位的情形，是从穿工装裤到穿西服套装，或者从穿草鞋到穿皮鞋。对于威廉来讲，他的祖先是海盗，而他最终成了一国之君，这样的转变真是让人心情振奋。难怪直到今天，威廉的后裔还为此骄傲不已呢。

# 第五十一章 伟大的冒险

　　你有没有玩过抢椅子的游戏？一群孩子围着几张椅子转圈，椅子的数量比人的数量少一个。当音乐停下来的时候，你就必须坐到椅子上去，那个没有找到椅子坐上去的人就输了。在西方国家，这个游戏叫"到耶路撒冷去"。

　　不过在中世纪，"到耶路撒冷去"并不是游戏，人们真的这样做。生活在欧洲的人，无论他身处何处，都希望一生中有机会到耶路撒冷去朝圣一次。如果条件合适，他们就会出发。那时候的人们希望自己亲身走到耶稣上十字架的地方去看看，希望到圣墓教堂去做一做祈祷，再带回一片棕榈树叶子作为纪念。当他们回到自己的家乡时，他们可以把此行的纪念品拿出来给朋友们炫耀，然后挂在墙上，以此作为他们一生的谈资。

　　因此，总是有无数有好有坏的基督徒"到耶路撒冷去"。有时候他们独身上路，但更多的时候，他们结伴而行。当然了，在那个时代，没有火车或者飞机，不富裕的人要想到耶路撒冷去，就得全程走路。想想看，这些人从英格兰，或者法国，或者西班牙，或者德国走到耶路撒冷，走上几个月是很普遍的，要是走得慢，用上一年也不为过。这些去耶路撒冷的人，被称为朝圣者，他们的这段旅程，也就叫作"朝圣之旅"。

　　在那个时候，耶路撒冷被土耳其人控制着。土耳其人是穆斯林，他们不喜欢前来朝圣的基督徒，对基督徒的态度非常不好。因此，有不少基督徒在回到家后，都向人诉说他们被土耳其人迫害的惨痛经历，同样也为圣城耶路撒冷沦陷到异教徒手中唏嘘不已。

　　在公元1100年左右，罗马教廷的教皇名叫乌尔班，他是天下所有基督徒的领袖。当教皇乌尔班听到从耶路撒冷回来的朝圣者所讲的情况后，大为愤怒。他认为，基督教的圣城耶路撒冷被掌握在穆斯林手中，完全是一件不可接受的事情。乌尔班发表了演说，号召全天下的基督徒发动一场圣战，打败土耳其人，夺回耶路撒冷。但是，耶路撒冷不仅是基督徒的圣城，也是穆斯林和犹太教徒的圣城，因此这一地区战争频繁也就在所难免了。

当时，有一位基督徒，名叫隐士彼得。基督徒中有一些人，希望远离人群，自己一个人生活，全副身心地投入到灵修当中，往往就找个山洞或者杳无人烟的地方避开尘世，人们称这些人为隐士。隐士彼得也是这样的人，他认为这种隐修的生活对他的灵魂很有助益，隐修生活的饥寒以及生活上的不便，都有助于让他成为一个更好的人。

隐士彼得也到耶路撒冷去朝圣过，他对于那儿的情况同样也是感到非常愤怒。于是隐士彼得在人群当中宣讲，说任由耶稣的墓被穆斯林占据，对于整个基督教世界来说真是莫大的耻辱。他号召人们跟从他到耶路撒冷去，夺回圣城。隐士彼得走到哪里就把他的观念讲到哪里，他在教堂里讲，在路边讲，在集市上讲。隐士彼得口才很好，凡是听到他演讲的人，无不动容而泣，纷纷表示要跟从他去解放耶路撒冷。

这样一来，没过多久，成千上万的人被鼓动起来了。这些人里面有男有女，甚至有老有少。大家纷纷发誓要一起到耶路撒冷去，把圣城从穆斯林手里夺回来。因为耶稣是被钉死在十字架上的，所以这些人把红色的布剪成十字的样子，缝在他们的衣服上。衣服上的这个红十字，就成了这支军队的标志，这就是历史上所谓的"十字军"。在出征之前，这些人意识到这一次征伐有可能会进行很长的时间，而且自己也很有可能会战死疆场，所以不少人都变卖了自己所有的财物，矢志夺下耶路撒冷。在十字军队伍中，不光有穷人，也有很多贵族，甚至王室成员，这些人组成了一支奇怪的队伍，有不少人步行，也有很多人骑马。

十字军东征的时间原定在1096年，还有四年的时间到1100年。可是有不少人心急如焚，他们不愿意等到预定好的时间，希望越早开始征程越好。于是，这些人在隐士彼得和另一位虔诚的基督徒"穷光蛋"沃尔特的率领下，匆匆踏上了东征的路。

他们并不清楚耶路撒冷到底有多远，他们没有认真研究地理，也没有地图，更没有考虑清楚这一路上粮食的问题、宿营睡觉的问题，他们连路上要走多长时间都没有概念。他们只是单纯地信任隐士彼得和"穷光蛋"沃尔特，认为主会给他们解决一切问题，为他们指明道路。

就这样这支乌合之众上路了。"前进，基督的战士们！"成千上万的十字军"战士"走在去往遥远的耶路撒冷的路上。一路上，成千上万的人因为疾病或饥饿死去。每一次他们看到前方有一座城池的时候，都会忍不住问："这是耶路撒冷吗？"他们不知道，横亘在他们和耶路撒冷之间的距离还长得很。

更加不幸的是，当穆斯林听到十字军要前来攻打耶路撒冷的消息时，他们也拉起了队伍，迎头向十字军出击。那些走在最前面的十字军先头部队，被准备充分的穆斯林军队打得七零八落，死伤大半。而另外按照原定计划出发的十字军，却还在路上，还没有同穆斯林军队接上火。

最终，历经了近四年，一开始群情激昂、人数众多的十字军，只有很小一部分人走到了圣城耶路撒冷。当他们终于看到耶路撒冷的时候，大家无不为之动容。所有的人跪倒在地，啜泣不已。他们唱起圣歌，向上帝祈祷，感谢上帝最终将他们带到了旅程的终点。这之后，十字军开始攻城。他们作战非常勇猛，最终攻下了耶路撒冷。在进城之后，十字军大开杀戒，杀死了很多居住在城里的穆斯林。据说整个城里的街道，都被血染红了。这样的局面有点出人意料，因为杀戮不是基督徒应该做的事情，耶稣的教导是反对暴力，他说："收刀入鞘吧！凡动刀的，必死在刀下。"

占领了耶路撒冷之后，十字军将士推举了一个人出来全权管理这座城市。这个人名字叫戈弗雷，而大部分十字军将士在攻占了耶路撒冷之后，就回家去了。就这样，第一次十字军东征结束了。

# 第五十二章　三个国王排成排

现在有三个国王：

英格兰国王理查德；

法兰西国王腓力；

德国国王腓特烈·巴巴罗萨。

如果你把这几个名字多念几次，你就会觉得他们的名字一直在你脑海中回旋。不论你愿意还是不愿意，你就是没法不去想他们。

第一次十字军东征是把耶路撒冷拿下来了，可是基督徒并没有占据这座城市多久，穆斯林反扑回来，把这座城市又给夺了回去。

于是基督徒又发动了第二次十字军东征。这之后，差不多两百年间，每过一段时间，就会发起一次十字军东征，大约发生过九次。在后面的这些十字军战争中，基督徒有时候能攻下耶路撒冷，有时候也会吃败仗。

第三次十字军东征发生在第一次东征之后约一百年，也就是大约公元1200年的时候。上面说的这三个国王，英格兰国王理查德、法兰西国王腓力、德国国王腓特烈领导了这一次东征，可是并不是每一个国王都完成了东征。我来一位国王一位国王地给你讲。

德国国王腓特烈的名字巴巴罗萨，意思是"红胡子"。在那个时候，人们习惯给国王们起绰号。腓特烈的首都在亚琛，查理曼大帝当年也把亚琛作为他的王国的首都。不过查理曼大帝是庞大帝国的皇帝，而腓特烈只是统领德国的国王。不过，腓特烈是一个很有抱负的人，在他还年轻的时候，他就想要扩张德国，希望把自己的国家建得同查理曼大帝时代的法兰克王国一样庞大和强盛。只不过他的能力同查理曼大帝比起来还是要差一些，因此没法真正做到查理曼大帝那样的丰功伟绩。当腓特烈同别的两位国王一起开始第三次十字军东征的时候，他的年纪已经很大了。而且，腓特烈最终也没有走到耶路撒冷，在过一条河时，腓特烈不慎落水，淹死在了河里。关于这一位国王的故事，就是这么多了。

第二位国王，法兰西的腓力，也有他的问题。他非常嫉妒英格兰的国王理查德，因为理查德个人魅力非凡，深受人们的爱戴，在十字军中的威望很高。所以，在相处了一段时间之后，法兰西的国王腓力放弃了东征，自己回到法国去了。

这样一来，英格兰的理查德就成了十字军中唯一的一位国王。其实，如果英格兰的理查德也回到自己的宫廷待着，而不要去统领什么十字军东征，可能会对他更好些。可是，他觉得自己出征打仗比待在宫廷里管理国家大事要有趣得多。

英格兰的理查德、法兰西的腓力和德国的腓特烈

可是，尽管理查德在这一点上犯了个错，但他依然是那种男人崇敬、女人爱慕的男人。他对女人温柔体贴，同时又孔武有力。他有一个绰号，叫"狮心王理查德"。他为人正直，处事公正，对待坏事毫不容情。因此，英格兰的人民爱戴他，同时也畏惧他，不敢违反他制定的法律，因为对于坏人坏事，他一定会毫不留情地给予惩罚。即使在理查德去世之后很久很久，英格兰的妈妈们为了让调皮的小孩子不哭闹，还是会说："别闹了！如果你不乖的话，狮心王理查德就会来把你抓走！"

就连理查德的对手都对他礼敬有加。在第三次十字军东征期间，统治耶路撒冷的穆斯林国王叫萨拉丁。尽管理查德前来讨伐萨拉丁，但是萨拉丁却对理查德非常尊敬，甚至到最后两个人交上了朋友。也是因为这样的原因，萨拉丁最终没有同理查德开战，而是同他签订了一纸和平协定，承诺好好维护耶稣的圣墓，并善待前来耶路撒冷的朝圣者。这一和平协定让双方都感到满意，因此理查德率军离开了耶路撒冷，让萨拉丁继续在那里做国王。

可是，这之后发生了意外的情况。在回英格兰的路上，理查德被"红胡子"腓特烈的儿子俘虏了。他把理查德关了起来，要求英格兰支付一大笔赎金。理查德的朋友都不知道理查德被关押在了哪里，也不知道如何才能找到他。

那时，理查德有一个非常宠爱的游吟歌手，名叫布隆德。布隆德写的一首歌深得理查德的喜爱。因此，当布隆德听说理查德被捉之后，走遍全国各地，在每个地方唱这首歌，希望理查德能够刚好听到他唱歌，然后想办法透露出自己所在地方的信息。没想到，布隆德的这个主意还真的奏效了。一天，布隆德在一座塔下唱歌，刚好这座塔就是理查德被囚禁的地方。理查德听到了布隆德的歌声，于是就在塔里也唱起这首歌。布隆德听到了理查德的歌声，不动声色地离开，找到了理查德的朋友。于是理查德的朋友知道了理查德的下落，于是交纳了赎金，把理查德救了出来。

理查德历经一劫，回到了英格兰。可是，回到英格兰后，依然有新的挑战在等待着他。那几年，正是绿林强盗罗宾汉横行的时候。罗宾汉躲在英格兰的丛林里，伺机抢劫过路的人。理查德打算亲自除掉罗宾汉这个强盗，把他送进监狱。主意打定之后，理查德化装成一个修道士，扮作从丛林里经过的样子。果然，他被罗宾汉逮住了。可是，在跟罗宾汉相处了一段时间之后，理查德发现罗宾汉还真是条汉子。于是理查德宽恕了罗宾汉和他的同伙，没有惩治他们。

理查德的纹章图案是三头狮子，一只叠在另一只上面，三头狮子相叠。今天，你还能在英国军队的盾牌上面看到这样的三头狮子。

在理查德完成了第三次十字军东征之后不久，欧洲人又发动了第四次东征，时间是公元1212年。这个年份很好记吧。这一次的十字军全部是由孩子组成的，所以这也叫"儿童十字军"。领导这一群娃娃兵的，是一个十二岁的法国男孩，名叫司提反，同历史上第一位殉难的基督徒同名。

全法国的孩子都离开了他们温暖的家和亲爱的爸爸妈妈——那些父母们居然会同意自己的孩子踏上这样一趟可能有去无回的征程，在今天的人看来，这才是真正奇怪的事情。这群童子军集结完毕之后，向南走到了地中海。在这儿，他们期望地中海海水会像《圣经》里面写的那样，自动分开，露出海底干的地面，让他们可以过去，走到耶路撒冷。因为在《圣经》里面确实写着，红海的海水为让逃出埃及的以色列人顺利经过，曾经就自动分开，让他们渡过海去，顺利逃出埃及。可是这一次，在这支童子军面前，显然没有任何神迹出现。

不过，在地中海边，孩子们碰到了一些出海的水手，这些水手愿意把孩子们带上他们的船，送到耶路撒冷去。而且，这些水手为孩子们做这件事，分文不取，他们说这样做是蒙主的感召。可是，孩子们上当了！这些水手根本不是什么好人，他们是海盗。等孩子们一上船，这些海盗就调转船头，穿过地中海，向非洲驶去。等到了非洲，海盗把这些孩子全部卖给穆斯林做了奴隶。这件事可不是格林童话，孩子们没有能力抵抗海盗，我没法给这件事一个完美的结局，因为事实不是这样。

最后一次十字军东征是由一位叫路易的法国国王率领的。这位国王非常虔诚，几乎将一切都奉献给了主。他后来被封圣，被称为圣路易。不过，圣路易领导的这次十字军东征最后还是失败了，耶路撒冷依然掌握在穆斯林手中。并且从那个时候起，一直到1918年英国人进入耶路撒冷时都还处于穆斯林的占领中。

平心而论，不是所有的十字军将士都是好基督徒，就像今天的人一样，有不少也只是挂了一个基督徒的名号而已。实际上，尽管这么说有点奇怪，但是确实在十字军里面有一部分人是流氓无赖。他们参加十字军东征，目的其实不在维护基督教的权威，而是想寻刺激、图开心，之外再找点机会抢点东西，发个小财。

总体而言，所有的十字军东征都没有达到最初的目的，即让基督徒占据耶路撒冷。不过，尽管没有达到这个目的，十字军东征还是带来了一些别的好处。在

公元1200年

第一次东征开始的时候，欧洲的基督徒的文明程度远低于东方那些他们想要去征服的人。而旅行比书本教给人们更多的东西，东征之途也让这些欧洲人见识了很多东西。他们所走过的地方，丰富了他们的见闻，教给了他们新的知识，他们学习了新的语言和文学，也积累了历史知识，提高了艺术修养。

另外，当时本还没有学校，只有很少很少的一部分人接受过零星的教育。在东征之后，这些归来的十字军战士在一定程度上起到了老师的作用，他们把所学所见教给欧洲当地人，最终结束了黑暗无知的中世纪。

# 第五十三章　石头和玻璃做成的《圣经》

你去过教堂吗？

在西方基督教国家，星期天是去教堂的日子，每个人在这一天都要去参加教堂的礼拜。

而在中世纪，人们几乎每天都会去教堂，有时候一天还会去好几次。就算没有礼拜，他们也会去教堂。他们到教堂去，找个位子坐下来，做祈祷；或者找到牧师做告解，向牧师诉说自己的烦恼，听取牧师的意见；也可以向圣母玛利亚点一支蜡烛许愿；或者，什么都不干，就是到那儿去找朋友聊聊天。

在数次十字军东征期间的那么多年，包括十字军东征之后的很多年，中世纪的人们生活的中心，就是他们的教堂。

教堂成了人们社交活动的场所。因此，人们自然而然地向教会捐献钱财，并且愿意花时间、出劳力到教堂来，参加各种劳动，把自己的教堂建设得更好。在当时的法国和其他一些欧洲国家，建成了大量精美的教堂和大教堂。这些教堂一直保存到现在，即使以现在的眼光来看，它们也是不可多得的建筑精品。正因为如此，今天的人们也依然愿意不远万里，到这些教堂所在的地方去参观。

你知道什么是"大教堂"吗？大教堂在规模上比普通的教堂要大，因为它不是普通的教堂，而是供一个教区的主教居住和传教的地方。在大教堂的大殿中，你能看到一张特别的椅子，这是供主教坐的，所以大教堂又被称为"主教座堂"。

中世纪修建起来的这些教堂或主教座堂，同此前古代希腊或罗马的建筑样式完全不同。实际上，它们同之前任何形式的建筑都不一样。

如果让你用木头修建房屋，你一定会这样施工：首先把四根木头直立在地基的四个角上，然后再在上面用别的木头搭出屋顶。古希腊人和罗马人也是这样修房子的。

可是，中世纪的欧洲人完全不是这样修房子的。

如果你想搭一个玩具小屋，要是不按上面那个方法的话，你还可能怎么做？也许你会把两根木头头对头地那样支起来，支成字母A的样子。可是这种方式并不能做到完全稳固，很容易向一边倒去，这样一来，整栋房子都会倒塌。可是，当时的那些教堂基本上就是用这种方式搭建起来的。其方法是

飞扶壁——巴黎圣母院的拱顶

在直立的石柱上再搭建左右两边向中心合拢的尖顶，为了防止尖顶把下面的石柱推倒，建筑师们又另外设计了加固整个结构的支柱。这些支柱也是石头做成的，它们在建筑学上有一个专门的名字，叫作"飞扶壁"。

意大利人在看到这样的建筑结构时，觉得非常难以接受。他们觉得这样修出来的建筑一定不可能稳固，会很容易倒掉——这样的房子不就像是扑克牌搭的房子吗？意大利在公元476年曾被哥特人征服，哥特人都是些野蛮无知的人，所以在那之后，人们把野蛮、不文明的东西都称为"哥特式的"。所以，上面我讲到的这些教堂，因为它们那充满力量的外观，也被人们称为"哥特式建筑"。实际上，哥特人同这些教堂没有任何关系，在这些教堂被修建起来的时候，纯正的哥特人早就消亡了很多年了。

还有，不知你从我上面的描述中对于这种哥特式建筑得出了什么样的印象。你会不会觉得这种要靠外部的飞扶壁撑起来的建筑，可能看起来随时都会倒塌，样子也很丑陋？可是，实际的情况却刚好相反。哥特式建筑一点也不丑，而且很坚固结实，只有一些修建得非常马虎的哥特式建筑才会垮塌掉，而绝大多数大型的哥特式建筑都一直屹立至今。而且，除了那些最为守旧的人，只认为古希腊、古罗马样式的建筑最正宗、最美观好看之外，大多数人都逐渐接受了哥特式建筑的特征。

哥特式建筑同古希腊和古罗马建筑的不同之处还有一些。在任何一所哥特式教堂开始动工修建之前，人们首先会在教堂所在的地面上画上一个巨大的十字架。十字架的头都冲着东方，因为那儿是耶路撒冷所在的方向。之后，人们再在这个十字之上修建教堂。因此，当教堂全部修建完毕之后，如果你从空中俯瞰这座教堂，你会发现整个教堂看起来是个十字，而且祭坛大堂永远朝向东方。

哥特式教堂还有非常漂亮的尖顶，这些尖顶都非常高，看上去像直指苍天的手指。教堂的门窗既不是方形也不是圆形的，而是尖顶的样式，看起来像祈祷时人们合起来的手指。

哥特式教堂的墙壁几乎全都是玻璃做成的，最吸引人的是这些玻璃窗户的样式。这些窗户都不是像我们家里面用的那种透明的普通玻璃，而是用各种颜色的玻璃拼成的图案，一小块一小块不同颜色的玻璃被拼接起来，镶嵌成一大幅绘画，讲述着《圣经》里面的故事。这样的玻璃镶嵌画比普通的绘画看上去要更好看，因为每当太阳升起的时候，阳光从彩色玻璃中穿过，使得这样的彩色玻璃窗看上去就像宝石一样耀眼夺目。蓝色的玻璃看上去像是碧蓝的天空，黄色的玻璃像是灿烂的朝阳，红色的玻璃像是红宝石。每一扇彩色玻璃都讲述了一个《圣经》故事，整个教堂的彩色玻璃加起来，就像是一本《圣经》故事插图。这样，就算来到教堂的人不识字，没法自己读《圣经》，他也能通过观看这些彩色玻璃来温习《圣经》的内容。

在教堂里面，还有不少石头雕塑。这些雕塑反映的是基督教历史上的圣徒，或者天使，当然还有《圣经》里面的人物。所以我们说，这些教堂，就是一本用石头和玻璃做成的《圣经》。

除了圣徒和天使，你还能看到奇形怪状的野兽或怪物的雕塑——这些野兽是人们想象出来的，同自然界中的野兽完全不同。它们一般都被摆放在教堂外面，例如屋檐的转角处，被用作滴水檐。这种怪物滴水檐有一个专门的名字，叫作"滴水嘴"。人们还相信，它们可怕的样子能够吓走恶灵。

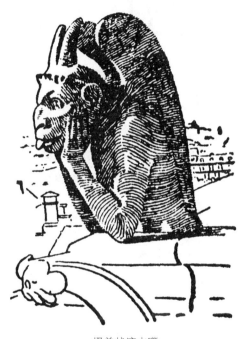

怪兽状滴水嘴

现在我们无从了解谁是这种哥特式建筑最初的设计师或建造者，也没有人知道是谁最先雕刻了哥特式建筑里的那些雕塑。因为在哥特式建筑出现的时代，几乎每一个人都对此有或大或小的贡献，因为他们修建的是他们自己的教堂。他们不一定为工程捐献钱财，而是在参与方面花时间、出劳力。谁有雕刻的技术，谁就去做雕像，或者切玻璃；如果什么技术也没有，那也可以去搬石头。

有些巨大的哥特式教堂用了无数人的劳力，花去了数百年的时间才修建完毕。有些参与修建的人，到死也没有亲眼看到教堂完工的样子。最有代表性的几座大型哥特式教堂有：英国的坎特伯雷大教堂、巴黎圣母院大教堂和德国的科隆大教堂。

其中，科隆大教堂修建的时间最久，从破土动工一直修了七百年都还没有修完！另外，法国的兰斯大教堂在一战德军的炮火下几乎完全被摧毁。

哥特式教堂是在众人齐心协力下，用石头和玻璃一点一点搭建起来的，在修建的过程中，一切环节无不精益求精。而且，修建教堂的方式几乎也因此都固定下来了。今天的人再修建教堂，基本上都是按照哥特式教堂的风格来的，要修高高的尖顶高塔，尖顶形式的门，彩色玻璃窗户，而且祭坛也基本上是冲着东方。不过，尽管今天的教堂在这些方面可以模仿哥特式教堂，但是今天的教堂不会再像哥特式教堂那样有石制的穹顶，也不会再用到飞扶壁，彩色玻璃窗户的面积也小了很多。现在的教堂，穹顶大多是木制的，有时候整座教堂都用木制，或者别的什么现代材料。因为真正的哥特式建筑造价非常高昂，而且工艺复杂，耗时耗工。今天的人们没有那么多的时间和金钱，也没有热情来修建这样的建筑了。

这就是哥特式建筑的故事。再说一遍，它同哥特人可没有一点关系哦。

# 第五十四章　没人喜欢的约翰

狮心王理查德，人人爱戴。他有个弟弟，叫约翰，却没人喜欢。

约翰后来也成了国王，可是却是一个邪恶的国王。

约翰是历史上的又一个恶棍。对这样的人我们非常厌恶，但是却喜欢听他的故事，尤其是听到他最终得到应得的下场时，我们就会高兴地鼓起掌来。

约翰有一个侄子，名字叫亚瑟。按照当时继承王位的制度，亚瑟比约翰更有条件当国王。因为这一点，约翰对亚瑟颇为记恨，后来密谋杀害了亚瑟。有人说约翰是命人杀掉亚瑟的，也有人说，约翰亲手杀死了亚瑟。以这样的方式获得王位，约翰的统治真是从一开始就非常缺乏说服力，而随着时间的流逝，事情变得越来越糟糕。

约翰同罗马教皇的关系也不好，他们双方发生了激烈的争执。教皇在当时是整个西方基督教世界的领袖，对于各处的教堂有不可置疑的权力，教皇规定说什么可以做、什么不可以做，所有的教会都得服从。教皇命令约翰任命某个人做英格兰的大主教，可是约翰拒不服从。约翰心目中的人选是他的一个朋友。教皇很生气，表示说：如果约翰依旧不遵从他的命令，那么他就要关闭英格兰境内所有的教堂。对于教皇的威胁，约翰一点儿也不在乎。他对教皇说，随你的便，如果教皇愿意关闭教堂，那就关闭好了。于是教皇真的这么做了。他下令全英格兰的教堂都关闭，停止运作，直到约翰让步为止。这样的事情要是放在今天，其实也不会有太大的麻烦。可是，在当时，正如我前面所说的，教堂是全体欧洲人社会生活中最重要的一环，没有什么能够比这对人的生活更有影响了。关闭教堂就意味着没有地方可以让人去做祷告等宗教活动了，也没有地方可以给新生儿施洗礼，如果谁没有施过洗礼，那么他死了之后就进不了天堂。同时，关闭教堂也意味着人们没法结婚，因为婚礼都是要在教堂牧师的主持下才能举行的。关闭教堂还意味着死去的人得不到牧师的祝福，没法完成基督教式的葬礼。

英格兰的老百姓对这样的情况忧心忡忡。在他们看来，这样的情形就意味着通往天堂的大门被堵死了，他们非常担心会有可怕的事情发生在身上。可以想象得到，老百姓对约翰怨声载道，因为就是这个可恶的国王一意孤行，才使得整个国家的教堂全部关闭。约翰也感觉到了老百姓越来越强烈的不满情绪，他开始害怕了——他担心老百姓会做出对他不利的举动来。双方又僵持了一段时间，教皇的反应更加激烈。教皇说，如果约翰再不让步，他就要任命新的英格兰国王了——在当时那个时代，教皇真的有这样的权力。这次约翰真的吓坏了，他向教皇表示，拥护教皇做出的任何决定，此前教皇的一切要求，他都照办。可是，尽管约翰这次做了让步，但是他顽固的个性一直没有改变，他总是做出错误的选择，并且死不悔改。

约翰坚持这样一个愚蠢的观念：他认为整个世界都是为了国王而被创造出来的，世界上的其他人降生到这个世界，完全是为了让国王有仆人，有人做工给他赚钱，他想做的任何事情，都有人来给他完成。在古时候，有不少国王其实都有类似的观念，只是约翰特别相信这一点。因此，约翰想要花钱的时候，会命令富人把钱给他；如果有人胆敢不从，不遵照他的要求办，他就会把那个人给关进监狱，用一种铁制的钳子夹那个人的手，直到夹断骨头、血浆迸裂；如果这个人还不让步，约翰就把他处死。

像这样的事情一而再再而三地发生，约翰变得越来越暴虐。他下面的贵族们再也不能忍受了，最后大家密谋叛乱，把约翰抓了起来，关进了一所监狱。这个监狱在泰晤士河上的一个小岛上面。在这里，人们迫使约翰答应若干项条款，这些条款都用拉丁文写成。这件事情发生在1215年。对于约翰来说，1215年的这一天是他的倒霉日，但是对于英格兰的百姓来说，却是个黄道吉日。约翰最后签订的这份文件，叫作《大宪章》。

对于《大宪章》的内容，约翰心里是一百个不情愿。当他被迫做他不愿意做的事情的时候，他像个坏脾气的小孩儿，大发脾气，又哭又闹。但是，就算是这样，他也依然得同意《大宪章》的条款。

约翰不会写他自己的名字，因此他没法像我们今天签订合同时那样，在《大宪章》上签名。他随身带着一枚印章，上面刻着他的名字，在需要他签名的文件上，先滴一滴热蜡，然后往上面盖章，就同签名的效果是一样的了。在那个时候，不能自己签名的人，都是用的这个办法。

约翰没有办法，最终还是在《大宪章》上盖了他的名印。宪章上的条款规定，要把很多从前属于国王的权力给予贵族。这些权利按照现在的标准看，根本无须签署任何条款，是人自然而然的权利。比如，人有权保有他自己劳动赚来的钱财，并且有权不让这些钱财被非法剥夺；还有，如果一个人没有犯罪或者未经过正当的审判，国王就不能把这个人投进监狱，也不能对其实施任何的刑罚。这是约翰同意的很多条款中的两条。在《大宪章》中，限制国王权力的条款还有很多。

《大宪章》签署之后，约翰并没有遵守它，他一获得机会就设法破坏条款中的内容。有谁被迫接受他不愿意的事情之后，往往就是这个反应。不过，人算不如天算，约翰还想继续兴风作浪，而老天却收去了他的性命。约翰死了，《大宪章》的基本内

公元1215年

容被保留了下来。而约翰之后的英国国王，都必须遵守《大宪章》规定的内容。因此，在1215年之后的英国国王，都成了人民的仆人，为人民的福祉服务，从前人民为了国王的福祉而贡献一切的局面得到了改变。

# 第五十五章　一个伟大的讲故事的人

在离英格兰很远很远的地方，在遥远的太阳升起的地方，在离开意大利、耶路撒冷、两河流域以及巴黎很远很远的地方，在离我们此前讲过的世界遥远的东方，有一个国家，叫作"中国"。

如果你站在美国低头往脚下看，假如地球是个透明的玻璃球，那么中国就在你脚下地球的另一面。

在过去的上千年中，在中国这个地方就有人生活着。只是对于西方人来说，他们对这里的情况和这里的人了解得非常少。

而到了十三世纪，黄种人的一支在东方崛起，他们被称为蒙古人。蒙古人英勇善战，很快统一了中国，并有要征服世界的势头。这一支蒙古人的领袖是一位非常厉害的战士，名叫成吉思汗。成吉思汗手下有一支由鞑靼人组成的骑兵部队，骁勇善战，势不可挡。这样一位战士，再加上他手下的骑兵，简直比当年匈奴王阿提拉的兵力还要厉害。

成吉思汗总是不断地同别的国家或民族发生战争。就算他找不到开战的理由，他也有办法制造一个出来。因为他一心想要建立一个史上最庞大的帝国。

于是，成吉思汗和他的骑兵从东方出发，横扫欧洲。他们踏平了一切挡在他们西征路上的人和物，已经没人能阻止他们了。

现在，从太平洋到欧洲东部的一大片地区，都纳入了成吉思汗的囊中。终于，他停了下来。面对这样一个庞大的帝国，成吉思汗似乎终于满足了。他也应该满足了，因为这个蒙古帝国的面积已经超过了历史上的罗马帝国，也超过了亚历山大大帝建立的马其顿帝国。

成吉思汗死后，情况也并没有改变。他的几个儿子继承了他的骁勇善战，他们又开始继续蒙古帝国的扩张。

最终，蒙古帝国传到了成吉思汗的孙子手上。成吉思汗的孙子并不像成吉思汗那样喜欢打仗，这位新的统帅名叫忽必烈。忽必烈同他的祖父和父亲都不一样，他把帝国的首都建在今天中国的北京。在那里，他管理着从他父辈手中继承而来的庞大帝国。忽必烈的兴趣不在打仗，而在修建宏伟的宫殿。在宫殿周围，还点缀以美丽的花园。他把国都修建得非常漂亮，甚至有人觉得，就算所罗门王全部的财富和荣耀都加起来，也比不上忽必烈过的生活。

接下来，我们再远远地离开北京和忽必烈的宫殿，来到意大利。在意大利北部，有一个建在水上的城市。在这个城市里，河流就是街道，人们出行不坐马车，而是坐船。这个城市叫作威尼斯。大约公元1260年的时候，在威尼斯居住着两个人，他们都姓"波罗"。这两个人有一个共同的想法，想到遥远的地方去，看看世界上其他不同的地方。于是这两位"波罗"，再加上其中一位的儿子，名叫马可·波罗，从威尼斯出发了。他们朝着太阳升起的东方前进，充满了对未知世界的好奇和想要冒险的愿望，就好像故事书中出门去寻找宝藏的孩子。在随后的旅程中，他们始终朝着东方走，经过了好几年，他们终于来到了忽必烈的都城外面，看到了忽必烈宏伟的宫殿和美丽的花园。

忽必烈听到守城卫兵的报告，说城外来了几个奇怪的白人，他们来自于一个遥远的未知的国度。忽必烈对此也很好奇，很想见一见这几个人。于是这几位威尼斯人就被带到了忽必烈的面前。他们向忽必烈详详细细地讲述了威尼斯的情形。这几个人真是讲故事的好手，他们的讲述非常有意思，深深地吸引了忽必烈。他们又告诉忽必烈基督教是怎么回事，还有其他很多忽必烈从不知道的事情。

忽必烈对这几位威尼斯人讲的故事和他们的国家产生了极大的兴趣，他希望知道更多的东西。于是他请求这几位客人留下来，陪在他身边，给他多讲一些。忽必烈送给这几位客人很多礼物，并封他们为国师，请他们来同他一起治理自己的国家。于是这几位"波罗"就在忽必烈的帝国留了下来，他们在那儿生活了很多很多年，学会了当地语言，成了当时中国非常重要的人物。

　　时光如梭，十七年的光阴倏忽就过去了。这几位威尼斯人在中国已经生活了这么长的时间，于是他们觉得现在应该是回到威尼斯、回到他们自己的人中间去的时候了。他们请求忽必烈许可他们回家，可是忽必烈并不愿意他们离开。这几个人对忽必烈治理国家有莫大的帮助，是忽必烈的左膀右臂，他实在不愿意他们离开自己。不过最后，经不住三位"波罗"的苦苦恳求，忽必烈终于恩准他们离开。于是这几个人踏上了回家之路。

　　当他们最终回到威尼斯的时候，他们已经离开了这里太久太久，故乡的人已经没有谁记得他们了。他们也几乎忘记了如何说家乡话，他们的口音让他们听起来像是外国人。在漫长的回家路上，他们的衣服也穿破了，变得衣衫褴褛，看起来就像是流浪汉，就连他们的老朋友也几乎认不出他们来了。没有人相信这几个浑身肮脏的流浪汉就是二十年前风度翩翩的威尼斯绅士。

公元1275年

　　这几位"波罗"开始把他们在东方的经历讲给故乡的人们听：他们这一趟冒险之旅的种种细节，东方忽必烈的那个富饶帝国以及他们走过的城市。可是故乡的人们都不相信他们说的话，大家都嘲笑他们，认为他们在编故事。

　　看到大家都不相信自己讲的话，"波罗"们撕开自己褴褛的外套，从衣服里面掉出了成堆价值连城的珠宝、钻石、珍珠，这些东西加起来足够买下一座城市。周围的人都看得呆了，他们惊奇不已，这才相信了"波罗"们说的话。

　　马可·波罗请了一个人，把

他讲的东方历险故事全部记录下来，这本书就是大名鼎鼎的《马可·波罗游记》。尽管马可·波罗在书中的有些描述可能不太可靠，但即使放到今天，这也是一本非常值得一读的书。马可·波罗在叙述中有可能夸大了很多事实，因为他喜欢让读者感到吃惊。

马可·波罗描述了忽必烈美轮美奂的王宫，他说在王宫里数不清的餐厅，可以同时招待上千位宾客。他还说那里有一种大鸟，可以把大象抓上天去。他还说挪亚方舟依然停留在亚拉腊山巅，因为这座山被冰雪覆盖，因此登山非常困难。但没人能前去验证挪亚方舟是否真的在那。

# 第五十六章　魔针和魔粉

就在马可·波罗从东方回来的同一时期，在欧洲流传着一个关于魔针和魔粉的传闻。人们不知从什么地方听说这两件宝物的故事，说这两样东西威力无比。有人还说，是马可·波罗从中国带回了这两样东西，不过后来我们知道是阿拉伯水手将这些神奇的玩意儿带到欧洲的。

关于魔针，人们说，只要把它架在一根稻草上面，或者手指托着它的中间部分，魔针就能自己转向，并最终指向北方。就算你再次把它调到其他方向，魔针还是会自己转回去，永远指向北方。把这样一根魔针放进盒子里，就成了指南针。

今天，你可能不会体会得到为什么这样一根"魔针"会让当时的人觉得如此重要。可是，从历史上看，这一根小小的指南针，的确使得人类发现新世界成为可能。

也许你同你的小伙伴们也玩过这样的游戏：大家选出一个人来，给他蒙上双眼，然后大家拉着他在屋子里原地转圈。之后叫他走向房间的门或者窗户，或者大家说出的方位。如果你自己也这样玩过，你就知道在原地转了好几圈之后，要判断出方位是一件多么困难的事情。你也知道，当大家叫他向东走，他却摇摇晃晃地向西走去，是一件多么滑稽的事情。

嗯，在海上航行的水手在很大程度上就像是眼睛被蒙起来的孩子。当然，如果天气晴朗，水手们也可以借助太阳和星星判断方向，可是如果是阴天多云的情况，那就找不到什么参照物来辨别方向了。这时候，水手就真的像是眼睛被蒙起来了一样，他很可能会判断失误，朝着相反的方向走去，却一点也意识不到。

这也就是为什么在指南针还没有被发明出来的时候，水手们出海都一定要贴着海岸线走的原因。只有看到陆地，借助陆地起伏的山势，水手们才能够判断出方向。如果深入到无边无际的茫茫大海中去，那很有可能会迷失在海上，永远也回不了家。所以在那个时候，人们航海只能去到那些可以借助陆地的参照物能抵达的地方，就算稍微走得远一点，也不能离开陆地太远。

可是，在有了指南针以后情况就大不相同了。不论天气情况如何，罗盘总是能指出正确的方向，所以，即使遇上阴天或者暴雨天气，在海上航行的船也能够向着正确的方向行进，因为只要沿着罗盘中那根有魔力的小小指针走就可以了。不论船在海面上如何起伏颠簸，罗盘的指针永远指向北方。当然，人们并不总是要去北方，但是只要知道了一个方向，其他的方向就很容易推断出来了。南方在北方的相反方向，东方在北方的右边，西方在北方的左边。所以，水手们需要做的就只是掌好船舵，让船沿着正确的方向行进即可。

可是，指南针被引入人类的航海事业却是用了相当长的时间。一开始，人们不能理解为什么指南针的指针会永远朝向北方，他们觉得这根针有可能被施了什么可怕的魔法，所以大家都不敢使用指南针。而在海上航行的水手则更是迷信，他们更不愿意把这样一个神秘的东西带上船去，害怕这样做会让自己的船受到诅咒，给自己带来坏运气。

而所谓的魔粉其实就是火药。

在公元1300年以前，欧洲人从来没有见过任何形式的枪炮，所有的战争都是用冷兵器完成的，人们使用弓箭、刀、长矛打仗。显然，短剑这样的武器只能用于近战，交战双方得相距几步之内。而如果有了枪炮，一来可以在很远之外射杀敌人；二来，一队枪兵可以把成片的敌人打

公元1300年

倒。而且在火药被引入欧洲之后，骑士身上的盔甲再也没有了用武之地，盔甲可以抵挡刀剑，但是防不了子弹。火药彻底改变了人类战争的形态，使得战争变得更加残酷。

尽管人们认为马可·波罗已经讲述过他在中国看到火药和参观大炮射击的经历，但是大多数人还是相信，是阿拉伯人把火药的制作方法传到了欧洲。而这种神奇的魔粉确实在以后改变了整个欧洲甚至人类的历史。

不过，初期的火药并没有像现在的武器那么大的威力。又经过了很长时间的发展，人们才做出了杀伤力巨大的武器。在火药出现之后，人们还继续使用刀剑这些冷兵器，在欧洲，直到过了一百年，冷兵器才完全被火器取代。

# 第五十七章　历史上最长的战争

　　1338年，当时的英国国王是爱德华三世。爱德华三世有个野心，那就是同时统治法国和英国。他宣称，他同法国的老国王有亲戚关系，所以比法国现在在位的国王更有资格坐上法国国王的宝座。法国国王当然不干，于是爱德华三世向法国宣战，打算一举拿下法国。谁知道这场战争一直持续了一百年，这就是历史上的"百年战争"，也是：

　　历史上最长的战争！

　　英国军队渡过英吉利海峡，在法国登陆。双方交火后的第一场重要战役发生在一个叫作克雷西的地方。英军士兵都是步兵，而且在参军前基本上都是些普通人，而法军则几乎都是骑兵，身披重甲，端坐马背——这些骑兵都是有身份的贵族。

　　骑在马背上的法国骑兵一看自己的对手，心中不免暗自好笑，他们觉得这场战争自己这方一定获胜无疑。法军装备精良，那些由普通人组成的英国步兵怎么可能是他们的对手。换比现在，你要是坐在汽车里，可能也会瞧不起那些走路的人，是不是？

　　英军士兵手中使用的，是一种当时还不太常用的武器——"长弓"。长弓射出的箭势道凌厉，凭借这种武器，英军出人意料地大败法军。那些贵族出身、训练有素的法国骑士，即使有马骑、有铠甲保护，还是吃了一个大大的败仗。

　　同时，也是在这场战役中，大炮第一次被引入了战场。英军是首先使用大炮的一方。不过，当时的大炮威力有限，在克雷西战场上并没有发挥出多少优势。这些大炮只不过是把炮弹射到敌军阵地中去，但是力道同一个人掷出的篮球或踢出的足球差不多，没有多大杀伤力。这些炮弹唯一起到的效果就是吓倒了法军骑兵的马。除此之外，没有对法军造成任何有效的伤害。不过，克雷西战场上大炮的使用，拉开了火器取代冷兵器的序幕，冷兵器的时代很快就要终结了，而骑士的黄金时代也一去不复返了。

克雷西战役只是英法百年战争的开端。就在克雷西战役之后的第二年，一场非常可怕的传染病席卷了整个欧洲，这就是骇人听闻的"黑死病"。欧洲的这场黑死病如同古希腊伯利克时代爆发的大瘟疫一样，染上的人只有一种结局，就是死掉。而更可怕的是，虽然之前欧洲在伯利克里时代发生过瘟疫，但当时只影响了希腊雅典，而这次的黑死病则在整个欧洲范围蔓延。据说，这次的黑死病源头在中国，之后瘟疫一路向西，抵达欧洲，并在此肆虐。欧洲人几乎没有办法躲开这场瘟疫。瘟疫传播的范围很广，几乎覆盖了整个欧洲大陆，染上瘟疫死掉的人数甚至超过了此前在任何战争中死亡的人数。这场瘟疫之所以叫黑死病，是因为在染病人的身上会逐渐出现黑色的斑点，一旦染病，快的话只要数小时，慢的话也只需一两天，人就会死去。在当时的医疗条件下，没有任何药能对这种病起作用，因此也就没有治愈的希望。有不少人在发现自己患病之后，干脆自杀了之，免得遭受疾病带来的痛苦；还有一些人发现有疑似的症状就杯弓蛇影，觉得自己已经不行了，然后自杀了断，这真是被吓死的。

这场大瘟疫持续了两年，上百万人死于这场瘟疫，死亡的人口总数占了当时欧洲总人口数的三分之一。有很多地方整个城镇的人都死绝了，到最后连收尸的人都没有。死尸就在他们倒下的地方躺着——在大街上、门口旁、集市里随处可见。

田地荒芜了，杂草长得比人还高。马啊、牛啊这些牲畜到处乱跑，因为他们的主人都死了。这场瘟疫甚至波及了出海的水手，很多船就在海上漂着，上面的船员都死光了，没有人来掌舵开船。

要是这场瘟疫把所有的人都杀死了，那之后的世界历史会变成什么样子？

可是，就好像觉得死的人还不够多似的，英国和法国之间的战争依然在瘟疫期间不停地打着。参加过克雷西战役的士兵有不少都去世了，他们的孩子已经长大，也参加到战争中来，然后又在战争中被对方杀死。孩子的孩子也长大了，参战，被杀死。孩子的孩子的孩子依然继续着同样的事情……而这场战争还是没有要结束的迹象，英军依然在法国作战。当时的法国王子是一个非常年轻、非常怯懦的人，因此所有的法国人都对获胜不抱希望，因为他们觉得这个人担当不起领导一个国家的重任，而自己国家又没有一个强有力的统帅来带领军队把英国人赶出去。

当时在法国的一个小村庄里有一位贫穷的农家女孩，她是一个牧羊女，名叫贞德。有一天，正当她在放羊的时候，她遇到了神迹。她听到天使的声音在召唤她，声音告诉她，她是上天选中的人，能带领法国军队击败英军。于是，贞德跑到皇宫去，找到朝中大臣，向他们讲述自己遇到的神迹。可是贞德说的话没有一个人相信，也没有人认为贞德有本领可以战胜英军。

不过，这些大臣也没有马上把贞德赶走，他们打算试试贞德话的真假。他们找来一个人，让她穿上法国王子的衣服，坐在宝座上假扮王子。而真的王子则同其他的大臣一起，躲在宝座的帷幕后面。之后，贞德被宣上殿面君。贞德走到宝座面前，看了宝座上面那个身穿王袍、头戴王冠的人一眼，之后径直走过了宝座，绕到帷幕后面，来到真的王子面前。然后，贞德向王子下跪，并说道：“我前来率领陛下的军队，并带领他们取得胜利。”王子立马相信了，他当即交给贞德军旗和一副盔甲，贞德在全体法军士兵面前骑马检阅队伍，之后王子加冕为法国国王。

这样一来，法军士兵的信心又被鼓舞起来了。大家觉得贞德就像是上帝派来的天使，有这样一位天使领军，一定能够取得胜利。就这样，法军一转颓势，人人奋勇作战，一连打了好几场胜仗。

而英军士兵看到贞德，想法同法军完全相反。他们觉得贞德不是上帝派来的，而是魔鬼的使者；贞德也不是天使，而是巫婆，因此英国人对贞德非常忌惮。后来，在一场战斗中，英军俘虏了贞德，把她关进了监狱。这时候，法国国王什么都没做，完全没有要营救贞德的打算，贞德挽救法国于水火之中，而法国国王却完全置贞德的生死于不顾。因为那个时候，战争的态势已经倒向了法国这一边，在这种情况下，法国国王当然不希望有一个女人来同他一起主导战争的进程。法国士兵们也渐渐不喜欢由一个女人来对他们发号施令。英国人俘虏了贞德，在这些背信弃义的法国人看来，这反而是好

圣女贞德在火刑柱上

事一桩。

英国人认为贞德是巫婆，对她做了审判。审判的结果是，贞德因为是巫婆而有罪。之后，英国人判处贞德火刑。

贞德虽然死了，但是似乎她真的给法国带来了好运。从贞德领导法军开始，胜利的天平逐渐倾向了法国这边，法军的实力越来越强。在打了一百多年之后，法军终于把英军赶出了自己的国土。在这场旷日持久的大战中，数不清的人受伤、残废、死亡，而英国从这场战争中没有捞到任何好处，同战前的情况还是一样。这是一场没有赢家的战争。

# 第五十八章　印刷术和火药——弃旧迎新

直到这个时候，欧洲都没有一本印刷出来的书。没有报纸，没有杂志，所有的读物都是手抄的。这样生产读物的方式显然太慢了，而且读物的价格也非常昂贵。也是因为这个原因，当时的手抄本也没有多少，只有国王和少部分有钱人才有能力拥有书籍。举个例子，一本手抄本的《圣经》，几乎值一栋房子，所以穷人是绝对不可能读得起书的。即使是在教堂里，《圣经》也得用链子锁起来，不然就有可能被人偷走。在今天西方国家的教堂里，《圣经》摆在每个人的座位上面，根本不是稀罕之物，也不会有人想要偷走。

古登堡在他的印刷车间，比较印刷稿和手写稿页面

你还记得我前面讲过指南针和火药都是从中国经过阿拉伯水手传入欧洲的吧，印刷术也是中国人发明的。印刷技术的原理和过程是这样的：首先，将所有文字用木头按一定的规格大小雕刻好，这一个个雕刻好的字称为"活字"。印刷工人根据书的内容，把需要用到的活字模按顺序摆好。然后，给这些摆好且经过固定的字上刷上墨汁。接着，把纸压在刷有墨汁的

字模上，这就制成了一页副本。只要字模设置好，哪怕印个几千份也是又快又轻松。之后，工人可以又把这些排列好的字拆开，用它们重新组合做下一页。这就是印刷，而这种活字印刷方式就是活字印刷术。这个办法说起来其实不难，只是此前没有人想到这个点子而已。

今天，大家基本上都认为，是一个叫作古登堡的德国人在1440年左右改进了活字印刷术，并使之获得重大发展。你猜猜他印刷出来的第一本书是什么？毫无疑问，当时的欧洲人觉得最重要的书籍，还是《圣经》。这本古登堡《圣经》不是英文的，也不是德文的，而是拉丁文的。

而第一本印刷出来的英文书是一位叫柯克士顿的英国人印的，书名是《哲学家的名言录》。

在印刷术发明之前，很少有人懂得读书写字，即使是国王和王子，也不是人人都有这个本事。因为那时候没有那么多书来供大家读，也没有那么多书供有识字能力的人来读。因为书少，就算你会认一点字，似乎也没有什么大的用处。

你看，在中世纪，因为没有书籍、报纸，或任何印刷出来的东西，要让人学会一点东西，或知道一些应该知道的知识，是多么的困难。

而现在，当印刷术被发明出来之后一切都不同了。学校的教材、各种故事书，以及其他种种印刷品，都能够很容易地大量被印制出来，而且书的价钱也大大降低了。从前完全不可能拥有书籍的人，现在也可以买到书来读了。逐渐地，几乎人人都有条件阅读各种故事书，或者学习地理、历史，以及任何他想知道的知识。印刷术非常迅速地改变了这一切。

百年战争在印刷术发明出来之后不久，终于结束了。

就在同时，还有一些持续了一千多年的事物也走到了终点。


我们有好长一阵儿没有提到穆斯林了。他们在公元七世纪的时候试图攻占君士坦丁堡，但是被守城的基督徒用焦油和滚烫的沥青给阻止了。

到了1453年，穆斯林再一次攻打君士坦丁堡。这次前来攻城的穆斯林是土耳其人，他们没有再用箭来攻城，而是使用了大炮。我们前面讲了，在英法百年战争中的克雷西战役中就使用到了大炮。不过那个时候，大炮几乎没有什么威力。但这是一百年前的情况了，从那以后，人类使用火药的技术取得了极大的进步，大炮的威力变得大了很多。在改进后的大炮面前，君士坦丁堡的城墙变得不堪一击，城很快陷落到了土耳其人手中。一千年前查士丁尼大帝修建的圣索菲亚大教堂现在变成了一座伊斯兰清真寺。这一事件成了东罗马帝国最终灭亡的标志，而西罗马帝国早在公元476年就消亡了。

在君士坦丁堡陷落之后的1453年，火药和热兵器开始得到了广泛应用。封建领主制度下的城堡再也没有任何用处了，身披铠甲的骑士也失去了用武之地。在新式的枪炮面前，弓箭的威力简直不值一晒，全世界都充斥着一种新的声音，那就是炮弹爆炸的声音——轰隆！轰隆！轰隆！冷兵器时代的战争没有这么惨烈的声音，最多不过是获胜者的呐喊声和将死的人的呻吟声。1453年被看作是欧洲中世纪的终结，也是现代史的开端。

火药将中世纪送进了坟墓，而印刷术和指南针开启了新的时代。

# 第五十九章 一位发现新大陆的水手

你最喜欢的书是什么?

《爱丽丝梦游仙境》?

《格列佛游记》?

在最早印刷出来的书中,最受当时的男孩子们喜爱的一本书是《马可·波罗游记》。

书中描写的是马可·波罗随他的爸爸和叔叔一起到遥远的东方国家去冒险、寻找金银珠宝的故事,在男孩子中间非常受欢迎。在所有那些痴迷这类故事的孩子中间,有一位意大利男孩,名叫克里斯托弗·哥伦布。哥伦布出生在一个叫热那亚的意大利城市,这个城市在意大利这只"靴子"的最顶端。如同所有那些在海港城市长大的孩子一样,哥伦布从小就在码头听往来的水手讲述他们在海上旅行的故事和见闻。而他自己一生最大的愿望,就是随船出海,亲自到他在书中读到、听人讲起的那些奇妙的地方去看一看。终于有一天,哥伦布的机会来了。在他十四岁的时候,他开始了一生中的第一次海上航行。有了第一次就有第二次、第三次。从那之后,哥伦布就将自己的命运同大海绑缚在了一起。可是,直到哥伦布已成为一个中年人的时候,他都还没有机会踏足他在《马可·波罗游记》当中读到的那个"东方世界"。

在马可·波罗的那个时代,要从欧洲去往印度,所走的路程非常长,这种情况到了哥伦布的时代也依然没有改观。因此,很多船长都希望能够找到一条更短的去往印度的航线。大家都坚信,一定有一条更短的海上通路连接欧洲和印度。而现在,大家有了指南针的帮助,就有条件走得更远,去找到这条海路。

而这时，已经有了很多印刷出来的书。一些古希腊人和古罗马人写的地理书认为，地球是平的。而当时已经出现了不同观点，认为地球是圆形的。哥伦布也知道这些争论，他对自己说，如果地球真的是圆的，那么如果朝着西方航行，最后应该也能抵达印度。而当时去往印度是朝东走，坐船穿过整个地中海，之后换陆路，沿着马可·波罗的足迹穿过整个西亚，到达印度。而哥伦布想，如果往西坐船，有可能就是一条更短的去印度的路。

哥伦布越想越坚信这个办法没问题。他急切地希望得到一艘船，去实践他的想法。可是每个人都对他和他的想法嗤之以鼻，而哥伦布自己只是一个水手，没有足够的钱买或租一艘船来验证自己的猜想。

可哥伦布并不就此放弃。他离开了意大利，首先来到一个小国葡萄牙。葡萄牙就在大西洋边上，在那儿有很多见多识广的水手，那里航海的传统也非常悠久。的确，葡萄牙确实出了很多著名的水手——这些人同当年的腓尼基人一样负有盛名。所以哥伦布觉得，那儿的人应该会对他的构想有兴趣，说不定会愿意资助他。而且，哥伦布还了解到，葡萄牙国王也非常热衷于探索新的大陆。

可是，哥伦布在葡萄牙碰了钉子。葡萄牙国王同别的人一样，认为哥伦布是个疯子，满口胡话。他什么帮助也不愿提供给哥伦布。而且，葡萄牙国王心中反而希望哥伦布的设想落空，因为如果往西航行能发现新陆地的话，葡萄牙国王希望自己才是那个第一位发现新陆地的人。于是葡萄牙国王秘密地派出他的水手往西航行去打探。没过多久，这些人一个接一个地回来了，他们向葡萄牙国王报告说，往西走什么也没有，除了茫茫的大海还是大海。

哥伦布满心失望，又来到了另一个国家——西班牙。西班牙当时的统治者是国王斐迪南和王后伊莎贝拉。而在当时，这两位西班牙的统治者正忙着同穆斯林打仗，没工夫听哥伦布细说。你应该还记得，穆斯林从732年开始，就进入了西班牙并一直待在那里，他们的势力还一度远及法国。在费迪南和伊莎贝拉的领导下，西班牙这个时候终于战胜了穆斯林，把他们赶出了自己的国家。在安定了国内的形势之后，伊莎贝拉王后开始对哥伦布的计划发生了浓厚的兴趣。最终哥伦布说动了伊莎贝拉王后给予他远洋航行的支持，王后甚至说，如果有必要，她可以卖掉她的首饰来为哥伦布筹钱买船。

不过，作为一个大国的王后，她当然用不着这样做。就这样，在伊莎贝拉王后的帮助下，哥伦布终于有了三艘自己的船。这三艘船并不大，它们分别是"尼娜号""平塔号"和"圣马利亚号"。说真的，这三艘船真的很小，按照今天的眼光来看，我们都不敢乘坐它们出海。

不过，无论如何，所有的东西终于都准备齐了。哥伦布带领大约一百名水手，从西班牙的帕洛斯港口起锚。这些水手中大部分其实是罪犯。在判刑的时候，他们可以有两个选择，一是去坐监狱，二是参加这次前途未卜的航行。很多人宁愿到海上来冒险也不愿意去坐监狱。面朝大西洋的落日，哥伦布起航了。很快地，哥伦布的船队就越过了大西洋上的加那利群岛，再往后，日复一日，他们朝着西方行进。

你试试看能不能做到这一点，在你脑子里，对于世界的全部认识只有我们从这本书开头讲到现在的这些内容。这些内容之外的东西，你如果都知道，但是请你把它们全都忘记。你得忘记世界上除了欧洲之外，还有南北美洲——这样的话，你就能真正体会哥伦布和与他同时代的人当时对于世界的认识了。那时候的人是不知道还有这片大陆的，如果你能做到这点，你就能体会哥伦布当时的心情——当他白天观察海边翻滚的浪花，晚上凝视海洋的尽头，希望能在某一个时间，突然看到一片新的陆地映入眼帘。实际上，在他的心目中，他要找的并不是什么新大陆，他希望到达的是中国或印度这些东方国家。

哥伦布出航已经有一个月了，他手下的水手们开始躁动不安起来。大家都没有在海上航行过这么长的时间。这片海看起来实在是太广阔了，仿佛没有边际一般，天地间仿佛只有他们这三艘船，船的周围，除了海水，什么也看不见。不少人开始想要调转船头回去了，他们担心继续向前航行，自己可能再也回不了家。他们请求哥伦布返航，说再这么走下去，大家就要崩溃了，此行的前方不会有什么陆地，只有无穷无尽的海水，就这样一直不停地走下去、走下去，最后只会走进虚空里去。

哥伦布同船员们争执起来，可是这一点用也没有——船员们执意要返航。最后，哥伦布同大家达成妥协，答应再往前航行一点点，如果还是发现不了任何陆地，那就返航回家。就这样，又过了几天，船的前方还是什么都没有。船员中间开始有人密谋，要在夜间趁哥伦布睡着的时候把他扔到海里去，这样大家就能摆脱他，然后就可以返航了。而他们回去之后，完全可以说，哥伦布是自己意外落海的。

最后，就在所有的船员都打算放弃了的时候，有一位水手突然看见海面上漂来一段树枝，树枝上还结着些果子。这树枝是哪里来的？再过一会，船上的人们又看到了空中有鸟儿在飞——鸟儿是不会飞离陆地太远的。就这样，哥伦布命令船继续向前。有一天晚上，

哥伦布同船员们起争执

终于在大家的眼前出现了一点火光！而这个时候，离他们出海已经有两个多月了。我想，可能没有任何一个时候，这样一点火光会带给船上的人们那么巨大的喜悦吧。火光意味着——人——陆地。啊，陆地！终于找到陆地了。
在1492年的10月12日，哥伦布的三条船终于登陆了，他第一个踏上这片陆

地，跪倒在地，感谢上帝。之后，他在这片陆地上插起西班牙的国旗，宣布这片土地归西班牙所有，并将之命名为"圣萨尔瓦多"。在西班牙语中这个词的意思是"神圣的救世主"。

当时，哥伦布认为他已经来到了印度。而我们今天当然知道，在他所在的陆地和印度之间，还有南北美洲阻隔着。实际上，哥伦布登陆的只是美洲海岸巴哈马群岛中的一个小岛而已。

在哥伦布登陆的地方，他看到了令他感到奇怪的当地土著人。他们的脸和身体上都涂了花花绿绿的颜色，头发上插着羽毛。因为哥伦布以为他来到了印度，所以他把这些土著人叫作"印第安人"，这个称呼我们今天还在使用。

哥伦布还去了附近的几个岛。可是在这些岛上他都没有发现他期待的金子或者宝石，就连马可·波罗描述的那些奇景也没有见到。另外，哥伦布也觉得这趟航程已经出来得够久的了，现在连他也觉得到了该回西班牙的时候了。在走的时候，他带上了几个当地的印第安人，要把他们带回去给西班牙人看。此外，他还带了一些烟草，此前哥伦布和他的同伴从来没有见过烟草。他们是看到当地土著人抽烟。

当哥伦布安全返回西班牙时，引起了人们的轰动。所有的人都争相来看他，希望听他讲讲旅行中发生的故事。可是，在最初的轰动之后，人们很快就平静了，也改口了，他们说哥伦布只不过是一直往西边航行，直到发现陆地，这其实一点儿都没有什么，换作任何一个人也能做得到。

有一天，哥伦布同国王的大臣们一起用餐，有的大臣想要贬低哥伦布的远航。这时候，哥伦布拿起一个鸡蛋，递给坐在他附近的一个人，让在座的人都试试看有谁能让这个鸡蛋立在桌子上。结果没有人能做得到。当鸡蛋传回到哥伦布的时候，他拿起鸡蛋往桌上轻轻一敲，鸡蛋破了，但却稳稳地立在了桌上。这时哥伦布发话了："你们看，如果你们想办法怎么做就会很简单。我已经打开了通往西边的航路，这时候你们再去当然会很简单了。"

哥伦布后来又进行了三次去往美洲的远航，总共是四次。可是他一直都不知道他发现的其实是一个新大陆，而不是东方的印度。而且他到达的是南美洲，还没有到过北美洲。

哥伦布没有带回值钱的珠宝或任何稀奇的东西，而这些东西才是西班牙人真正感兴趣的，所以人们逐渐不再信任他。那些嫉妒他成就的人甚至恶意中伤哥伦布。最后斐迪南国王另外任命了一个人取代哥伦布的位置。哥伦布被镣铐加身，送回了家乡。尽管到了意大利后，哥伦布被无罪释放，可是他依然把镣铐带在身上。对他而言，这些镣铐无时无刻不在提醒他西班牙人是多么的忘恩负义。他甚至要求在他死后，把这些镣铐同他一起埋葬。后来，哥伦布还做了一次航行。可是最后，当他在西班牙去世的时候，他身边一个人都没有，他的朋友全部抛弃了他。对于一个向全世界揭开了一个新大陆面纱的人，对于一个改变了人类历史的人，这是何其悲惨的结局！

　　在我们前面讲过的那么多人物当中，不论他们是国王还是王后，王子或皇帝，没有人能够比得上哥伦布。亚历山大大帝、尤利乌斯·恺撒、查理曼大帝，都是杀人如麻的人。而哥伦布是给予，他给予人类一个新的世界。在没有钱，也没有朋友支持的情况下，哥伦布在长期的打击下依然坚持他的观点。就算被人嘲弄，被当作是个异想天开的疯子，最后还被当成罪犯，哥伦布始至终都没有一点点放弃！

# 第六十章　追逐财富的人

　　哥伦布发现的新大陆还没有名字。

　　大家就简简单单地叫它"新大陆"，就像才生下来的婴儿被人们叫作"新生儿"是一样的。

　　可这样显然不行，这片新大陆应当有个名字。叫它什么好呢？

　　当然，在通常情况下，如果找不到合适的名字，我们可以用哥伦布的名字来给它命名，叫它"哥伦比亚"。可是，人们最终还是给这片新大陆找到了另一个合适的名字。下面就是其得名的经过。

　　有一个意大利人，名叫亚美利哥。在哥伦布发现新大陆之后，这位亚美利哥也驾船来到了这里，并在新大陆的南部登陆。之后他写了一本书，讲述他的航海经历和到达新大陆的过程。在书中，亚美利哥把他到达的地方称为"亚美利哥的国土"。他的这本书读者很多，一时间大家谈论的话题都是"亚美利哥的国土"。就这样，新大陆就以亚美利哥的名字命名了，也就是今天我们说的美洲。不过，要是依据谁发现谁命名的原则，那我觉得这片新大陆还是应该被称为"哥伦比亚"更恰当，你认为呢？孩子们的名字都是父母给取的，可是有时候他们在长大以后，会想给自己另外取一个名字，但是那个时候已经太迟了。所以你会看到，美洲人在歌颂自己的祖国时会唱"哥伦比亚"，也有很多城市、地区或者街道都叫作"哥伦比亚"或"哥伦布"。

　　哥伦布证明了地球不是平的，一直往西边航行也并不会坠落到深渊里去；走出地中海往西，还有新的陆地。在建立起了这样的地理观念之后，所有想到印度去发财的人，都沿着哥伦布开发出来的航向转而向西。这些永远只会追随他人脚步的跟风者啊！天才只有一个，他负责创新；成千上万的平庸者跟在后面效仿。现在，每一位船长都争先恐后地驾船往西，希望自己也能发现新的陆地。在这样的热潮下，人类历史进入了一个地理大发现的时代。绝大多数出海的人最终的目的地是印度，他们希望能够找到黄金和珠宝，还有重要的商品——香料。那时候的欧洲人以为，印度大量出产这些东西。

　　我们可以理解人们对于黄金和珠宝的热衷和追求。可是为什么人们也那么需要香料呢？比如说丁香或胡椒。不知道你喜不喜欢在菜里放胡椒，可能你连丁香也不一定喜欢。但是，在那个时代的欧洲，这些香料确是人们日常生活中的必需品。因为那时没有冰箱，吃不完的肉类或别的食物很容易腐烂变质。如果食物腐烂了，我们一定不会再吃了。可是在那时，食物来得不像现在这么容易，所以变质的食物人们也不会轻易扔掉。为了能把味道变糟的食物吃下去，人们就在上面大量地撒上气味浓烈的香料，来掩盖腐败的味道。因为这个原因，那时候的人们对于香料的需求巨大，而且是必不可少的东西。在欧洲，除了气候温暖的国家，其他地方都不产香料，所以人们得花大价钱从国外进口。这也就是为什么人们不辞辛劳，长途跋涉到印度去寻找香料的原因。

　　在所有那些想要到达印度去的人中间有一位葡萄牙船长，名叫达·伽马。不过他没有采取哥伦布开发出来的路线，往西去印度，而是向南走，借道非洲，绕过非洲的最南端去印度。在达·伽马之前，不是没有人想到这一点，只是所有的人走到一半就放弃了。这些半途而废的人回到欧洲之后，把这段旅程描述得非常恐怖，这些故事听上去像《航海家辛巴达》中才有的历险。比如，他们说遇到海面像煮沸的水一样炽热；又遇到一座有磁性的魔山，会把船上所有的铁制品都吸走，这样船就解体沉了。另外，海面上还有一个巨大的漩涡，经过的船只无一例外地都会被漩涡扯进去，然后就一直沉到大海的深渊里去；大海中还有巨大的海蛇和怪兽，它们能一口就把船给吞到肚子里去。非洲的最南端有一个地方最初被称作"风暴角"，这个名字听上去可一点儿也不好，于是后来人们把它改称为"好望角"。

　　尽管向南的航程有这么多吓人的故事，达·伽马还是义无反顾地向南驶去。最终，在经历了无数艰难困苦和惊险奇遇之后，他成功地绕过了好望角，并最终抵达了印度。他在印度购买了香料，然后安全地返回了葡萄牙。这些香料在欧洲卖出了好价钱。达·伽马的这次航行发生在1497年，刚好是哥伦布首次航行之后的五年。达·伽马成为首个全部走海路到达印度的欧洲人。西班牙因为资助哥伦布发现新大陆而获得荣耀，葡萄牙因为达·伽马首次从海路抵达印度，而同样历史留名。

英格兰也在这一波地理大发现中留下了自己的足迹。就在达·伽马到达印度的同一年，一个叫约翰·卡伯特的英国人也从英国扬帆出发。他的首航失败了，但是他又组织了第二次航行。这一次他成功地到达了今天的加拿大，并且沿着海岸线向南，进入了今天的美国国境，他把所有到达之地都归为英国的辖地。可是随后他并没有采取进一步的行动，而是回到了家中。而英格兰此后也并没有对他的发现采取任何行动。英国对北美洲主张权利，要再过一百年去了。

另一位探索了中南美洲的人，是个西班牙人，叫巴尔沃亚。他登陆的地

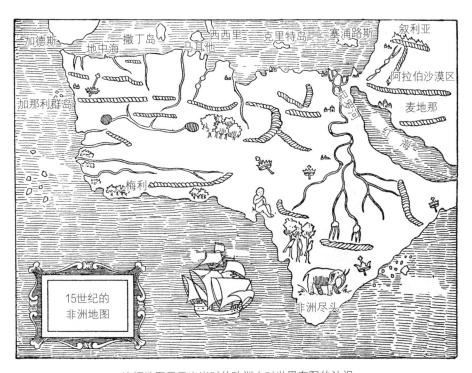

这幅地图显示出当时的欧洲人对世界有限的认识

方是连接南北美洲的那一小块地方，今天我们把这里叫作"巴拿马地峡"。他跨过了巴拿马地峡，来到了另一片广大的海洋，巴尔沃亚把这一片海洋叫作"南海"。因为尽管巴拿马地峡连接南北美洲，但是它的地势是弯曲的，所以看上去这片新的海域是在巴拿马地峡以南。

接着，地理大发现时代最长的航行开始了。一位叫麦哲伦的葡萄牙人希望能够穿过新大陆，继续往西，找到印度。他认为，在这片陆地上，一定在某处有个缺口，可以让船通过。一开始他试图说服他的祖国葡萄牙资助他，可是葡萄牙再一次犯了同样的错误，就像当年没有资助哥伦布一样，这一次葡萄牙也不愿意资助麦哲伦。于是麦哲伦只好去了西班牙，而西班牙给了麦哲伦五艘船。

就这样，麦哲伦带领着这五艘船的船队出海了。当他来到南美洲后，他继续向南前进，沿着南美洲的海岸线一路南下，希望找到能够穿过这片大陆的地方。他倒是找到了很多通往内陆的水路，但是每一次探索都发现，这些不过是河流的入海口。而且，在这个过程中，他的一艘船还失事了，五艘船现在只剩下了四艘。

麦哲伦带着剩下的四艘船继续南下，最终他来到了南美洲的最南端——合恩角。合恩角这里的水流情况复杂，是个危险的水域，但是麦哲伦还是战胜了这个地方，终于进入了太平洋。此后，合恩角通往太平洋的这个海峡，就叫作"麦哲伦海峡"。可是在这里，又有一艘船出了故障，只好从来路返回欧洲。现在，麦哲伦只剩三艘船了。

麦哲伦的"维多利亚"号（来自一幅古代绘画）

这三艘船继续前行，来到了一片新的海洋，这片巴尔沃亚称为"南海"的海域。麦哲伦给这里重新起名，叫作"太平洋"，寄予它风平浪静的含义。因为在渡过了狂暴的合恩角之后，太平洋确实看起来非常平静。可是，进入太平洋之后，麦哲伦和他的船员遭遇了新的危机，他们储备的食物和水都用完了。麦哲伦的船员们饥渴难耐，几乎要发狂。他们把船上能抓到的老鼠都吃光了。船员们相继生病死去，而麦哲伦依然坚持向西航行。就这样，严酷的海上冒险使麦哲伦损失了绝大多数跟随他出航的船员。最后，他来到了今天的菲律宾群岛。当时，岛上的土著还都是些未开化的野蛮人。在这里，麦哲伦和他的船员同当地土著人发生了冲突，麦哲伦在冲突中不幸丢了性命。冲突还使得整个船队的水手减员，剩下来的人不足以驾驶三艘船，所以他们只好烧掉一艘船，驾驶着另外的两艘离开。

麦哲伦出发时的五艘船，现在只剩下了两艘。这两艘船继续向西，其中一艘不知道出了什么事故失踪了，后来也再也没有听到这艘船的消息。最后剩下的那艘船，叫"维多利亚号"。面对茫茫的大海，这一艘船似乎也前途未卜。照这样下去，也许麦哲伦的这趟航程，最终不会有一艘船、一个人完成航行。

公元1520年

"维多利亚号"还得绕过非洲。这又是一趟异常艰苦的行程，船上的水手们忍受着饥饿、寒冷和疲劳，依然不断地同风浪斗争。最终，这艘全身破烂漏水的船，载着十八名水手回到了当年他们出海的那个港口。而这个时候，已经过去了整整三年。这艘"维多利亚号"，胜利地完成了人类首个环球航行。可惜的是，它的船长麦哲伦已经不在了。这一趟环球航行，证明了"地球是平的"完全是谬论。因为终于有一艘船环绕整个地球走了一圈！不过，尽管有了这么一个坚实的证据，在此后的很多年里，依然有人冥顽不灵地认为地球就是平的。

# 第六十一章  魅力之地：寻金和探险

在发现新大陆之后，有关那里的种种传闻就不一而足。其中最让人为之心动的，就是那儿有数不清的财宝和奇景。

传说，在这片新大陆的某个地方，有一口"不老泉"。如果谁在泉水里沐浴，或者喝下泉水，他就能返老还童。

又传说，在这片新大陆的某个地方，有一座黄金城，那里所有的东西都是纯金打造的。

于是，欧洲大陆上喜欢冒险的人们，纷纷筹钱，相约一起到新大陆去探险。大家各怀不同的目的，有人想发财，有人想获得健康，有人想出名，也有人想永葆青春。

在这些人当中，有一个叫庞塞·德·莱昂的，他的目标是青春泉。而在寻找青春泉的过程中，他发现了佛罗里达。可惜的是，他并没有找到青春泉，反而在跟当地印第安人的冲突中送了性命。

另一个去新大陆的冒险家名叫埃尔南多·德·索托，他想要找到黄金城。而在这个过程中，他发现了密西西比河。可惜的是，他没有找到黄金城，反而生病发烧，病死异乡。当时随同埃尔南多·德·索托的那些西班牙人，为了使美洲印第安土著人害怕他们，一直宣称埃尔南多·德·索托是神，永远都不会死。可是现在埃尔南多·德·索托却死了，所以那些西班牙人没法公开安葬他，只好在晚上借着夜色的掩护，偷偷把他的尸体扔到密西西比河里去。之后，当印第安人发现埃尔南多·德·索托不见了的时候，西班牙人就说，天堂有事召他回去了，目前不在。

美洲的中部是墨西哥。那个时候，在墨西哥生活着印第安人的一个部族，叫作"阿兹特克"。阿兹特克人比当时别的印第安人的文明程度要高，他们不住在窝棚里，而是已经懂得了修建房子；他们还修建了极为精美的神庙和宫殿。在他们居住的地方，他们还修建了道路和高架水渠，这同古罗马的建筑成就有得一比。最令人羡慕的是，阿兹特克人还拥有大量的金银宝藏。不过，阿兹特克人崇拜偶像，并且用活人祭祀。他们的国王是一个著名的酋长，叫蒙特祖玛。

西班牙派了一个人来征服阿兹特克人，这个人叫埃尔南·科尔特斯。当他在墨西哥的海岸登陆的时候，他放火烧了他来时乘坐的船只，他想破釜沉舟，让他的士兵都断了回去的念想，不胜不休。而阿兹特克人以为这些白面孔的人是来自天上的神灵，而他们挂着白帆的船，是长着白色翅膀的鸟儿。阿兹特克人也从来没有见过马这种动物，西班牙人随船带着的马匹，被阿兹特克人认为是可怕的怪兽。当这些西班牙殖民者向阿兹特克人开炮的时候，阿兹特克人吓坏了，他们以为那是西班牙人释放的雷电。

科尔特斯向阿兹特克人的首都墨西哥城进发。这座城建在一个湖中央的岛上。科尔特斯在进攻路上遇到了印第安人的拼死抵抗。可是这些阿兹特克人的武器同西班牙人相比实在太原始了，他们使用着石器时代或青铜时代的武器，同拿着枪炮的西班牙殖民者抗衡，结果可想而知。

蒙特祖玛看自己的人打不过，就想同这些白皮肤的“神明”交朋友。蒙特祖玛送给西班牙人许多非常贵重的礼物，以及一车一车的黄金。而当科尔特斯攻进墨西哥城的时候，蒙特祖玛甚至待他如上宾而不是敌人。蒙特祖玛想尽办法招待科尔特斯，让他高兴。科尔特斯向蒙特祖玛讲基督教教义，并希望蒙特祖玛改信基督。可是蒙特祖玛认为自己所信仰的神明同基督一样好，所以他并不愿意皈依基督教。结果，科尔特斯突然向蒙特祖玛发难，将蒙特祖玛囚禁起来。之后，杀戮开始了。蒙特祖玛被杀死了，科尔特斯毫无疑问地征服了整个墨西哥。尽管阿兹特克人拼死抵抗，英勇战斗，但是他们还是抵挡不过西班牙殖民者的枪炮和子弹。

在南美洲的秘鲁有一个叫作印加的地方，也有一支印第安部落，这个部落同样积累了大量的财富，他们甚至比阿兹特克人还要富有，这就是印加人。据说印加人的城市连路面都是黄金铺成的。

另一个西班牙人被派去征服印加，这个人的名字叫皮泽洛。皮泽洛到了

印加，对那里的酋长说，教皇已经把这个国家授予给了西班牙。印加酋长听闻之下非常惊讶，因为他从来没有听说过什么教皇，也搞不明白这个不知什么的教皇何以可以把印加授予另外一个国家。自然地，印加人不可能就这样把自己的国家拱手让给西班牙人。于是皮泽洛当然就采取行动了，他只随身带了几百个人，但是因为他们有大炮，而印加人肯定是抵挡不住大炮攻击的。

法国和其他的欧洲国家也派出了他们的殖民者去征服美洲。随着殖民者的枪炮而来的，是基督教的传教士。他们向土著印第安人传播基督教的教义，这方面的故事你在美洲历史中会了解得更多。

很多来自欧洲的殖民者其实都是海盗，这些强盗甚至比从前征服英格兰和法兰西的维京人还要凶恶。因为这些欧洲殖民者大肆屠杀那些在武器装备上大大劣于自己的土著印第安人。他们为自己这种行为辩解的一个最经常使用的理由就是让印第安人信仰基督教。可是，信仰基督的人却做着伤天害理的事情，这怎么可能让那些印第安人心悦诚服地转投基督的怀抱呢？

# 第六十二章　重　生

下面我们要讲的是文艺复兴。

"复兴"这个词的意思即"重生"。

当然，从科学的角度看，没有什么东西可以死而复生。人们是从文化和历史的角度，将人类的这一个时期看成是古代传统的重生。所以我们把这段时期叫作"文艺复兴"，复兴也就是重生的意思。

你应该还记得古希腊的伯利克里时代。那是古希腊的黄金时代，有无数精美的雕塑和宏伟的建筑都产生于那个时期的雅典。而到了公元1500年的这个时候，尽管有了地理大发现，但并不是每一个人都迫不及待地冲向新大陆去寻找财富。在我们上一章讲到的那些海外探险者和殖民者之外，依然有不少人待在自己家乡，从事艺术创作。在这一时期的意大利，就出现了历史上最负盛名的一群艺术家。

文艺复兴时期的建筑师设计了宏伟的建筑，他们仿照的是古代希腊和罗马时期的神庙。这个时期的雕塑家做出来的雕塑，同古希腊雕塑家菲迪亚斯的作品一样美丽。文学的趣味也回归到古希腊时期的作品上。在文艺复兴时期，大量的古希腊文学作品印刷出版，人们争相阅读，整个社会复古和崇尚古希腊的风气非常浓厚，似乎伯利克里的黄金时代在这个时期的意大利又重新降临了。这就是所谓的"文艺复兴"。

在文艺复兴时期伟大的艺术家中，有一位名叫米开朗琪罗。米开朗琪罗不仅仅长于绘画，他还是一名雕塑家、建筑师和诗人。有好几年，米开朗琪罗除了手上正在进行的雕塑或绘画之外，其他什么事情都不想。而完成的这些作品现在看来件件都是精品，今天的人们，从世界各地来参观这些艺术品。

今天的雕塑家在塑造一尊雕像的时候，基本上都是先用泥土塑一个坯子，之后再照着这个样子在石头或青铜上下刀。可是米开朗琪罗却不是这样做的，他直接在石头材料上动手，绝不事先做模子，似乎他一眼就能在石头原料上看出雕塑完成时的样子，然后只需要切下那些不需要的部分就可以了。

曾经发生过这样一件事。有一位雕塑家得到了一大块大理石原料，可是这位雕塑家觉得这块大理石品质不好，不想使用这块石头。米开朗琪罗要来了这块石头，他看出了石头"里面"藏着的形象，经过他的妙手，把这块顽石变成了著名的"大卫像"。

米开朗琪罗还塑造过一尊摩西的坐像，这尊塑像现在藏于罗马的一座教堂里。塑像实在是太栩栩如生了，当你走向塑像的时候会觉得先知摩西就真的坐在那里一样。导游通常会给你讲这样一个故事：当米开朗琪罗雕完这尊塑像的时候，他自己都被塑像深深地震撼了，因为塑像实在太真实了，简直像马上就会活过来一样。于是米开朗琪罗用手上的工具轻轻碰了碰雕像的膝盖，说道："站起来吧！"这时导游会指着塑像上的一处裂缝说："这就是塑像试图站起来的时候形成的！"

教皇希望米开朗琪罗为他自己的私人教堂绘制穹顶壁画。教皇的这座私人教堂叫作"西斯廷教堂"。一开始米开朗琪罗并不愿意做这项工作，他回绝教皇说，自己只不过是个雕塑家，不太会画画。可是教皇坚持要米开朗琪罗做这项工作，最终米开朗琪罗只好接受。而一当米开朗琪罗接下这份工作后，他就全身心地投入了其中。

在接下来的四年里，米开朗琪罗全部的时间都是在这座教堂里度过的。无论白天或是夜晚，他几乎就没有离开过西斯廷教堂。在教堂的穹顶下面，他搭了一个脚手架，然后他整个人躺在脚手架上，阅读诗歌和《圣经》，另外就是作画——他整个人似乎被一种"超凡的精神"驱使着。他不但将自己关在西斯廷教堂里，也不允许外面的人进来，甚至连教皇想进来看看也不行，他希望独自完成这项工作，不愿意任何人来打扰他。

可是，教皇觉得自己是整个人世间神权的代表，自己有无上的权力。于是有一天，当教皇发现西斯廷教堂的门没有关起来的时候，他走进了教堂，想瞧一瞧工程的进展情况。刚巧，当教皇走到米开朗琪罗所在的脚手架下面的时候，米开朗琪罗的几样绘画工具不小心掉落了下来，差一点就打到教皇的头上。教皇觉得自己受到了冒犯，怒气冲冲地走了。此后，教皇再也没有在未得到米开朗琪罗邀请的情况下进入教堂。

今天的西斯廷教堂因为米开朗琪罗的穹顶壁画而闻名世界。来自世界各地的旅游者，来到这里的唯一目的就是想要看一看米开朗琪罗的壁画。不过，要想舒舒服服地欣赏穹顶上的壁画也不是那么容易，只有两个办法，一是你躺下来看；一是手里捧一面镜子，从镜子里看。

米开朗琪罗活了大约九十岁，不过他同普通人之间几乎没什么交道。他受不了被普通人干扰的生活，他躲开人群，独自居住，生活在他绘制出来的神和天使们中间。

拉斐尔是另一位伟大的意大利画家，他是米开朗琪罗同时代的人。而拉斐尔在很多地方则同米开朗琪罗完全相反。米开朗琪罗喜欢沉浸在自己的世界里，而拉斐尔却喜欢同人在一起。拉斐尔很受欢迎，他总是被他的朋友和崇拜者包围着。人人都喜欢他的才华和亲切和蔼的个性。年轻人团聚在他身边，听取他所说的每一个字，模仿他做的每一件事。他名下有大约五十个或者更多的学生，跟从他学习绘画。无论拉斐尔走到哪里，这些学生就跟到哪里，就算拉斐尔只是出门去散个步，他周围都簇拥着一大群学生。我觉得，就算是拉斐尔走过的路，也会得到学生们的青睐。

拉斐尔画了大量表现圣母马利亚和圣子耶稣的绘画，这种题材的绘画可以统称为圣母像。圣母像几乎是那个时代所有艺术家都要表现的题材。而拉斐尔创作了一幅冠绝当时、极为精美的圣母像。这幅圣母像有马利亚和幼儿时期的耶稣，名字叫作"西斯廷圣母"，这幅画名列人类最伟大的十二幅画作之一。当年拉斐尔创作这幅画的时候，只是为一座小教堂画的。而现在，这幅画收藏在一个著名的画廊里，画廊专门用了整整一间房间来展出这幅绘画。在这个房间周围，没有别的任何绘画摆放，因为没有什么其他的画可以与其媲美。

拉斐尔死的时候还非常年轻，但是因为他努力勤奋，所以留下了数量众多的作品。有不少作品，拉斐尔只亲自绘制了作品中最重要的部分，通常是人物的脸部，而人物的身体、手以及衣服，他都留给他的学生完成。这些学生就算是老师只吩咐他们画某个人物的手指头，他们也会非常高兴地去做。

米开朗琪罗的作品非常有视觉冲击力，他塑造的人物更具有男性的阳刚之美。拉斐尔的作品则更加甜美可喜，姿态优雅，更多地具有女性的阴柔之美。

那个时代的另一位艺术大师，是莱昂纳多·达·芬奇。达·芬奇是个左撇子，可是他做任何事都做得极好。他是在各个领域都卓有建树的全才，似乎没有什么事情是他做不好的。达·芬奇是艺术家、机械师、诗人和科学家。据说，世界上第一份新大陆的地图就是他绘制的，而且地图上面标注的新大陆的名字已经有"美洲"了。达·芬奇的绘画作品不多，因为他投入的事情太多了。然而凡是达·芬奇所作的绘画，都是精品。他的画作中，有一幅叫作"最后的晚餐"，这幅画同《西斯廷圣母》一样，也是人类最伟大的十二幅画之一。不过，糟糕的是这幅画是画在一面石灰墙上的，经过岁月的冲刷，墙面上的石灰已经剥落了不少，这幅画变得有些斑驳了。

达·芬奇笔下的妇女往往都是笑着的。而另一幅由他绘制的世界名画叫作"蒙娜·丽莎"。蒙娜·丽莎脸上带着一副奇怪的笑容，被很多人称为"谜一般的笑"。当你注视这幅画时，你很难确定蒙娜·丽莎是在"对着"你笑，还是在跟你"一起"微笑。

# 第六十三章　基督徒的争吵

有人觉得小孩子会不太容易理解这一章，他们觉得这章要讲的内容对于小孩子来说太难。让我们来试试看，怎么样？

从有基督教以来，一直到这个时候，都只有一个教派，准确地说，就是天主教。那时候，没有圣公会、卫理公会、浸信会、长老会。一句话，任何教派都没有，所有人都只是基督徒而已。

可是，到了十六世纪，有些人认为在天主教内应当进行些改革，而另一些人又觉得不应当进行改革。还有一些人认为保持现状很好，什么都不用变。而也有人说，不能保持现状，一成不变不好。就这样，在基督徒中间爆发了激烈的争吵。

争吵的详细过程是这样的。教皇在罗马修建了一座宏伟的教堂，叫作圣彼得大教堂。这座教堂修建的地点，最开始是人们认为的圣徒彼得上十字架的地方，之后君士坦丁大帝在这里为圣徒彼得修建了一座教堂。而现在教皇又要在这里重建圣彼得教堂，他想把这座教堂修建成世界上最大最漂亮的教堂，因为耶稣曾经说过："你是彼得（"彼得"在拉丁语中意为"石头"——译者注），我要把我的教会建造在这磐石上。"因此，圣彼得教堂的地位就像是基督教的国会大厦。米开朗琪罗和拉斐尔都参与了圣彼得大教堂的设计。而为了凑齐修建圣彼得大教堂所需要的大理石和其他材料，教皇像他之前的很多当权者一样，把古代罗马遗留下来的建筑给拆掉，用这些拆下来的材料来修圣彼得大教堂。

可是，除了建筑材料之外，要完成这样一座浩大的工程，教皇还得有一大笔钱才行。于是他开始向人民搜刮钱财。当时，在德国有一个叫马丁·路德的修道士，同时他也是一所学校的宗教课老师，对于教皇的上述种种举措，路德觉得非常有问题。不光如此，路德对罗马天主教廷中的很多其他问题也都感到不满。于是他把他认为罗马教廷应该改进的地方整理成九十五条写在纸上，然后把这张纸钉在他所居住的城市的教堂大门上。不但如此，他还发表公开演讲，表达他对教廷的看法和不满。教皇听闻路德的所作所为后，给路德送去一封信，命令他停止这些举动。可是路德在公开场合把这封信给烧掉了，以示他对教廷的抵制。很多人都站到路德一边，没过多久，就有一大批人脱离了罗马天主教会，表示再也不服从教皇的命令。

教皇派遣西班牙国王来协调教廷同路德之间的矛盾。之所以教皇要找西班牙国王，是因为当时的西班牙国王查理五世是斐迪南和伊莎贝拉的孙子，也是一位品行高贵的天主教徒，是当时欧洲最强有力的国王。当时西班牙向海外派出了大量的冒险家，征服了很多土地，包括新大陆的很大一部分，而查理五世就是西班牙海外殖民地的所有者。同时，查理五世不仅仅拥有西班牙在海外的殖民地，他还同时对奥地利和德国行使权力。因此，教皇向查理五世寻求帮助，就是顺理成章的事。

查理五世命令路德前往一个叫沃尔姆斯的城市进行会谈，并答应他在会议期间绝不伤害他。于是路德去了。当路德到了沃尔姆斯之后，查理五世在会议上要求路德收回他的所有主张和观点，而路德对此表示拒绝。查理五世的一些大臣说，应当把路德烧死在火刑柱上。但查理五世信守诺言，没有因为信仰不同而加害路德，而是让他全身而退，允许他离开沃尔姆斯。路德的朋友们非常担心别的天主教徒会追踪而来，杀害路德。他们知道路德自己完全不为自己的安全着想，于是这些朋友出于好心，把路德送往了一个秘密的地方，不让他出门。就这样路德在朋友的掩护下，隐居了一年多，没有人知道他的下落，也就确保了他的绝对安全。在此期间，路德把《圣经》翻译成了德文，这是《圣经》首次被翻译成德文。

那些反抗罗马教廷的人被称为"新教徒"，而经他们抗争后形成的宗教叫"新教"。新教徒改革了罗马天主教原先的信仰形式，因此这一场变革就被称为"宗教改革运动"，因为旧的天主教被改革了。

今天，在西方国家，一个人是天主教徒，而另一个人是新教徒，但他们依然可能成为很好的朋友。可是在当时，天主教徒同非天主教徒一见面就是眼红的敌人，双方都坚持认为自己的教义是正确的，对方的教义是错误的。每一方都誓死捍卫自认为正确的东西，把对方看成是洪水猛兽，看成是魔鬼，毫不容情，严厉打击。如果两个人的教派不同，就算彼此之间原本是朋友或亲戚依然会互相残杀，尽管大家其实都是基督徒。

查理五世对于当下宗教纷争的混乱场面感到极为棘手，庞大帝国的繁杂事务也让他心烦意乱。他开始对所有这一切都感到厌倦，不想再当国王了，更不想费时费力去解决那些纷乱如麻的琐事，他希望从俗务中解放出来，去做那些他真正感兴趣的事情。当国王并不意味着可以事事顺意，想干什么就干什么。于是查理五世做了一件很多统治者都不会做的事情——他主动宣布退位，将国王的位置交给了他的儿子，腓力二世。

在放下了治理国家的重担之后，查理五世搬到了一所修道院居住。在那儿，他真正过上了他希望的生活。你猜他最喜欢干什么？——制作机械玩具和手表。他就这样生活着直到去世。

在查理五世执政期间，英国国王名叫亨利八世，他姓都铎。在那个时代，很多国王都是世袭的，名字大体都是一样的，所以人们在他们的名字后面加上几世几世，来区分是哪一个查理或亨利。亨利八世最初也是一个坚定的天主教徒，教皇称呼他为"信仰的守护者"。可是亨利的妻子不能生育，于是亨利想把这个妻子废掉，另结新欢。根据当时的制度，国王同自己的妻子解除婚姻关系需要得到教皇的许可。而在当时的欧洲，罗马教廷是全天下基督教会的中心，罗马教皇有无上的宗教权力，他说什么可以做、什么不可以做，所有的基督徒都得听命，无论你是意大利人还是西班牙人，或者英国人。于是，遵照这样的制度，亨利向教皇请求解除婚姻。可是，让亨利意想不到的是，教皇并不同意。

这下子，亨利心中开始不服气了。他觉得自己的婚姻是英国的事情，让一个身处他国的人——即使这个人是教皇，来干涉自己的事情，既不合理，也难以接受。他本人是英国唯一的统治者，他不想本国的事务由一个外国人来插手。

于是亨利宣布，他自己就是整个英国基督徒的领袖，他可以做任何他想做的事情，而无须教皇的许可。之后，他同妻子离了婚。这以后英国境内的

亨利八世同他的第二任妻子安娜·波琳

所有教堂都听命于亨利；罗马教皇对于英国的教会没有任何权力了。这就是天主教教会内部的第二次大分裂。

此后，亨利八世又娶了五个妻子，加上原配，他一共有六任妻子。当然这五个并不是同时与亨利有夫妻名分，因为基督教徒不允许重婚。亨利八世同他的第一任妻子离了婚，第二任妻子被砍了头，第三任妻子病死了。之后的三任妻子延续了这样的命运：第四个同亨利离婚，第五个被砍了头，第六个病死了（是死在亨利之后）。

这一章我讲的故事你读明白了吗？

# 第六十四章 伊丽莎白女国王

国王亨利八世有两个女儿。一个叫玛丽·都铎，另一个叫伊丽莎白·都铎。

这两个女儿都铎的姓当然都是来自她们的父亲。不过一般来讲，我们并不经常用国王或女王的姓来称呼他们。

亨利八世还有一个儿子，他比亨利的两个女儿年纪小。如果亨利八世去世，这个儿子理所应当地可以继承王位，因为人们始终认为男孩子比女孩子更适合当国王。可惜的是，这个男孩子过早死掉了，于是姐姐玛丽成了英格兰的女王。

英语童谣中说，"玛丽，玛丽，反复无常的玛丽"。玛丽很不赞同父亲反对教皇和天主教会的做法。因为玛丽自己是一个非常坚定的天主教徒，她时刻准备着为维护教皇和天主教会的权威战斗。实际上，她心中的想法是把全体非天主教徒以及那些新教徒都给处死！她觉得所有那些与她信仰不同的人都是邪恶的，都应当处死。玛丽就像《爱丽丝漫游奇境》中的红桃皇后一样，时时刻刻都在叫喊"砍掉他的头"！在我们看来，这样的做法实在很不像一个基督徒。可是在那个时代，人们关于这种事情的看法是很不同的。因为宗教观念的问题，玛丽砍下了很多人的脑袋，于是人们给了她一个绰号——"血腥玛丽"。

玛丽的丈夫也是一个非常坚定的天主教徒，他对待非天主教徒的手段比玛丽还要血腥残忍。他不是英国人，而是西班牙人，是查理五世的儿子，也就是腓力二世。

腓力二世比他的父亲要严厉多了，他采取非常严酷的行动，打算迫使新教徒或有可能成为新教徒的人放弃新教，忏悔"罪行"。如果这些人不愿意，那么他们就将遭受残酷的折磨，这样的折磨从前基督教的那些殉教者也曾在罗马帝国国王手中领教过。这种对新教徒的审判和惩罚，被称为"异端审判"。那些被认为有新教倾向的人，可能受到各种形式的严刑拷打。有些人被绑住双手，吊在空中，就像是在墙上挂起一幅画一样。被挂的人双手几乎要被撕裂，因为剧烈的疼痛晕死过去的人不在少数；也有一些人承受不住，承认了自己被指控的罪行。还有的人被绑在行刑台上，头被往上拉，脚被往下拉，拉得这个人仿佛要被中间撕裂一样。而那些被确定为新教徒的人，会立即被判处死刑，等待他们的最有可能是火刑，也有可能被慢慢折磨致死，目的就是为了延长他们的痛苦。

遭受腓力二世迫害最深最重的是荷兰人。那个时候荷兰附属于英国，而不少荷兰人都成了新教徒。

当时，在荷兰出了一个人，大家叫他"沉默者威廉"，因为他说得少做得多。对于他的同胞所遭受的折磨，威廉深感愤怒。于是他起兵反抗腓力二世，并且最终获得了胜利，把荷兰从腓力二世的帝国中解放了出来，建立了荷兰共和国。可惜的是，威廉后来被腓力二世下令暗杀掉了。

你看，"血腥玛丽"的丈夫就是这样一个人。

在玛丽·都铎死后，她的妹妹伊丽莎白·都铎成了英国的女王。伊丽莎白有一头红头发，她非常虚荣，喜欢被人吹捧。她有很多崇拜者，但是她却始终未婚。人们把没结过婚的女人叫作"童贞女"，所以大家都叫她"童贞女王"。

历史总是充满了讽刺。伊丽莎白的姐姐玛丽是个天主教徒，可伊丽莎白本人却是一个新教徒。而且，伊丽莎白对待天主教徒，同她的姐姐对待新教徒一样残忍、极端。

伊丽莎白的一个亲戚是苏格兰女王。苏格兰在英国的北边，在当时是一个独立的王国。苏格兰女王名叫玛丽·斯图亚特。这位玛丽年轻漂亮，可是她是个天主教徒。于是伊丽莎白同这位苏格兰的女王玛丽·斯图亚特成了敌人。

伊丽莎白听说玛丽·斯图亚特有吞并英国的打算，于是她先下手为强，把玛丽·斯图亚特关进了监狱。玛丽·斯图亚特在监狱一待就差不多是二十年，最后还是死在了伊丽莎白的手里。今天的人很难理解一个人怎么可能下得了手去杀害自己的亲人，而且是以这么冷血的方式，更让人想不通的是，伊丽莎白还自称是基督徒。不过，这种事情放在当时，的确是非常常见。我们已经听过那么多当权者构陷对手、杀死对手的事情了。

在得知伊丽莎白杀死了玛丽·斯图亚特之后，腓力二世怒不可遏，作为天主教的忠诚拥护者，腓力二世下定决心要惩罚伊丽莎白，尽管她是自己妻子的妹妹。于是腓力二世集结了一支海军舰队。这支舰队有个神气的名字叫作"无敌舰队"，所有的西班牙人都对这支舰队非常自豪。

1588年，这支无敌舰队从西班牙出发，北上去征伐英国。整个舰队编队排成一个半月形，气势汹汹地向英国围了过去。

英国的海军舰队只有些小船，可是英国海军采用了西班牙人没有预料到的战术。英国战舰没有像西班牙人预期的那样全数出动，于正面对敌，而是绕到西班牙舰队的背后，一次只攻打一艘西班牙船。英国人作战能力比西班牙人强，而且他们的船小，更加灵活，便于操控。这些小船溜到西班牙大船后面，打一阵之后就跑，而这时西班牙大船才转过身来，还没做好还击的准备。就这样，无敌舰队的大船一艘接一艘被英军击毁，沉掉。

接下来，英军又把一些很老旧的船只点燃，然后放开这些船，让它们朝向西班牙军舰撞去。那个时候的船只都是木头造的，面对一大片向自己漂来的火船，西班牙海军吓坏了，有一部分军舰的船长直接下令回航。剩下来的西班牙舰队也无心恋战，打算退回西班牙。可是他们选择了一条错误的路线，他们计划从苏格兰北边绕个圈子退回西班牙。就在这段航程中，舰队遭遇了一场非常可怕的风暴，几乎所有的船都被风暴击沉，成千具的死尸被海浪冲到海岸上。结果，西班牙的无敌舰

公元1588年

队就这样全军覆没了，而这也给了西班牙的海上势力沉重的打击。西班牙从此一蹶不振，失去了往日的荣光。

在伊丽莎白当政初期，西班牙是世界上版图最大、实力最强的国家，而到了伊丽莎白当政的后期，英国取代西班牙，成了世界上最强盛的国家。从此以后，由阿尔弗雷德国王开创的这支英国海上舰队成了世界上最强大的海军。

那时候的人们，一开始还不太相信一个女人可以像男人那样治理好一个国家，可是在伊丽莎白的统治下，英国一举成为欧洲最强大的国家。这样一来，人们对伊丽莎白刮目相看。伊丽莎白的成就证明，她在治理国家上比许多男性国王都做得更好。

# 第六十五章　伊丽莎白时代

这一章的故事是关于伊丽莎白时代的。

我的爸爸总是告诫我，谈论一个女人的年龄是很不礼貌的事情。

所以我并不打算告诉你伊丽莎白活了多少岁，尽管她确实活了很久，也统治了英国很长时间。

在这里，我要讲的是伊丽莎白在世期间发生的一些事情，而她在位的那个时期就被称作伊丽莎白时代。

当伊丽莎白成为英国女王的时候，英国有一个人名叫沃尔特·雷利。一天天下着雨，街道上满是被雨水浸泡后的泥，伊丽莎白女王正要走过街去。雷利看到了这一情形，马上走上前，将自己身上披着的漂亮的法兰绒袍子脱下来，铺在街上的水坑里。这样女王就可以像是走在地毯上一样，而不会踩进泥水中弄脏鞋子。女王觉得雷利的这一举动考虑得既周到又绅士十足，于是她封雷利为爵士。之后雷利成为女王殿下的亲密朋友之一。

雷利爵士对新发现的美洲非常感兴趣。差不多一百年前，卡伯特已经主张过英国对美洲一大部分土地的权力，雷利爵士认为现在是到了该切切实实做点什么的时候了。他主张英国人现在应当到美洲去，在那里建立定居点，把美洲变成自己的殖民地。西班牙已经在美洲建立了很多的定居点，英国也不能落在人后。于是雷利爵士邀集了一些志同道合的人，到了一个叫作罗诺克的小岛，这个岛现在就在美国北卡罗来纳州的海岸线附近。不过，那时美国东海岸的所有地方，包括现在加拿大的东海岸地区，都被称为弗吉尼亚。弗吉尼亚这个词意为"处女之地"，这个名字来自于对"童贞女王"伊丽莎白的尊崇。

当这些人登陆罗诺克岛后，发现这里的生活条件实在是非常的恶劣。他们受不了这样的生活，决定放弃在这里殖民的努力，回到英国去算了。而另一些人选择了留下来。可是，让人感到万分不解的是，留在岛上的那部分人后来不知所踪，全部消失掉了。他们去了什么地方？发生了什么？没有人知道。我们估计，他们要么是被当地的土著印第安人给杀害了，要么就是发生了饥荒，全部饿死了。无论如何，岛上没有一个人生还，没有留下任何信息告诉后人发生在他们身上的悲惨故事。在罗诺克岛上的这些殖民者当中，诞生了第一位出生在北美洲的英国孩子，这是一个小女孩，名字叫弗吉尼亚·黛尔。因为伊丽莎白女王得到全体英国人的敬仰，所以很多父母都把自己的女儿叫作弗吉尼亚。

抵达罗诺那克岛的英国人从当地印第安人那儿发现了烟草，他们把烟草带回了英国。雷利爵士也学会了抽烟。在当时的英格兰，大家都还没有见过烟草，抽烟更是一件奇怪的事情。有一天，雷利爵士在自己院子里用烟斗抽烟，烟从他的嘴里冒出来，他的一个仆人看到此情此景简直吓坏了。仆人以为爵士身上着火了，他赶忙打来一桶水，兜头浇到爵士身上。

北美洲的弗吉尼亚至今都以烟草闻名。起初，人们以为烟草有益健康，因为欧洲人是看到印第安人抽烟才跟着学起来的，而印第安人看上去个个都那么生龙活虎。而之后，人们才逐渐意识到烟草的危害。伊丽莎白统治结束之后，下一任英国国王叫詹姆士。詹姆士非常痛恨烟草，他写了一本书痛斥烟草的危害，并且下令禁止抽烟。

在伊丽莎白女王逝世之后，雷利爵士被投入了监狱。因为据说他密谋反对新国王詹姆士。他被关进伦敦塔，这座塔本来是个城堡，是当年由征服者威廉修建的。在伦敦塔里，雷利被关押了十三年，为了打发这漫长的岁月，他在这里写了一本书——《世界史》。不过，他最后的下场同很多大人物一样，被处以死刑，不得善终。

在伊丽莎白时代，生活着一位古往今来最伟大的戏剧作家，这就是威廉·莎士比亚。

莎士比亚生活在英国一个名叫斯特拉福德的小镇上，父亲是个文盲，连他自己的名字都不会写。而莎士比亚自己也只在学校里学习了六年。孩提时代的莎士比亚非常顽皮，他甚至因为擅自进入托马斯·卢斯爵士在斯特拉福德的森林里猎鹿而被逮捕过。

在莎士比亚还非常年轻的时候，他就娶了一个比他年长的女孩子，这个女孩子的名字叫安妮·海瑟薇。两人婚后过了没几年，莎士比亚就离开了安妮和他们的三个孩子，离开了小镇斯特拉福德，

莎士比亚在把自己的作品读给伊丽莎白女王听

到首都伦敦去碰运气。在伦敦，莎士比亚找到了一份工作，在一个剧场外面照管前来看戏的人的马儿。之后他获得了一个在舞台上扮演一个角色的机会，从此他成了演员。不过，莎士比亚演戏演得并不好。

在当时，戏剧舞台上并没有布景。当需要告诉观众下面的场景是发生在什么环境下的时候，就在舞台上升起一块板子，写上这里的场景是什么。比如说，下面应该是森林的场景，舞台上就出现一块板子，写着"这是在一片森林里"；如果是在某个房间，板子上就写"这是小旅馆里的一间房间"。另外，当时戏剧舞台上也没有女演员，女性角色都是由小男孩来扮演的。

后来，剧场老板让莎士比亚修改几出已经成形了的戏剧，老板想让这些戏表演起来更流畅。莎士比亚很好地完成了任务。之后他开始自己创作戏剧。一般来说，他会以已有的故事为蓝本，在此基础上加工、改编成戏剧。经过莎士比亚之手重新创作出来的戏剧如此之好，超过了此前任何一部戏，后来也没有什么戏剧可以比得上莎士比亚的作品。

尽管莎士比亚在十三岁的时候就离开了学校，可是他却展示出惊人的才华，太阳下面的事情几乎没有什么是他不知道的。在他的戏剧里，展示出他对于历史、法律、医药的了解。他的词汇量巨大，他所使用的词汇比任何一

位作家所使用的词汇都要多。莎士比亚的著名戏剧有《哈姆莱特》《威尼斯商人》《罗密欧与朱丽叶》以及《尤里乌斯·恺撒》。

　　莎士比亚从戏剧写作中赚了很大一笔钱。之后他离开了伦敦，回到了他的家乡小镇斯特拉福德生活。他最终在这里去世，并被安葬在当地的乡村教堂中。后来的人希望把莎士比亚的遗骨挪到一个更大、更好的地方，到伦敦去找一个更著名的教堂。可是有人，也许就是莎士比亚自己，写了一首短诗，这首短诗被刻在他的墓碑上面。短诗的最后一行是这样写的："诅咒将伴随那移动我之骸骨的人。"这样一来，再没有人敢动莎士比亚的墓穴了，他就一直埋在自己的故乡。

# 第六十六章 "什入"詹姆斯：姓名的含义

你的名字是什么意思？

西方人的名字，也都是有意思的。比如说贝克，意思是"面包师"；米勒，意思是"磨坊主"；泰勒，意思是"裁缝"；卡朋特，意思是"木匠"；费舍尔，意思是"渔夫"；库克，意思是"厨师"。换句话说，叫这些名字的人，他们当年的祖先就是做这些工作的。慢慢地，人们对他们工种的称呼就变成了他们的名字。

如果你遇到一个西方人，他的名字是斯图亚特，或者类似的发音，那这就意味着他的先祖中可能有人做过总管或管家一类的职务。

在苏格兰，有一个家族就姓斯图亚特这个姓。这家人的祖先最早是管家，后来竟成了苏格兰人的领袖。我们前面讲过的被伊丽莎白处死的玛丽·斯图亚特，就是这家人中的一员。

伊丽莎白女王没有结婚，因此她也没有子嗣来继承王位。从另一个角度讲，伊丽莎白就是都铎王朝的最后一个成员，英国因此不得不另外寻找一个新国王。他们找来找去，找到了苏格兰。

今天，苏格兰是整个英国的一部分，但是在当时，苏格兰是个独立的王国。玛丽·斯图亚特的儿子是当时的苏格兰国王，他的名字叫詹姆斯·斯图亚特。詹姆斯同英国王室有亲属关系，因此英国人认为他有资格担任英国国王。詹姆斯对此也没有异议，于是他成了英国国王，史称"詹姆斯一世"。而我们把他开创的这个王朝称为"斯图亚特王朝"。

斯图亚特王朝的统治持续了大约一百年，也就是从1600年到1700年。不过在此期间有十一年是权力交接的时期，这期间英国没有国王。

后来，英国人对邀请詹姆斯来担任国王感到十分后悔。因为詹姆斯一世和整个斯图亚特家族经常压榨英国的老百姓，他们以"造物主"的身份自居，对英国人民实行专制统治。因此英国人不得不起来反抗，以争取自己的权利。

英国政治上，有一个叫作"议会"的机构，其主要职责是为整个英格兰人民制定法律。可是詹姆斯一世宣称，如果什么事情是他不喜欢的，那议会就不能通过；而且，如果议会办事不小心一点，那詹姆斯一世就不会让他们参与任何国家政治。他还宣称，凡是国王做的事情都是对的，国王不可能犯错，国王的权力是上天授予的，所以国王高兴做什么，就可以做什么。这种观点被称为"君权神授论"。可以想象，英国人无法忍受这样的事情。从迫使前国王约翰签署《大宪章》之后，英国人就主张限制君主的权力，坚持维护个人的权利。在都铎王朝时期，都铎家族就经常做一些触犯人民利益的事情，但是，都铎家族都是英国人，所以有些事情还好说，而斯图亚特家族是苏格兰人，在英国，人们还把他们当外国人看。有些事情自己家里人可以通融，但是对外人就会格外较真。所以，斯图亚特家族和英国人之间的激烈矛盾冲突已不可避免。最终，这一矛盾在詹姆斯一世的下一任国王，即詹姆斯的儿子查理一世统治期间爆发了。

詹姆斯一世非常喜欢吃牛排。而他对牛排肉的部位有特殊的要求，一定要是牛里脊上的肉才吃。因为他觉得牛身上这个部位的肉实在是太好吃了，所以他决定将这个部位的肉授予骑士爵位，就好比这块肉是个作战勇猛、又彬彬有礼的骑士。被授予爵位的牛里脊肉叫作"沙朗爵士"。今天我们还继续使用这个词，你或许也在西餐厅点过"沙朗牛肉"。不过今天的大多数人都忘记了这个词的由来，而也有些人说这只不过是人编出来的故事，詹姆斯一世还没昏聩到做授予牛肉爵位这么荒唐的事。

在詹姆斯一世当政的时期，他组织学者把《圣经》翻译成了英文。这个版本的《圣经》现在还有无上的地位，在英语世界，许多人今天依然阅读这版《圣经》，所以人们也把这本《圣经》称为《英王詹姆斯钦定版圣经》。

詹姆斯一世在任时，英国没有发生太多值得记述的事情。可是在别的几个国家却有大事发生，不过这些事情同詹姆斯一世这位国王的关系都不大。在印度，英国人建立起了殖民地。印度离英国很远，是以种姓划分阶级的国家，婆罗门是最高种姓。哥伦布当年就是想要去寻找从西方通往印度的海路。英国人在印度建立的殖民地不断扩张，最终使得印度这个国家整个都成了英国的海外属地。同时，英国人也在美洲建立殖民地，并最终使得美洲的不少地区成了英国的海外属地。

英国人在美洲建立的殖民地，南北美洲各有一个。我们前面已经说过，沃尔特·雷利爵士在罗诺克岛上建立的殖民点莫名其妙地消失了。之后，在1607年，另一艘满载英国人的船驶向了北美洲。这些人满怀着致富的愿望，希望在北美洲能找到金子。他们在弗吉尼亚登陆，并把定居下来的地方叫作詹姆斯敦。显然，这个名字也是来自于他们对英王詹姆斯一世的崇敬。可是在弗吉尼亚，他们没能发现金子，而且这伙人也不愿意出力劳作，他们什么也不想干。可是这群人的首领，约翰·史密斯船长发话了，说任何人不劳动就别想吃饭。这样，这群殖民者才开始劳动起来。

此时的英国人已经学会了抽烟，于是在美洲的殖民者开始为英国人种植烟草。没想到，烟草贸易非常有利可图，这项事业变成了一座源源不断的金矿。可是，在美洲的这些殖民者以绅士贵族自居，又不愿意放下身段去做种植烟草的粗活儿、累活儿，他们希望有人来替他们干这些事情。于是，几年之后，奴隶贸易开始了。很多黑人从非洲被贩卖到美洲，进入这些种植园中成为奴隶，做辛苦的工作。这就是美国奴隶制度的开端。后来的情况，发展到美国南部几乎所有的工作都是黑人奴隶在干。

又过了一段时间，另一群人离开英国，前往美洲。这些人同来到詹姆斯敦的殖民者不一样，他们离开英国不是为了发财，而是为了寻求一个有宗教自由的地方。因为对基督教教义的看法不同，这些人在英国受到迫害，所以他们希望找一个能够让他们自己的宗教信仰可以不受打扰的地方。这些人在1620年从英国的普利茅斯出发，乘坐一艘叫作"五月花号"的船跨过大洋，来到了美洲。他们在今天美国的马萨诸塞州的一个地方登陆，并把那里也命名为普利茅斯。在抵达的第一个冬天，几乎有一半的人死于严酷的自然环境。要知道，在美国北方冬天是非常冷的。可是，不管新的生活有多么艰辛，这群人中没有一个人愿意回英国去。这些人所建立的定居点慢慢扩大，成了后来我们说的美国的"新英格兰"地区。如果你继续学习美国历史，你就会了解更多关于美国南北不同殖民者后来的故事。而现在，我们得返回英国，看看在哪儿发生了什么。因为这时候，那儿确实发生了很多大事。

公元1607年到公元1620年

# 第六十七章　掉了脑袋的国王

西方国家有一首儿歌，唱的是"国王威廉是国王詹姆斯的儿子"。

嗯，这首儿歌里说的这个"国王詹姆斯"恐怕是另有其人。因为我们上一章中讲的国王詹姆斯的儿子叫查理。查理继承了他父亲的王位，称为查理一世。

查理同他的父亲如同一个模子里倒出来的。同他父亲一样，他也对君权神授的观念深信不疑，他自认有权规定什么可以做、什么不可以做。他对待英国人也非常残酷，同以前的国王约翰差不多。他认为老百姓生来就是为了国王享乐服务的，所以老百姓得听命于国王，国王让他们干什么，他们就得干什么。

不过，这一次英国人没有任查理一世为所欲为。就像当年他们迫使约翰国王签署《大宪章》一样，英国人开始反抗国王的权威。而国王那一边，也准备好要捍卫他认定的属于他的权力。站在国王一边的，有大地主和贵族，这些人同国王有相同的诉求。他们在装束上同反对国王的人区别开来，他们把自己的头发留出长长的卷儿，戴上一顶帽檐巨大的帽子，帽子上还插着长长的羽毛装饰；他们的衬衣有蕾丝花边和蕾丝袖口，甚至在裤边上也都有蕾丝。

议会也集结了一支军队，这支军队由想要捍卫自己权利的人组成。他们把头发剪得短短的，戴着高帽子，衣服也很普通，没有那么多繁复的花样。由一位叫作奥利弗·克伦威尔的乡绅训练这支队伍，使其成为一支能打仗的军队。这支军队被称为"铁军"。

国王的军队全是由一群酒色之徒组成。这些人成天寻欢作乐，看起来威风凛凛，但实际上外强中干。克伦威尔指挥的议会军在上战场前认真祈祷，

国王查理一世和克伦威尔

行军时还唱着颂歌。

　　在几场战役之后，国王的军队败下阵来，查理一世也被投入了监狱。议会中的一小部分人掌握了权力，尽管这些人并没有相应的资格，但是他们还是对国王进行了审判，并判处国王死刑。他们认为国王犯有叛国罪和谋杀罪，另外还有其他很多指控。1649年，查理一世被带到他在伦敦的王宫前，在那里被砍下了脑袋。这事发生之后，英国人认为议会这么做是一种僭越，不应该这么对待国王。确实，在当时的英国，也只有一小部分人赞同砍掉国王的脑袋。大部分人认为，即使要剥夺国王的权力，也有比砍头更好的办法，例如将国王流放到别的地方，或者把国王的办事机构撤销，这样都能限制国王对国家政治的掌控。

不过，事已至此，也没有别的办法。克伦威尔的议会军在随后的几年中掌握了英国的政治。克伦威尔虽然长得很粗犷，脾气也很不好，可是他是一个政治上忠诚、宗教上虔诚的人。他统治英国，就像一位严厉的父亲管理他的家庭一样，他容不下任何弄虚作假的事情。有一次，他让人给他画一幅画像——在那个时代还没有相机——他的画师没有把他脸上的痦子画上去，目的是想给克伦威尔遮丑。可是克伦威尔非常生气地对画师说："我长什么样你就得画成什么样，不论是痦子还是我脸上的别的东西！"尽管克伦威尔称自己为摄政官，实际上他就是当时英国的国王。而且，克伦威尔的所作所为在客观上对英国是有好处的。

克伦威尔死后，他的儿子继承了他遗留下来的权力，这种父权子承的形式，同王权政治其实没什么两样。可是同他父亲比起来，这个儿子可差远了。他的出发点都很好，可是却没有像他父亲一样的手段和能力来实施这些计划。因此，没过几个月，克伦威尔的儿子就从摄政官的位置上退了下来。克伦威尔在位的时候，因为他的铁腕统治，英国人似乎已经忘记了斯图亚特王朝给他们带来的痛苦。因此，到了1660年，当英国人又一次找不到合适的统治者时，他们竟然将查理一世的儿子请回来当了国王。要知道，查理一世的头才被他们砍下来没多久呢。于是，斯图亚特家族的人再一次成了英国国王，这就是查理二世。

这位查理二世被人称为"快乐的君主"。因为他完全不理朝政，成天想的就是吃喝玩乐，他甚至用宗教圣物来开玩笑。另外，他依然记得自己的父亲是被英国人砍掉头的，所以当他当政之后，对凡是那些从前反对过他父亲的人，他都一一抓来砍掉了他们的头，以示报复。他的这种行为在朝中制造了一股恐怖的气氛，甚至连那些已经死去了的人，查理二世都开棺戮尸，把这些人的坟墓挖开，把尸体吊起来之后砍头。这其中就包括克伦威尔的尸体。

也是在查理二世统治的时期，那曾经夺去了数以万计的欧洲人的大瘟疫，又一次在伦敦爆发了。有的人认为这是上帝的惩罚，因为国王查理二世在这儿制造了种种骇人听闻的恶行。大瘟疫还没有完，1666年，伦敦又发生了一场大火。大火几乎焚毁了整个城市，数以千计的房屋被烧毁，成百的教堂也在大火中化为灰烬。不过，大火也烧灭了瘟疫的病毒，使得瘟疫得到了缓解，这恐怕算是大火好的一方面吧。这场大火之前，伦敦的房子几乎都是木头搭建的，大火之后，大家都开始用砖石修房子了。

我需要再向你讲讲最后一个斯图亚特王室的统治者——或者更准确地说是一对王室成员——威廉和玛丽。在他们的统治期间，人民同国王之间的斗争算是得到了一个解决。1688年，议会制定了一份文件，叫作《权力法案》，威廉和玛丽签署了这份文件。这份文件使得议会有了合法行使国家权力的法律依据。从此之后，不是国王，而是议会成为这个国家实际的首脑。这一重大事件被称为"光荣革命"，因为英国人很自豪在这场革命中没有流血冲突，没有暴力事件。到此，我们关于斯图亚特王朝的故事就算告一个段落了。

# 第六十八章　红帽子与红高跟鞋

前面我们讲过一个路易，他是率领过十字军东征的法兰西国王。这个路易被封圣，所以也称为圣路易。

下面我要给你讲讲另外两个路易的故事，不过这两个路易都没有封圣，在任何意义上，他们都算不上是圣人。

这两个路易分别是路易十三和路易十四。当斯图亚特王朝于十七世纪统治英格兰的时候，这两位路易统治着法国。

路易十三只不过是名义上的国王，另有一人在路易十三背后给他出谋划策，而路易十三对这个人也是言听计从。有意思的是，这个在路易十三背后的人是教会的高级教士，称作"红衣主教"。听名字就知道，红衣主教有特定的装扮，他们头戴红色的帽子，身披红色的长袍，而路易十三身边的这位红衣主教名叫黎塞留。

嗯，我估计，你现在说不定已经对战争感到厌倦了吧。可是，在路易十三当政的时候，又爆发了另一场旷日持久的战争。这场战争一直打了三十年，所以被称为"三十年战争"。我一定得讲一讲这场战争，因为它比较特殊，不是一个国家同另一个国家打仗，而是新教徒同天主教徒之间的战争。

红衣主教黎塞留毫无疑问是个天主教徒，也是法国实质上的统治者，因此法国也是一个天主教国家。然而，黎塞留却站在国内新教徒一边，因为当时法国在同另一个天主教国家奥地利打仗，黎塞留希望动员全国的力量战胜奥地利。欧洲的大部分国家都参与了这场战争。比如说我们前面都没怎么提到过的一个北欧国家——瑞典，也都参与了这场战争。但是这场战争的主要战场却是在德国境内。这个时候，瑞典的国王名叫古斯塔夫·阿道夫，人们把他叫作"雪国王"，因为他统治的国家真的是太冷了。另外，人们又称他作"北方雄狮"，因为他同时也是一名勇猛的战士。我之所以要特别地提到他，是因为在这一时期欧洲所有的国王或统治者中，只有他的性格最正直、坚毅。的确，这时候大多数的统治者都只想着自己，为了达到他们想要的一切，这些人可以采取任何手段，撒谎、骗人、偷盗，甚至杀人。而古斯塔夫·阿道夫却是为了他认为正义的事情而奋斗。古斯塔夫·阿道夫本人是个新教徒，所以他率领军队南下德国，加入到新教徒一边，帮助他们抵抗天主教徒。古斯塔夫·阿道夫是个伟大的军事统帅，他指挥的军队获得了节节胜利。然而不幸的是，他自己却在一场战斗中遇刺身亡。在三十年战争中，新教徒最后占了上风，最终双方签署了一个著名的和平条约，这就是《威斯特伐利亚和约》。这个和约规定，新教和天主教一样享有合法地位；每一个国家可自行选择官方宗教，可以是新教，也可以是天主教，只要这个国家的君主同意就行。

在三十年战争期间，大瘟疫又在德国爆发了。我们从前已经领教过大瘟疫的厉害，这种传染病的死亡率极高。当时有一个德国小镇名叫奥伯拉梅尔高，小镇的居民祈祷瘟疫不要再传播了，发愿说，如果瘟疫能够停止，他们就每十年举办一次戏剧节，表演耶稣的生平故事。没想到，瘟疫果然停止传播了。就这样，这个小镇从那之后，真的每十年就举办一次"耶稣受难戏剧节"。其中只有很少的几次例外。而这是全世界绝无仅有的上演耶稣生平故事的戏剧节，所以每当小镇举办这一节日的时候，世界各地的人都愿意跑到这个偏远的小镇来看当地的村民表演。每一个十年的夏季的某个星期天，就是戏剧表演的日子。在这一天，戏从早上开始，一直演到晚上。参与戏剧节演出的有大约七百人，其中一半是小镇的居民，另一半是从世界各地赶来的志愿者。如果能被选中扮演某个圣徒的角色，那对于这些人来说，可是非常大的荣誉；而如果被选上扮演耶稣，那简直就是无上的荣耀。

路易十三和黎塞留之后的下一任法国国王是路易十四。

英国的民众最终成功地把权力从君主手中转移到了议会。可是在法国，路易十四不允许任何人染指国家权力，他把一切国家事务都牢牢地掌握在自己手中。他声称，"朕即国家"，不允许任何人对国家政治发表意见。这同

路易十四

英国斯图亚特王朝的"君权神授论"没有什么不同，而英国人已经完全推翻了这一点。路易十四的统治持续了七十多年，是历史上在位时间最长的一位国王。

　　路易十四也被称为"太阳王"。他所做的一切事情都是为了炫耀。他走

路易十四准备就寝

路的时候总是昂首阔步，仿佛身处游行队伍一般，抑或他是舞台上的主角，一举手一投足都要彰显自己的高贵身份。他的装扮也非常考究，上身着紧身衣，头戴扑满粉的假发，脚上还踩着一双红色高跟，这样可以让他显得身材更高大。我猜，这也是为什么现在女士高跟鞋也被称为法国式高跟鞋的原因吧。路易十四手里还拿着一根手杖，支棱着胳膊肘，走路的时候刻意把脚往外拐，一步一挺胸，一步一点头。因为他觉得，所有这些东西，都让他显得非常高贵、非常重要，让看到他的人过目不忘。

所有这些东西都让人觉得路易十四是个脑子空空如也的傻瓜，不过，你可千万不要有这样的想法。他的行为举止虽然荒唐，但是他把法国治理成了欧洲最强大的国家。他不断同其他的国家打仗，以此扩张法国的领土面积。不过我们前面已经讲了那么多的战争，这里我不打算再讲路易十四发动的那些战争了，因为如果我再继续讲的话，恐怕你会不想再读下去了。总之，在路易十四的统治下，法国成为继西班牙和英国之后的又一个欧洲霸主。

路易十四在凡尔赛修建了一座气势恢宏的宫殿——凡尔赛宫。这座宫殿里面有大理石的房间、美丽的绘画以及大量的镜子。这样，当路易十四在宫殿里踱步的时候，就随时能从镜子里看到自己神气的样子。凡尔赛宫周围是一个园林，里面有美丽的喷泉。可是，喷泉里的水得从很远的地方引来，因此，要想让喷泉喷个几分钟，就得花费很大一笔钱。今天，凡尔赛宫也是著名的旅游景点，无数旅游爱好者从世界各地来到这里，就是为了看看这座美丽的宫殿和那些精妙的喷泉。

路易十四身边围绕的也不仅仅是美丽的事物，他身边同样不缺少那个时代最有意思的人。这些人中有身怀绝技的演员，有技艺高超的画家，有文笔优美的作家，有口若悬河的演说家，有相貌绝美的可人儿。他把所有这些人都集中在自己身边，称这些人为"侍臣"。这些人是被选中的幸运儿，他们瞧不起那些普通人。

对于那些有幸成为路易十四侍臣的人来说，一切当然都很美好。可是那些穷人，那些法国的普通百姓，却得为路易十四和他的那些侍臣们的豪奢生活辛苦工作。路易十四所举办的宴会、舞会，以及他送给朋友的礼物，所有这些，都是普通大众创造出来的。因此，我们马上就会看到接下来要发生的事情了。穷人们不会永远屈服于这种不公平的处境，俗话说，"兔子逼急了也会咬人"。

公元1700年

# 第六十九章 一个自力更生的人

谁是美国的国父？

也许你知道。

"乔治·华盛顿。"

可是，在华盛顿出生之前，另外一个人就已成为他们国家的国父了，当然他不是美国人。

在欧洲的东边，有一个大国，叫作俄罗斯。俄罗斯的国土面积同美国相差无几。在1700年以前，很少有人知道俄罗斯，因为尽管它是欧洲最大的国家，但是它的国民文明程度不高，大约只有一半的人受过教育。俄罗斯人属于斯拉夫人，他们是白种人，但是因为同中国境内的黄种人靠得更近，所以俄罗斯人在很多方面同中国人更类似。成吉思汗的蒙古骑兵在十三世纪曾经征服了俄罗斯人，把蒙古帝国扩张到了俄罗斯的领土上。因为这些原因，尽管俄罗斯人也是基督徒，但是他们在各个方面都同东方的亚洲人更接近，而不太像欧洲人。俄罗斯男人大多留着大胡子，穿长袍；俄罗斯女人也像土耳其妇女一样，喜欢戴面纱。俄罗斯人也像中国人一样用算盘算数。

嗯，差不多在公元1700年前不久，一位叫彼得的俄罗斯王子出生了。彼得王子小的时候非常怕水，他对此感到非常羞愧，因为他觉得自己既然是一个王子，就不应该害怕任何东西，于是他训练自己不要怕水。彼得王子强迫自己走到水中去，在湖里玩水，在河里划船。尽管每次他这样做的时候心里都怕得要死，但是他坚持了下来。最终，他真的克服了对水的恐惧，并且爱上了水上活动。在他后来的一生中，投入在划船上的时间比其他的娱乐或运动都多。

当彼得王子长大之后，他最大的心愿就是把俄罗斯变成欧洲强国，尽管俄罗斯国土面积很大，但是它在欧洲没有地位，不是一个政治意义上的大国。要使俄罗斯富强，首要一点就是要开启民智，当时的大多数俄罗斯普通民众都非常贫穷，没有文化。不过，要想教导他的国民，彼得自己首先得先学习才行，而在当时的俄罗斯，竟找不到一个能够教给彼得想学的东西的人。于是彼得化装成一个普通人，到小国荷兰去学习。在荷兰，他在一个造船厂找到了一份工作，在那里做了好几个月的工。在这几个月中，他自己做饭，自己缝补衣服。在这期间，他学会了关于造船的一切知识，另外还懂得了很多其他的东西，比如打铁、补鞋子，甚至还有拔牙。

之后他去了英国。每到一处，他就尽己所能地学习新的东西。终于，经过这一场游历，彼得学到了很多很多，带着他的所学所思，他回到了俄罗斯，开始着手振兴俄罗斯。首先，彼得要建立一支舰队，像所有别的那些国家一样，成立一支俄罗斯海军。可是，要有海军，首先得有出海口。俄罗斯面积虽大，但几乎没有什么地方适宜做海港。于是彼得打算入侵邻国瑞典，在哪儿建一个军港。

当时的瑞典国王叫查理，他是瑞典第十二位叫查理的国王，所以也叫查理十二。那个时候，查理十二还只是一个孩子，所以彼得觉得要对付这么一个孩子应该是非常容易的事情。可是查理十二并不是个普通的孩子，他聪明异常，极有天赋，而且他还受过非常好的教育。他懂得好多种语言，四岁的时候就学会了骑马，后来还学会了打猎和格斗术。除了这些能力之外，他还有坚强的意志，毫不畏惧困难和挑战。的确，查理十二是个可怕的对手，人们给他一个绰号，叫作"北方狂人"。因此，战争一开始，彼得吃了败仗。

可是彼得毕竟更沉得住气，他并没有因为战争开初的失败就乱了阵脚。彼得心中非常镇定，他知道要不了多久查理十二就会露出破绽，这样一来俄罗斯军队就能扭转颓势。战局后来的发展确如彼得所料。战争一开始查理十二节节胜利，所有那些对瑞典构成威胁的欧洲国家都认为查理十二会成为下一个亚历山大大帝，会征服整个欧洲。可是到了战争结束，获胜的却是俄罗斯的彼得，彼得不仅仅在战场上打败了查理十二，还夺得了瑞典的一块海岸。条件齐备之后，彼得开始动手建造舰队了，为了这件事，他已经为之筹划了很多年。

俄罗斯的首都叫莫斯科。莫斯科是个美丽的城市，可是它的地理位置不好，在内陆，并不临海，这显然不符合彼得的要求。彼得固然需要一个美丽的首都，但同时他更希望这个城市在海边，这样能够方便他出海。于是他另外选择了一个地方，这个地方不仅仅是临海，简直就是在水上，因为这个地方是一大片沼泽地。选定地方之后，彼得派了三十多万人去修整这片沼泽，并且最终把这里建成了一座城市。彼得把这个城市命名为圣彼得堡，这个名字来自于圣徒彼得。圣徒彼得也是俄罗斯的彼得的守护者，彼得自己的名字也是从圣徒彼得的名字来的。圣彼得堡后来更名为彼得格勒，二十世纪初，又更名为列宁格勒。接着彼得修订了法律，兴建了学校，兴修了工厂和医院；他又教俄罗斯人算术，这样他们再也不用在绳子上串珠子来计数了。他还改革了俄罗斯人的服装，让他们穿得更接近欧洲人的款式。他勒令俄罗斯男人剪去长胡子，因为他觉得大胡子看上去很土气。可是很多俄罗斯男人觉得没有胡子就像没有穿衣服一样下流，但彼得的命令又不能不遵守，于是他们把胡子小心翼翼地整个儿剃下来，放进自己的棺材里。这样当生命的最后到来的时候，他们还可以把胡子粘上去见上帝。彼得向俄罗斯人介绍了他在欧洲看到、学到的一切，这些东西对俄罗斯人来说都很新鲜。就这样，彼得确实把俄罗斯变成了欧洲的强国。人们把他叫作彼得大帝，把他看作俄罗斯的国父。

彼得爱上了一个贫穷的农家女孩，这个女孩是个孤儿，名字叫凯瑟琳。彼得最终跟这位女孩子结了婚。凯瑟琳没有受过教育，可是她非常迷人，而且头脑聪明，非常机智，因此彼得同她的婚姻很幸福。俄罗斯人一开始都对这桩婚事感到非常震惊，因为彼得娶的不是一位公主，而是一个地位底下的普通人。不过彼得很坚定，在同凯瑟琳结婚后，给她加皇后冠。而凯瑟琳在彼得死后，成了俄罗斯的统治者。

# 第七十章　逃跑的王子

　　普鲁士是欧洲的一个小国家，一直存在到二十世纪中期，后来其版图纳入了今天的德国。俄罗斯本身是个大国，彼得大帝让它变成一个强国；普鲁士国土面积很小，但是它的国王同样把这个国家治理成一个强国，这个国王的名字叫腓特烈。这位腓特烈国王同样生活在十八世纪，但稍稍晚于彼得，他也同样被冠以"大帝"称号，史称腓特烈大帝。

　　腓特烈的父亲是普鲁士的第二任皇帝。他的父亲有一个爱好，喜欢邀集身材高大的人在他身边。每当他听到某个地方出了一位巨人，不论这个人在哪个国家，也不论要花费多少钱，他都要想办法把这个巨人给聘请到普鲁士来。他把寻访到的所有这些巨人组织起来，成为他身边一支特殊的卫队，对这支卫队他深感骄傲。

　　腓特烈的父亲不光有这样的怪癖，他的脾气也很不好。他对自己的孩子们很凶，对腓特烈尤其厉害。他从不叫腓特烈的大名，而是把他叫作"弗莱茨"，这是一个有点轻蔑意味的称呼。这位弗莱茨有着漂亮的鬈发，爱好音乐和诗歌，穿上时髦衣服时显得很神气。他的父亲觉得这个小孩儿长大后一定是个娘娘腔，而他极其厌恶这样的孩子，因为他要求自己的孩子得是勇猛的士兵或战士。这位脾气暴躁的父皇在发怒的时候会朝小腓特烈身上扔盘子，有时把他关在房间里面好几天，只给他面包和清水，还用手杖打他。面对这样的待遇，小腓特烈终于忍受不了了，有一天，他跑掉了。可是他没跑多远，就被抓了回去。他的父皇气急败坏，觉得这个孩子不听皇命，居然敢私自跑掉！他下令，把这孩子处死——是的，他要杀掉腓特烈！众人苦苦相劝，在最后一分钟将他的父皇劝得回心转意，饶了腓特烈一命。

　　让人意想不到的是，当小腓特烈长大后，他却真的成了他的父皇希望他成为的样子——变成了一个勇猛的战士。他依然喜欢诗歌，也还尝试着自己写作诗歌；他也依然热爱音乐，吹笛子吹得非常好。可是，在这些爱好之外，腓特烈最大的愿望还是把自己的国家建成欧洲最强大的国家。因为在那个时候，普鲁士没有任何地位，完全没有人重视这个国家。

当时，普鲁士的邻国是奥地利。奥地利的统治者是位女性，名字叫玛利娅·特蕾茜亚。玛利娅·特蕾茜亚成为奥地利的大公和腓特烈成为普鲁士皇帝差不多是在同一时候。有些人认为女人不适合领导一个国家。腓特烈的父亲当政的时候，曾经承诺不打奥地利的主意——因为他发誓不同女人开仗。可是当腓特烈当上皇帝之后，他看上了奥地利的一块土地，想把这块土地吞并入普鲁士。而且他真的动手了，把玛利娅·特蕾茜亚的这块土地给夺了过去。腓特烈完全不在乎对方是不是一个女人，也不管这样做合法不合法。当然，这样冒失的行动导致的直接后果就是两国宣战。而没过多久，这场战争就几乎把欧洲所有的国家都拖入了其中，有的国家支持腓特烈，有的国家帮助玛利娅·特蕾茜亚。可是，面对这样的形势，腓特烈从容不迫，成功地保住了他从奥地利夺取的土地。

玛利娅·特蕾茜亚显然不愿意就这样认输，她发誓要夺回本来属于她的国土。于是她秘密地准备，打算再发动一场针对腓特烈的战争。她同另一个国家结盟，得到那个国家的支持，共同对付普鲁士。玛利娅·特蕾茜亚自以为这些事情做得绝密，没想到还是被人走漏了风声。腓特烈不知道从哪里知道了玛利娅·特蕾茜亚要准备动手的消息，于是先发制人，率先开战，杀向奥地利。这场战争一打就是七年，因此这也被称为"七年战争"。腓特烈的普鲁士人在战场上节节胜利，最后，他不但狠狠地打击了奥地利，还完成了很久以前立下的夙愿，小国普鲁士一跃而成欧洲最强盛的国家。而且，奥地利在上一次战争中失去的那片土地，现在依然控制在普鲁士手中。从历史的角度看，玛利娅·特蕾茜亚可以算作是一位伟大的统治者，可是她的对手腓特烈不是普通的皇帝，而是一个强有力的对手，是世界上最狡猾的军事家之一，所以玛利娅·特蕾茜亚怎么也赢不了他。

关于七年战争，还有很奇怪的一点要讲。这场战争不仅仅在欧洲打，其战火甚至还蔓延到了美洲。在战争中，英国站在腓特烈一边，法国和其他国家站在玛利娅·特蕾茜亚一边。因此在美洲的英国殖民者，就同在那里的法国殖民者打了起来。巧合的是，当腓特烈在欧洲获得战争胜利的同时，英国人在美洲也战胜了法国人。这就是为什么美国人现在说的是英语而不是法语。如果当年奥地利战胜了腓特烈，同时法国殖民者打赢了英国人，那可能现在的美国人就说的是法语了。

同很多别的统治者一样，腓特烈认为如果是为了自己国家的利益，就算是撒谎、欺骗或者偷盗，都不是什么问题，只要是为了自己国家好，任何事情他都可以干。在国际事务上，公平正义或者卑鄙无耻在他看来都没有区别。可是他对待自己的国民却非常的好，真的做到了爱民如子，他愿意为自己国民的利益做任何事。腓特烈就像狮群里的狮王，为了保护幼狮可以不惜与整个世界为敌。

在腓特烈的皇宫附近有一个磨坊。这个磨坊属于一个贫穷的磨坊主，因为贫穷，磨坊主没有钱修整打理磨坊，所以磨坊看上去破破烂烂的，非常难看。在皇宫的视野之内有这样一座破旧的磨坊，显然不是一件让人愉快的事情，所以腓特烈想把这座磨坊买下来，这样就可以把磨坊给拆掉。可是磨坊主不愿意卖，无论腓特烈大帝出多少钱，这个固执的磨坊主就是不愿意卖掉他的磨坊。如果是别的君主，很可能直接就把磨坊拆掉了事，甚至还有可能把碍事的磨坊主关进监狱或者处死。可是腓特烈完全没有这样做，因为他认为他的国民不论地位多么卑微，都有他的权利，如果他不愿意卖掉磨坊，没有任何人能够强迫他这样做。于是腓特烈再没有动这间磨坊，而这间磨坊至今仍然保留在原地，在离皇宫很近的地方。

腓特烈是德国人，可是奇怪的是，他讨厌德语，他觉得德语是没有受过教育的人使用的语言。他自己说话和书写都用法语，只有在同仆人或不懂法语的人交流的时候才用德语。

公元1750年

# 第七十一章　废除国王的美国

你知道吗？美国曾经也有国王。

他的名字叫乔治。

不过不是乔治·华盛顿。乔治·华盛顿可不是国王。

这是另一个乔治。

不知你还记不记得英国的斯图亚特王朝。我们前面讲了英王詹姆士，还有他的儿子查理一世。从公元1600年到1700年的一百年间，这个家族统治着英国。到了1700年前后，斯图亚特王朝后继乏人，于是这个家族的统治也宣告终结。

可是国不可一日无君，英国人需要有一个人来当他们的国王。他们找来找去，在当时德国的一个州找到了一位同斯图亚特家族稍微沾点亲带点故的人，于是这个人成了统治英国的国王。现在听起来这有点不可思议吧？从德国找一个人来统治英国。这个人名叫乔治，英国人称他为乔治一世。这位乔治甚至都不会说英语，因为他是德国人，他热爱的是祖国德国，而不是英国。可是他答应了出任英国国王，并且也这样做了。你可以想象他会是一个怎样的国王。乔治一世的儿子，在他之后继任英国国王，史称乔治二世。乔治二世也是更加德国化的一个人，终于等到乔治二世的儿子上任，情况才有了好转。这位乔治三世是在英国出生长大的，算是个地地道道的英国人。

被压迫的阶级用暴力夺取政权，建立新的社会制度，我们称之为"革命"。

美国是由两个小小的定居点，或者叫殖民地——詹姆斯敦和普利茅斯发展而来的。而这两个小小的殖民地上的人们，不断地繁衍生息，人口变得越来越多，逐渐地在东海岸大西洋沿线出现了越来越多的定居点。而这些人，绝大多数都是英国人，英国国王自然享有对这些人的统治权力。英国国王要求这些人必须向他交钱，即"纳税"。在当时的那个时代，人民向国王纳的税，已经不能被国王揣进他自己的口袋，然后任由他挥霍了，这些钱应当被用在交了税的人身上，用在对所有人都有好处的事情上，比如说给他们修路、建学校、组建警察局来维护公共秩序等。

新大陆上的人得向大洋对岸的英国国王交税。于是他们中间有那么一些人觉得他们应该投票表决，他们交的税应当如何使用，又用在什么地方。可是英国国王并没有给他们投票权，于是这些人决定不再向遥远的英国国王交税了。

在这个时候，这群人中牵头的一个叫本杰明·富兰克林。富兰克林的爸爸是一个制作蜡烛的工匠，他的家庭很穷，可是富兰克林凭借自己的努力，从一个费城街头的穷小子，变成了这个新国家里很有地位的人。他小的时候，在印刷厂里当学徒，而后来，他创办了美国第一家也是最好的一家报纸。富兰克林还是一位很有创新精神的发明家，他发明了新式火炉和油灯。当然，他最广为人知的事迹，是在风筝线上绑上铜丝，去"捕捉"天空中的闪电。他是西方国家公认的最有智慧的人士之一。

富兰克林被新大陆上的人们推举出来，到英国去同国王协商。大家希望国王重新考虑对这些海外殖民地征税的问题，或者能够协调彼此的利益，达成一个双方都同意的解决方案。富兰克林去了，可是国王乔治三世非常固执，他已经决定了的事情，绝不肯更改。

于是在新大陆的人们意识到，商谈是没法解决问题的，要想达到目的，只有一个途径，就是反抗。于是他们组织了一支民兵队，之后大家需要找一个合适的人来领导这支队伍。这个人必须得正直、勇敢、有头脑，还得爱国——当然不是爱英国，同时最重要的，还要会打仗。大家希望能找到一个同时满足所有这些素质的人，最终，他们找到了这个人。这个人正直、勇敢，因为在他小的时候，为了试一把他才得到的斧子锋利不锋利，他把他爸爸最喜欢的一棵樱桃树给砍了。他爸爸看到被砍倒的树，极为生气，就问他这件事是不是他干的。这时，这个孩子说："我不能撒谎，是我干的。"这个故事非常有名，人人都知道，这个孩子就是乔治·华盛顿。

华盛顿长大一点后，学习成为一个土地测量员，工作内容就是丈量土地的长度和面积。当他十六岁的时候，费尔法克斯爵士就同意雇佣他来丈量自己在弗吉尼亚州的农场。从这件事可以看出华盛顿头脑聪明，小小年纪就很受信赖。另外，他还参加过对法国和印度的战争，他作战勇猛，是个很好的战士。这同时也显示出华盛顿的爱国心。于是华盛顿就被推选出来，成为这支新大陆民兵的领袖，同英国对抗。

其实，在一开始，移居新大陆的这些人并没有打算要建立一个新的国家，他们只不过是想跟在英国本土的人享有同样的权利。但后来发生的事情使他们意识到，要获得这样的权利，唯一的办法就是自己建立一个独立的新国家。于是一个叫作托马斯·杰斐逊的人被委任起草了一份文件，这就是《独立宣言》——看到这个宣言的名字，你能想到它的内容吗？它的中心内容，就是这些殖民地要脱离英国的统治，成为独立的国家。当时，总共有五十六位民选代表在这份宣言上面签字。这些代表都知道如果他们打不赢独立战争，那他们都要因叛国罪被处死，可是他们依然在宣言上签下了自己的名字。当然，仅仅是签署一份文件，还不足以让这些殖民地脱离英国，英王乔治三世绝不会轻易地就放弃这些海外土地。他闻听消息，立即派出军队前去阻止这些殖民地的独立运动。

华盛顿手里能供使用的民兵人数很少。而且他手里能付给民兵的军饷也很有限，粮食、衣物的供给也跟不上，就连枪支弹药都不够。有一年冬天，华盛顿手下的士兵几乎冻饿而死，因为他们没有足够的衣服御寒，也没有足够的粮食，只能靠胡萝卜充饥。就此情形来看，如果得不到补给，华盛顿的军队是没法继续把这场仗打下去的。不过，华盛顿依然不断地鼓舞着他的士兵们的斗志。

富兰克林再一次被派往欧洲。不过，这一次他不是去英国，而是法国，去试试看能不能向法国求得援助。显然，法国是英国的对头，因为在七年战争期间，法国相继失去了自己在美洲的殖民地——现在的加拿大。可是一开始，法国并不愿意帮助富兰克林他们。因为在同英国的战争中，法国输了很多次，所以他们不愿意再同英国交战，以免又输掉战争，丢掉颜面。可是，在《独立宣言》签署之后的一年，华盛顿带领的民兵部队在纽约州一个叫作萨拉托加的地方打了一个大胜仗，狠狠地教训了英国人。因为这场胜利，显示了新大陆民兵的实力，使得法国国王对支持富兰克林他们有了些兴趣，并且真的向新大陆派出了军队。一位叫拉法耶特的法国贵族忠心支持美洲独立，他迅速地募集了军队，在华盛顿将军麾下效力。在美国独立战争中，这位法国人卓有战功，为自己赢得了声名。

随着战争的发展，英国发现事情越来越不由自己控制，于是想要同殖民地区的人们和谈，同意给予他们与英国公民相同的权利。可是事情到了这个时候，一切都太迟了。如果是在战争初期，美洲人一定会答应，而且是高高兴兴地答应。可是现在，除了完全地从英国独立出来之外，他们是不会答应任何条件了。于是，战争继续打下去，英国打算拼死一争，无论如何也不能让自己的殖民地独立。

英国人把在美洲殖民地的人称为"美国佬"，可是他们就是在萨拉托加被这些"美国佬"们给狠狠地教训了。于是一位名叫康华利的英格兰将军被派往南部作战，看能不能在那儿打场胜仗，为战争打开突破口。在北美殖民地南方领兵的是格林将军。康华利将军打算同格林决一死战。可是格林将军不同康华利的军队正面对抗，而是引诱着其军队在弗吉尼亚的乡村兜圈子。康华利的军队远道而来，本就疲乏，再同格林的军队这样打游击，体力消耗极大，最终不得不在一个叫作约克镇的地方休整。格林等的就是这个机会，于是他和法军把康华利团团包围。康华利腹背受敌，一面是格林的美洲军，另一面是水路上前来驰援的法国军舰。在这种情形下，康华利不得不投降。

英王乔治三世也发话了："让我们议和吧。"于是在1783年，战争结束了。英国和北美殖

公元1776年

民地人民签署了和平协定。这场战争打了八年，最终殖民地赢得了独立。这就是美国独立战争。而在这场战争之后，一个新的国家正式建立起来，这就是美利坚合众国。

最初加入合众国的殖民地总共有十三个。美国国旗上面总共有十三条条纹，代表的就是这十三个最初加入的殖民地。在西方文化中，有人认为"十三"不是个吉利的数字，可是有十三条条纹的美国国旗至今仍在美国的土地上飘扬。这面国旗给美国带来的是好运，不是吗？

华盛顿成了美国的第一任总统，他因此也被称为美国的国父。他在美国独立战争中身先士卒，在为美国争取和平的过程中起了重要的作用，他在美国人心目中有崇高的地位。

# 第七十二章　头上脚下

麻疹和腮腺炎都是很容易传染的病。

革命也容易传染。

就在美国独立战争之后没有多久，法国人也发动了一场革命。他们目睹了北美殖民地人民在同英国国王的斗争中，是如何获得成功的，因此也站起来反抗自己的国王和王后。这一场革命在历史上被称为"法国大革命"。

法国人民发动这场革命的原因很简单，因为他们劳动所得少得可怜，而国王、王室家族，以及贵族几乎拿走了人民全部的劳动所得。法国大革命同美国独立战争有相同的诉求，都是为了抵制国王对人民的横征暴敛。在美国独立战争中，税收问题是英国国王与北美殖民地之间分歧最大的矛盾。实际上，在绝对意义上，英国对北美殖民地人民所征收的赋税总量并不多，但是北美殖民地人民认为这些税收很不公平，因此才会拒绝交税。而在法国，国王所收的赋税不仅仅不公平，而且非常之重，几乎从人民手中夺走了一切。

我们已经说过了，在路易十四的统治之下，法国的情况有多糟糕。但法国国王并没有意识到人民的不满，反而任由这种情形继续恶化下去，直到大众没有办法再忍受了。

这个时期，当权的法国国王是路易十六，他的王后名叫玛丽·安托瓦内特。当时法国民众的生活水平非常低，人人都很贫穷，食物严重匮乏，大家只能吃非常粗糙、味道糟糕的黑面包。而且，国王和贵族还强迫人民缴纳很重的赋税，以此来满足权贵阶级的享乐生活，供他们穿着时髦的衣服，举办各种舞会。除了赋税之外，人民还得服徭役，为权贵阶级干各种活儿，而做这些苦工是没有或几乎没有任何报酬的。如果有谁胆敢抱怨，那他就会被投入监狱。有所恶名昭彰的监狱在巴黎，叫作巴士底狱，但凡进了这所监狱的人，基本上就只有死路一条。法国人民如此穷困，而法国王室还有贵族却过着骄奢淫逸的生活，他们购买奢侈品，到全世界去寻求时髦新奇的玩意儿，而所有这些，最后都是由人民来买单。

其实，不论是路易十六还是他的妻子，都并不是罪大恶极的坏人，他们只是非常年轻，没有头脑，缺乏对社会的正确认识。他们的出发点并不坏，但是同许多天真的好心人一样，他们缺乏常识，不知道社会大众过的是什么样的日子。因为他们自己的生活中什么都有，所以他们甚至似乎都无法想象有人可能生活在贫困中这种事情。曾经有一次，有大臣向王后玛丽·安托瓦内特汇报说，法国人民连面包都没有。而玛丽反问道："那他们为什么不吃蛋糕？"

为了改变这样的生活境遇，一群法国民众中的精英分子集合在了一起，他们把自己这个团体叫作"国民议会"。国民议会希望为改善当时法国民众所遭受的不公正待遇做点什么，他们希望让每一个人都获得自由，都能得到平等的对待，并让每一个人的声音都传到国王那里。

可是贫困的法国人再也忍不了那么久了。他们对权贵阶级所作所为的愤怒已经到了顶点，火山马上就要喷发了。终于，一群愤怒的民众攻击了巴士底狱，他们毁坏了巴士底狱的围墙，释放了关押在里面的穷人，杀掉了看守监狱的卫兵——因为这些人是为国王服务的走狗。之后，民众把卫兵的头砍下来，用长矛高高挑起来，在巴黎游行示威。当时关押在巴士底狱中的囚犯大约只有七名，因此只是释放这几个人，并不能解决任何实际问题。可是攻陷巴士底狱有政治上的意义，民众此举明确地告诉国王，他再也不能随随便便地逮捕无辜的人民了。

巴士底狱是在1789年7月14日被攻陷的，而这一天也就成了法国大革命的开端。此后，这一天成了法国的国庆日，是同七月四日的美国国庆日一样隆重的节日，因为这一天是法国推翻封建君主专制的开端。

拉法耶特这时候也已经从美国回到了法国。他帮助北美殖民地人民脱离了英国国王的统治，现在又把打开巴士底狱的钥匙送给乔治·华盛顿，他通过这一行为来纪念他自己的国家推翻君主，宣告独立。

发生巴士底狱暴动的时候，国王路易十六和王后玛丽正住在美丽的凡尔赛宫，所有的大臣在听到发生在巴黎的事情后，全都吓坏了。这些贵族丢下了他们的国王和王后，赶紧往国外跑。这些人心里都清楚接下来会发生什么事情，为了保住自己的性命，他们才不管什么国王呢。

而在同时，国民议会起草了一份重要的文件，叫作《人权宣言》。这份文件同美国的《独立宣言》一样，认为所有的人生而自由平等，法律由人民制定，在法律面前人人平等。

就在《人权宣言》发表之后不久，愤怒的民众如潮水一般涌向距离巴黎二十多公里的凡尔赛宫。这些人衣衫褴褛、面带菜色，但是群情激昂，人人手里都拿着棍子或石头，大家齐声呼喊着"面包，面包"朝凡尔赛宫而来。当时，国王路易十六和皇后玛丽还住在凡尔赛宫里呢。人们冲上了凡尔赛宫美丽的楼梯，围在国王身边仅有的几个卫兵完全没法阻挡如潮的民众。最终，国王和王后被人们抓了起来，投入了巴黎的监狱。国王和王后在监狱里待了几年。期间他们曾经试图化装逃跑，但是在他们越过边境之前，被人给认了出来，又给逮了回来。

之后，国民议会又起草了《宪法》——这是国家的基本大法，有了它，国家才可以公正地处理各种事务。路易十六认可了这部宪法，并在上面签了字。

可是这依然不够。人民希望彻底地废除国王，不希望有任何形式的君主权力统治他们。于是大约一年之后，法国人建立了共和国，并且把国王送上了断头台。断头台是一种行刑的工具，在两根柱子之间悬挂着一柄利刃。刽子手拉下手柄，利刃就会落下，把下面人的脑袋从脖子那里一切两段。一位法国人发明了断头台，用来取代此前处决犯人的方式。使用断头台更加迅速，还能保证一下就了结犯人的性命。于是路易十六被带上了断头台，砍掉了脑袋。

杀掉了国王之后，人们似乎还没有满足。大家革命的情绪依然非常高昂，他们担心那些同情国王的人会再度掌权，重新成立一个君主国家，于是人们选择了红、白、蓝三种颜色条纹作为国旗，用《马赛曲》作为国歌。不论他们走到哪里，都把这三色旗扛在肩上，每当游行的时候，人们就唱起《马赛曲》。

可是接下来发生的事情就让人感觉革命进入了另一个极端。这个时期被称为"恐怖统治"时期，流血和暴力成了这一时期的主题。一个名叫罗伯斯庇尔的人，还有他的两个朋友领导了恐怖统治。任何人，只要人们怀疑他同情国王，就会被逮捕并送上断头台。第一个被砍掉脑袋的人就是皇后玛丽·安托瓦内特。再往后，只要有谁小声嘟哝一句，说某个男人或者某个女人，甚至某个小孩"同情国王"，那那个男人或者那个女人，或者那个小孩就会马上被推上断头台。如果有谁想要借机报复仇人，那就很简单，只要把他的仇人推出来，说他同情国王，那这个人马上就会被推向断头台给杀掉。恐怖统治的结果就是，没有人能够确保自己还能活到明天。因为谁也不知道下一秒会不会有一个自己的仇人指着自己说："这个人同情国王。"成百上千的人，只是因为被怀疑同情国王，最后都被砍掉了脑袋。由于杀人太多，街道上血流成河，以至于后来不得不专门再修一条下水道来排干街上的血。断头台的利刃尽管很锋利，可是面对那么多要被砍掉脑袋的人，也显得力不从心，因为断头台一次只能砍掉一个人的脑袋。于是后来，要被处决的人就站成一排，被行刑队用枪炮打死。

恐怖统治时期的人们似乎都变得精神不正常了，他们个个都像发了疯一样！他们甚至亵渎耶稣和基督教。人们找来了一个漂亮的女子，把她叫作"理智女神"，让她坐在巴黎圣母院的祭坛上面，膜拜这个女子；他们打碎圣徒塑像，撕下耶稣和圣母的画像，取而代之的是革命领袖的画像；在每一个十字路口都树起一座断头台；他们甚至取消了星期天，一个星期有十天，第十天变成一个节日；他们废除了基督纪年，因为他们不希望同基督有

公元1789年

任何关系，他们把革命爆发的1792年算作元年。

　　然而罗伯斯庇尔打算实行独裁统治，也就是说，他打算自己一个人当领袖，所以他密谋除掉他的两个朋友。其中一个人一开始就被他送上了断头台，而另一个则在浴缸里被一个女孩子给刺死。这个女孩子名叫夏洛特·科黛，她非常不满这些人的所作所为。就这样，罗伯斯庇尔现在成了唯一的领袖，但也成了孤家寡人。而最终，人们意识到罗伯斯庇尔的思想过于极端，他本人可能成为反人类的暴君，于是大家又起来反对他。当罗伯斯庇尔发现自己也会被送上断头台时，他试图自尽，但是没有成功，人们阻止了他的举动，抓住了他，把他也送上了断头台。他曾经把无数人送上了断头台，现在轮到他面对同样的命运了。随着罗伯斯庇尔的死，恐怖统治时期也结束了。

# 第七十三章　一位矮小的巨人

终于，法国革命结束了。

结束法国革命的是一个只有二十来岁的年轻士兵，而他的身高差不多也就是一米五多一点。

当时，法国政府正在宫廷里开会，宫廷外面的街道上一群疯狂的暴民想要冲进去。一位年轻的士兵带领了几个人，制止了暴民的冲击。这位年轻的士兵用大炮把守着宫廷的入口，炮口对准通向宫廷的数条街道，任何人如果想要冲击宫廷，就必须得走上这几条街道，而谁要在这几条街道上出现，也就同时暴露在大炮的火力之下。看到大炮，暴民们没有一个敢冲上前去。这个年轻的士兵，名叫拿破仑·波拿巴。因为他的突出表现，人们都想知道他究竟是谁，又是从哪里来的。

拿破仑出生在地中海上的一个小岛，岛的名字叫科西嘉。有意思的是，这个岛此前一直属于意大利，就在拿破仑出生不久前的几周，才转而归属了法国。所以说，拿破仑刚好赶上了成了法国人。当他刚长到合适的年龄，就被送入了法国的一所军事学校。在这所学校里，他的同学都把他当作外国人，看不起他，不愿意和他打交道。可是拿破仑头脑聪明，成绩非常好，他的数学经常拿高分，而且他还很喜欢做难题。有一次，为了解一道很难的数学题，他把自己一个人关在房间里三天三夜，直到正确地解出了那道题。

拿破仑结束了法国大革命，也因此奠定了个人的声誉和在军队中的地位。到了他二十六岁的时候，他就已经被授予了将军军衔。

在当时，除了法国以外所有的欧洲国家都依然保留着国王，实行的是君主统治。法国受到美国独立运动的影响，发动了革命，废除了国王。看到这样的情况，别的国家的国王都很紧张，他们担心自己的人民也站起来推翻自己的统治。于是，这些欧洲国家的王室统一起来，视废除了国王的法国为自己的敌人。因此，战争不可避免爆发了。

拿破仑被派去攻打意大利，他担任同意大利交战的军队指挥官。从陆地上进攻意大利，得首先翻过阿尔卑斯山。历史上迦太基统帅汉尼拔在布匿战争的时候，就曾经做过这样的事情。可是汉尼拔那个时代是没有大炮的，而拿破仑得把沉重的大炮扛过阿尔卑斯山，这似乎是一件不可能完成的任务。拿破仑向军中的工程师询问，工程师们很了解大炮的重量，他们的回答是"不可能"。

"不可能？"拿破仑恨恨地重复道，"这个词只能在懦夫的词典里找到！"之后，他喊道："在我大军面前，即使是阿尔卑斯山也不能阻挡！"然后，拿破仑自己一马当先，大军随后，真的拖着大炮跨过了阿尔卑斯山。他的大军战胜了意大利。当他回到法国时，法国人待他如同英雄，隆重地欢迎他的凯旋。

可是，当时统治法国的人对拿破仑十分忌惮，因为拿破仑在民众中间的威信很高，所以当时的当权者害怕拿破仑会自立为王。而拿破仑自己完全没有这样的想法，相反，他自愿要求去征服埃及。当时统治埃及的是英国，拿破仑觉得自己肯定能将埃及治理得更好。而且，拿破仑想把英国同印度之间的殖民关系斩断，在詹姆斯一世当政期间，英国控制了印度的大片地区，但是现在英国已经失去了北美殖民地，它当然不愿意再失去印度。

法国政府听闻拿破仑的海外战争计划，感到非常高兴。他们高兴的主要原因并不是可以拓展法国自己的海外领地，而是可以让拿破仑远离本国的政治斗争。于是他们准许了拿破仑去征服埃及的计划。像历史上的恺撒大帝一样，拿破仑在埃及也没有遇到大麻烦，很快就征服了这个国家。不过，与恺撒大帝不同的是，拿破仑没有埃及艳后利奥帕特拉来扰乱他的心神。当拿破仑在埃及作战的时候，他的舰队停留在尼罗河河口待命，可是，就在他深入内陆时，一位英国海军上将袭击了拿破仑的舰队，把拿破仑的舰队尽数歼灭。这位英国海军上将是当时不可多得的伟大军事家，他就是纳尔逊勋爵。

失去了舰队，拿破仑没法带兵回法国。于是他让自己的部下留在埃及统领士兵，而他自己设法找到一艘船，只身回法国去了。而当他回到法国后，却意外地发现法国政府内部发生了内乱，政府里面的各个派别互相斗争得不可开交。思想敏锐的拿破仑嗅到了机会，经过一番联络，拿破仑同另外两个人一起成了统治法国的三驾马车。现在，他的头衔是"第一执政官"。而另外两位执政官，在拿破仑的强势之下，只能给拿破仑打打下手，执行拿破仑的命令。此后没过多久，拿破仑更加巩固了自己的地位，成了"终身第一执政官"。再之后没过多久，他加冕为法国和意大利的皇帝。

欧洲的其他国家见此情况更加紧张，他们非常害怕拿破仑下一个征服的对象就是自己。于是他们联合起来向法国进攻。拿破仑也有他的应对计划，他打算首先征服英国，并且已经组建起了一支舰队，马上就可以打过英吉利海峡去。可是拿破仑在海上再一次遭到了失败，他的舰队在西班牙外海的特拉法加角同英格兰舰队相遇，双方发生了一场恶战，而最终的结果，是法军失败。这场海战，英军主帅又是先前在埃及打败了拿破仑的纳尔逊勋爵。在战斗打响之前，纳尔逊勋爵对全体海军将士说："英国希望你们人人都恪尽职守。"而确实，训练有素的英国海军做到了这一点，因此他们获得了胜利。拿破仑的舰队再一次全军覆没，但英格兰那边，纳尔逊勋爵也在这场战斗中阵亡。

这样一来，拿破仑只好放弃征服英国的计划，把他的注意力转向相反的方向。他打败了西班牙、普鲁士和奥地利，欧洲的大部分国家都被他掌握在手中，都得听命于他。之后，拿破仑开始向俄罗斯进军，而这却成为拿破仑犯下的一个巨大错误。第一，俄罗斯距离法国很远，战线要被拖得很长。第二，当时是冬天，天气非常冷，并不适合发动战争。可是，拿破仑不管这些不利因素，他依然命令法军向莫斯科进发。俄罗斯人知道没发抵挡拿破仑的大军，但是他们采取了另外一种策略。俄罗斯人把自己的城市烧掉，同时销毁所有带不走的粮食。这样一来，尽管拿破仑占领了俄罗斯的城市，但是却得不到任何补给，尤其是得不到粮食。那一年天气冷极了，大地上覆盖着厚厚的积雪。拿破仑在俄罗斯什么也没得到，只好命令撤军。在撤退的过程中，法军因为冻饿而死的人不计其数。拿破仑离开大部队，自己选了一条回巴黎最短的路线先行回国，而只能慢慢行军的大部队在回国的路上损失惨重。拿破仑是回到了法国，但是他的好运也就此终结。整个欧洲再度集合起来，打算终结"暴君"拿破仑的统治。没过多久，反法联盟就包围了拿破仑，战争的天平开始倒向拿破仑的对手。

拿破仑这时候明白自己大势已去，于是他签署了一份声明，说自己可以投降，并且离开法国。他也真的这样做了。他来到一个叫作厄尔巴的小岛上，这个岛也在意大利的外海，离拿破仑出生的科西嘉岛很近。

可是，当拿破仑被流放在厄尔巴岛上的时候，他心中又有了另一个计划。他觉得自己还没有全盘皆输，自己依然有回到法国的机会，然后重新夺回政权。于是，他做了一件让法国和全欧洲都想不到的事情，他再度踏上了法国的土地。措手不及的法国政府派出一队士兵想截住拿破仑，之后将他关进一个铁笼子里带回巴黎。可是让人没想到的是，这队士兵是以前拿破仑的老部下，当双方见面之后，士兵们再次看到自己的旧帅，都倒向了拿破仑这边。于是拿破仑在士兵们的簇拥下，昂首阔步地进入了巴黎。英军和德军当时部署在法国北边，已经做好了打仗的准备。拿破仑以迅雷不及掩耳之势集合了一支军队，迅速向北边扑去，同英德联军战在一处。然而，事情后来的发展不是像拿破仑自己所期望的那样。在一个叫作滑铁卢的小镇，拿破仑指挥了他的最后一仗，在那里，拿破仑被英国的威灵顿将军打败了。当时是1815年，今天，我们在形容关键性的失败时，依然会说"遭遇滑铁卢"。

流放厄尔巴岛是拿破仑一生中的一个转折点。在输掉了一切之后，拿破仑说了一句很有意思的话，他说："在我看见厄尔巴岛之前，我是无敌的。"的确，在被流放到厄尔巴岛之前，拿破仑确实有能力达成任何目标。而之所以说这句话有意思，是因为它从左向右读和从右向左读都是一样的。你看了原文就知道了：

ABLE WAS I ERE I SAW ELBA

在输掉了滑铁卢一役之后，英军俘虏了拿破仑，他们把拿破仑再度流放在一个海岛上。不过这一次，这个岛在茫茫大海之中，拿破仑不可能从那儿逃跑掉。这个孤零零的海上小岛叫作圣赫勒拿岛，得名于君士坦丁的母亲。拿破仑在这个岛上生活了六个年头，直到他死去。

拿破仑也许是人类历史上最伟大的军事家，可是这并不意味着他是一个伟大的人。有人认为他是个极坏的人，因为他为了自己获得荣誉和地位，不

拿破仑在圣赫勒拿岛

惜牺牲成千上万人的性命，但凡拿破仑大军所到之处，都给欧洲带来了极大
的破坏和损失。

拿破仑死于1821年，这也将我们带入了十九世纪。这些事情发生的时间
离我们越来越近了，是不是？

# 第七十四章　从潘神和他的笛子到留声机

青蛙呱呱叫；

小猫喵喵喵；

狗儿汪汪吠；

小羊咩咩笑；

母牛哞哞哼；

狮子呜哇嚎；

鬣狗咯咯笑。

可是只有鸟儿和人才会唱歌。

可是人能做的事情鸟儿却不能做。

因为人可以用乐器创作音乐。

你有没有自己动手做过香烟盒小提琴，或者别针钢琴？再或者更简单的，在玻璃杯里倒上不同分量的水，就可以敲出音调来了。

很久很久以前，在神话故事的时代，阿波罗用一对牛角和牛皮做成了一把琴，他把牛皮搓成七根琴弦，用牛角拉起来，就能弹出音乐了。这种琴，叫作里拉琴，或者七弦琴。你可以用手指拨弦，也可以用别的拨片来弹，那声音别提多美妙了。人们还说，阿波罗的儿子俄尔甫斯从他父亲那里学会了弹琴的技艺，他弹奏起七弦琴来，非常动听。每当他弹琴，天上的鸟儿、地上的野兽，甚至连同树木、岩石都围拢来，听他演奏。

森林之神潘，也会演奏乐器。潘神的相貌古怪，他有羊的角，羊的耳朵和羊的蹄子。潘神把好几个不同长度的哨子绑在一起，吹出的声音就像我们今天的口琴。这种乐器叫作潘神笛子。

七弦琴和潘神笛子是两件非常非常古老的乐器。七弦琴属于弦乐器，潘神笛子则属于管乐器。长的弦或者长的管子，发出的声音低沉；短的弦或者短的管子，发出的声音则高扬。

后来，阿波罗的七弦琴被人们改进成了有很多很多弦的钢琴。你有没有见到过钢琴的内部？那里面有很多很多根弦，每根弦的长度都不一样。这些弦不是像七弦琴或者竖琴那样用手拨动发声的，而是靠琴键连通的一个软锤击打在琴弦上发声。

而潘神笛子被人们改进成了教堂里使用的管风琴。教堂的管风琴有巨大的哨管，比潘神当初使用的哨子可要大得多。这样的大管子当然不可能用嘴吹得动，而是靠气泵来吹，每当你弹下风琴的琴键时，气泵就被发动起来吹响琴管。

我们能够知道古时候那些乐器的样子，但是我们没法知道那时候人们演奏的音乐听起来是什么样子。那个时代没有留声机，不可能把声音记录下来，让今天的人们听到。因为音乐一旦发出来，就随着空气四散而去了。

直到公元1000年，人们才有办法把音乐写下来，在那之前，所有的音乐都是演奏者即兴发挥的，同一个人弹同一首曲子，可能每次都有点不一样。因为不可能把乐谱写下来让乐曲有固定的样式。后来，一位本笃会的修士发明了一种记录乐音的书写方式。这位修士的名字按照意大利语发音叫作圭多，是他给每个乐音起了唱名，也就是哆、来、咪、发……这些音。这几个乐音的唱名是一首献给圣约翰的颂歌开头一句的几个词，它们刚好按照音阶排列着。

另一位意大利人被称为"现代音乐之父"，他的名字叫帕莱斯特里纳。这个人死于公元1594年。他将教堂的礼拜活动添加了音乐方面的内容，此举得到了教皇的赞同，教皇要求所有的教会都要遵守这种新的仪轨。只是，帕莱斯特里纳所创作的音乐并没有得到人们的喜爱，换句话说，他的音乐并不流行。

时间又过了一百年左右，第一位伟大的欧洲音乐家出世了，他所创作的音乐真正受到了人们的欢迎，直到今天人们依然热爱他的音乐。

这位音乐家是个德国人，名字叫亨德尔。他的父亲是个理发师，同时也是牙医，这位老父亲希望自己的儿子成为一名律师。可是这个孩子唯一感兴趣的只是音乐。

在亨德尔的时代还没有钢琴。那个时候有一种靠琴键敲击的击弦乐器叫作翼琴，或者叫古钢琴。这种琴有的还有木制的腿儿，像个小桌子一样，有的没有腿儿，就直接摆在桌子上。

亨德尔在六岁的时候，才刚刚能够到琴键，他把一架翼琴悄悄放在自己的房间里，所有的人都没有注意到他的这个举动。他的房间在阁楼上，因此，每天晚上当家里的所有人都睡着了以后，小亨德尔就拿出琴来自己练习。他可以不知疲倦地练习到很晚。有一天晚上，家人听到了阁楼里传来的奇怪声音，都搞不明白上面发生了什么情况，于是点起灯笼上楼去查看。他们静悄悄地走上阁楼的楼梯，突然打开门，看到小亨德尔穿着睡衣坐在椅子

亨德尔被发现在阁楼上练琴

上弹翼琴。椅子太高，他的腿垂下来还够不着地呢。

从此之后，亨德尔的父亲意识到，这个孩子真不是当律师的料。于是他为亨德尔聘请了音乐老师。没过多久，这个孩子就掌握了弹奏的技巧，他的演奏震惊了当时的欧洲。他后来去了英国，并一直住在那里，成了一名英国人。当他在英国去世的时候，人们把他安葬在威斯敏斯特大教堂，那里是历史上著名的英国人才有资格葬身的地方。

亨德尔最重要的成就是把《圣经》谱了曲。这些以《圣经》文字为词的歌曲，往往由很多人一起合唱，这种歌曲有个专门的名字，叫作"圣经乐曲"。最著名的一首圣经乐曲叫作"弥赛亚"。圣诞节期间，几乎所有的教堂都会唱这首歌。

和亨德尔同时期，还有另一位伟大的德国音乐家名叫巴赫。亨德尔擅长演奏翼琴，而巴赫则在管风琴上有惊人的造诣。巴赫为管风琴写了很多乐曲。这些乐曲具有开创性，因为此前很少有专门为管风琴创作的曲子。非常奇怪的是，亨德尔和巴赫在老年都成了盲人。不过，他们两人的才华体现在音乐上，同视力没有太大的关系。嗯，这里引出一个很有意思的话题：如果在听力和视力当中你必须得失去一样，你会选择哪一个？

几乎所有的音乐天才在他们小的时候就会表现出惊人的天赋，在他们学会读书写字之前，他们就已经是伟大的音乐家了。

另一个这样的音乐天才刚好在亨德尔去世之前出生。他是奥地利人，他的名字叫莫扎特。

莫扎特在四岁的时候就可以把钢琴弹得非常好。他同时还作曲给别人弹。

莫扎特的父亲和姐姐也是出色的钢琴演奏家，因此这三个人经常举办音乐巡演。莫扎特这位音乐天才，在皇帝王后、王公大臣面前表演。每到一处，人们都像对待王子一样对待莫扎特，人们对他宠爱有加，毫不吝惜对他的赞扬，为他举办舞会，送给他礼物。

后来莫扎特长大了，成了家。可是这之后的生活并不像他小时候那么如意，他得为生计辛苦地工作。他的全部才能就是音乐，所以他不停地创作乐曲。莫扎特创作了几乎所有样式的音乐，写作歌剧和交响乐，交给交响乐团去演奏。可是所有这些努力都不能帮助他赚钱。莫扎特去世的时候，几乎身无分文。埋葬他的地方是乱葬岗。没有钱的穷人买不起墓穴，尸体最后就被堆放到这里。一代伟大的天才音乐家，死后竟然是这样的结局。后来的人们认为，伟大的莫扎特，竟然连一块墓碑都没有，真是太令人感到难堪了。可是那个时候已经太晚了，已经没法找到莫扎特埋骨的所在了。后人们还是为莫扎特修建了一座墓碑，但是那里没有他的遗骸，没有人知道他的遗骸在哪里。

一个德国人为音乐天才莫扎特的事迹所感动，于是他立志要把自己的孩子也培养成这样一个音乐天才，让他的孩子在国王和王后面前弹琴。所以，当他的孩子路易斯才只有五岁的时候，这个德国人就要求自己的孩子每天好几个小时地练习钢琴。小路易斯最终累得眼泪直流。不过，经过这样的苦练，小路易斯，或者按照德文的发音，他就是路德维希·贝多芬最终成了一个伟大的音乐家。他可以坐在钢琴面前，就那么弹，弹出非常动听的乐曲来。这就是所谓的即兴创作。不过每当自己有了灵感的时候，贝多芬都想要把曲子写下来。他对自己创作的乐曲要求非常严格，他经常会涂掉某个音符或者段落，然后重新写这一段。一首乐曲在全部完成之前，往往会被他修改很多很多遍。

可是不知道为什么，贝多芬的听力逐渐下降了，他非常担心自己最终可能完全失去听力。失去听力对于任何人来说都是一件可怕的事情，更何况对于一位音乐家来讲，听力就是他全部的希望所在，没有什么事情比失聪更让人绝望的了。而命运最终也没有眷顾贝多芬，他变成了一个聋人。这样的打击几乎让贝多芬绝望，他的脾气也变得很差，他甚至诅咒任何人和任何事情。然而，他没有放弃，他依然像从前一样继续创作音乐，尽管他再也听不到他写下的音乐是什么样子。

还有一位伟大的德国音乐家叫瓦格纳。瓦格纳出生于1813年，去世于1883年。尽管他一生都在孜孜不倦地练习弹琴，但是他本人演奏得并不好。虽然演奏不好，并不妨碍瓦格纳是一位卓越的作曲家，他所创作的歌剧是音乐史上最富感染力的作品。而且，他不仅仅作曲，很多歌剧中的唱词也是他写作的。他从古代神话或者传奇故事中取材，然后把这些故事编成戏剧，再配上音乐演唱。一开始，有些人拿他创作的音乐开玩笑，因为他所创作的音乐音量都很大，对这些人来说，这种音乐似乎太喧闹了，而且缺乏固定的旋律。而现在，人们拿那些曾经听不懂瓦格纳创作乐曲的人开玩笑！

我们在前面的故事中讲过画家、诗人、建筑家和其他很多聪明人；我们也讲过国王和英雄、战争和动乱。在这一章，我讲的都是好几个时代音乐家的故事，这样你可以把脑筋从紧张的战争中换一换，像幕间的休息。

我小的时候从来没有亲耳听过任何伟大的音乐家演奏。而今天，我们想要听音乐的时候，只要打开录音机、CD机等，就能随时欣赏到像帕莱斯特里纳、莫扎特、贝多芬以及瓦格纳的音乐，当然还有另外许许多多其他音乐大师的演奏，或者歌唱。没有任何一个《一千零一夜》里面的哈里发能够享受到这样的乐趣！

# 第七十五章 1854年到1865年的 旧报纸

　　如果你有机会走进你祖父的老房子，或者别人祖父的老房子里去，再或者在什么旧货市场淘一淘，兴许你会发现很多旧报纸。我就是在这样做的时候发现了一大堆1854年到1865年的旧报纸。如果你有兴趣读一读这些报纸，你就会发现这里面写的就是我下面要告诉你的事情。在"外国新闻"一栏，你肯定会读到下面这些事情：

　　英格兰新闻。在这一时期，英国的女王名叫维多利亚。维多利亚女王是一位和蔼的基督徒，因此她的臣民对她极其爱戴。她和她的臣民之间的关系不像女王同被统治者之间的关系，而是像母亲和孩子之间的关系。维多利亚女王统治了英国有半个多世纪，她统治的时代被称为维多利亚时代。

　　1854年的英国新闻一定会提到当时的一场战争，这是发生在英国同俄罗斯之间的战争。俄罗斯离英国那么远，所以英国不得不先走海路把士兵运过地中海去，之后还得经过君士坦丁堡，跨过黑海。在那儿，有一块半岛伸入黑海里面，叫作克里米亚半岛。这场战争的大多数战斗都发生在克里米亚半岛上，因此这场战争也就被称为克里米亚战争。在这个遥远的半岛上，上千英军士兵因为受伤或疾病而死去。

　　在克里米亚战争期间，英国有一位女士，名叫佛罗伦斯·南丁格尔。她心地非常善良，每当看到有人生病，就总是愿意帮助这些可怜的人，她照顾他们直到他们恢复健康。当她还是个小姑娘的时候，她就同她的布娃娃玩这种照顾病人的游戏。她假设她的娃娃生了病，头痛或者骨折了，然后她就照顾这不幸的娃娃，给娃娃骨头断了的地方绑上绷带，直到娃娃"痊愈"。她的狗生病的时候，她也像照顾病人一样无微不至地照顾她的狗。

南丁格尔听说了在遥远的克里米亚半岛上打仗的英军大量死去的消息，又了解到在前线没有照料伤兵的护士，她心急如焚，希望尽自己的力量帮助国家。于是她召集了一些跟她一样热心的女士前往克里米亚。在她到达之前，受伤的英军有一半都死亡了，而在她和她的同伴到达之后，伤兵的死亡率大大下降，一百个人里面只有两个人因救治不及死去。她在营地里寻找需要救治的伤兵，更在晚上提着灯笼跑到战场上去寻找受伤晕倒的人。士兵们都把她叫作"提灯女神"，大家都非常敬爱她。

克里米亚战争结束之后，南丁格尔回到了英国。政府要为她救死扶伤的举动颁发一大笔奖金，可是南丁格尔拒绝自己领取这笔钱，而是把这笔钱用来成立了一所护士学校。今天，技术娴熟的护士几乎同医生一样重要，任何一个生病的人，在医院里都会有护士的照料。然而，在那个时代，护士或者护理制度还是新鲜事物，几乎没有人听说过。南丁格尔是第一位开始推行护理制度的人，因此她被后来的护士从业者们看成是这个行业的圣人。

在克里米亚战争中，英军有一个连队的骑兵受命去攻击敌人，但这个命令其实是发错了，并不应该让骑兵去做这样的攻击。这一个连的骑兵心中都很清楚，这是一个错误的命令。尽管他们知道此去一定是死路一条，但是军令如山，他们还是毫不犹豫地冲上了前线。在敌人猛烈的炮火下，不到半个小时，这个连队里三分之二的人都受伤或者阵亡了。英国诗人丁尼生勋爵将此事写成一首诗，这首诗在英国可谓家喻户晓，它就是《轻骑兵的冲锋》。

日本新闻。日本是靠近中国的一个群岛国家。尽管此前我并没有讲到日本，但是这是一个古老的国家，在罗马建立之前就已经存在了。在欧洲，国王或者君主的改朝换代是非常频繁的事情，就算是国家的更迭、民族的兴衰也是常有的事。可是在日本，在耶稣诞生之前，他们国家的君主世袭就没有发生过中断或更迭。

日本不喜欢白人进入他们的国家，除了很少的例外情况，日本总是把来访的白人挡在国门之外。可是，在克里米亚战争的前一年，即1853年，一位美国海军将领马休·佩里来到了日本，并且成功让日本签署了一份协议，或者叫作条约，同意美国人进入日本，并且在那里经商。当时的日本似乎非常渴望学习先进的知识，希望学习西方的技术。在佩里刚刚踏上日本土地的时候，日本人的生活方式同一千年以前没有什么不同，他们对西方世界的各种发明一无所知，对西方人的生活方式也感到非常新奇。而在随后的五十年里，他们一跃而起，用了五十年的时间跨越了一千年的人类文明！

在这些旧报纸中，你会读到不少东西，但是像上面这些关于日本的新闻可能只会在报纸上占据很小的一个角落。如果这是张美国报纸，那这样的新闻肯定只会出现在一个通栏文章的最下面。再如果这张美国报纸是在1861年到1864年期间出版的，那报纸的大幅版面一定是关于另一场战争的。这场战争发生在美国的国土上面，交战双方都是美国人，兄弟阋于墙，这就是美国内战，史称"南北战争"。

美国的南北两部分在很多事务上有不同的看法和诉求，这些分歧中最核心的是关于是否应当在南方继续实行奴隶制度的争执。双方没法就这个问题达成一致，于是最后只好诉诸武力。每一方都认为自己有道理，要通过战争来捍卫自己的原则，而成千上万的人在这场战争中付出了生命的代价。这场内战持续了四年，从1861年打到1865年，最终以北方的胜利告终。双方同意，在美利坚合众国不允许再使用奴隶。

在有些美国家庭，他们的曾祖父或者曾曾祖父都参加过这场战争，这些人的子孙一定没少听自己的长辈讲述关于这场战争的故事。在这些当年的老兵里，有的人支持北方，有的人支持南方；有的人为南方战死，有的人为北方捐躯。

这个时期的美国总统叫亚伯拉罕·林肯。林肯出身寒微，他诞生的时候，他的父母住在一座用原木搭起来的小屋子里。尽管生活穷苦，但是林肯非常好学，在白天劳动之后，夜晚时他就把树枝木棍扎成一捆，点燃了就着火光读书自学。因为贫穷，他只有几本书，他把这几本书读了又读。这些书中有一本你兴许也读过，叫《伊索寓言》。林肯年轻的时候，当过一阵子商店店员。有一天，一位老太太来买了一包茶叶，这位老太太看上去是个贫穷的人。等老太太走了之后，林肯才发现，自己给老太太的茶叶不对，老太太付的钱应该买一个更大包的茶叶，但是林肯给了她一个小包的。林肯发现自己的错误之后，马上关了店门，徒步走了很远的路去找这位老太太，给她换了一个大包的茶叶。这件事之后，人们称赞他是"诚实的亚伯拉罕"。林肯确实非常诚实，而且心地善良。

林肯学习刻苦，后来成了一名律师，再后来当选了美国的总统。然而，一天当林肯在一家剧院里面看戏的时候，一个叫约翰·威尔克斯·布斯的人冲进剧院刺杀了他。因为这个人反对林肯解放奴隶的政策。

林肯在军营视察，同士兵们握手

林肯是美国最伟大的总统之一。华盛顿建立了美国而林肯防止了美国的南北分裂，维护了国家的统一。正是在这样的基础上，美国才在后来逐渐发展成现在的世界大国。

# 第七十六章　三张新邮票

让我们花几分钟稍稍回顾一下从拿破仑之后，在欧洲发生了些什么。

在拿破仑被流放到厄尔巴岛上之后，法国需要再找一个统治者。尽管经过了废除皇帝的法国大革命，可人们现在又怀念起从前的君主来。当年路易十六当政的时候，王室家族的姓氏是"波旁"，于是人们认为应当找一个波旁王朝家族的人回来当国王。找来找去，人们找到了三位姓"波旁"的人，这些人同被砍了头的路易十六都有亲戚关系。

可是大家考察一番之后，觉得这三个人都不那么令人满意，这下谁都没有办法了。法国人又给了波旁家族一次机会，可是他们自己能力太差，当不起这个重担。于是，最后法国人放弃了再度寻找国王的努力，另外建立了一个共和国。

在共和政体下，国家的领导人就不再是国王，而是总统。你猜最后当总统的是什么人？是拿破仑的侄子，他的名字叫路易·拿破仑。这个路易·拿破仑在之前一次又一次地试图把自己变成法国国王，可是一次又一次地遭到了失败。而现在，他居然被选为了法国总统！可是路易·拿破仑不只是想当总统，他希望像他叔叔那样，成为拿破仑大帝。他梦想成为法国皇帝，然后征服欧洲。他的这个愿望最终在他登基后不久实现了，他成了拿破仑三世。（拿破仑一世有一个儿子。如果这个孩子活着的话，那他就应当是拿破仑二世。而拿破仑三世的由来却是一个很低级的错误。当路易·拿破仑称帝的时候，在印刷出来的文件上，他的名字后面是三个感叹号——"拿破仑！！！"因为"！！！"很像罗马数字中的Ⅲ，所以人们就读成了"拿破仑三世"——译者注）

拿破仑三世对邻国普鲁士非常嫉妒，因为他觉得普鲁士正在变得越来越强大。普鲁士当时的皇帝叫威廉，是一个非常有才能的皇帝。同时他身边还有一个同样非常有才能的助手——首相俾斯麦。俾斯麦当时正在寻找机会同法国开战，打算借此增强普鲁士的国力。在这样的情况下，双方的火苗一点就着，于是在1870年，普鲁士同法国之间的战争打响了，这场战争叫作普法战争。战争一开始，拿破仑三世就发现自己犯了个错误，不应该挑选普鲁士这个对手，普鲁士不是正在变得强大，而是已经非常强大了。

拿破仑三世彻底输给了普鲁士，他和他的一支大军不得不向普鲁士投降。之后，在巨大的耻辱下，拿破仑三世逃往了英国。

普鲁士军队开进了巴黎，要求法国人支付上亿元的战争赔款。有些法国城镇表示自己无力支付，俾斯麦就把镇上首要的市民召集起来，告诉他们说，如果这个镇子不能凑够规定的赔款份额，就把他们都打死。于是法国全国上下只得勒紧裤腰带凑钱赔款。令人意想不到的是，法国人只用了两年时间就付清了这么大一笔钱。可是法国人和他们的孩子从来也不会忘记这段屈辱的经历，以及普鲁士人对他们的威胁，所以从那之后，法国人和普鲁士人——后来是德国人之间，结下了很深的仇恨。

在普鲁士附近还有好几个小国家，这些国家一起被称为德意志邦国。可是，尽管这些国家的人在种族上有联系，但是这些国家彼此之间却是相互独立的。因为普法战争的胜利，普鲁士得以有能力把所有这些德意志邦国给联合起来，第一次形成了一个统一、强盛的国家，这就是德国。德国的军事实力非常之强，让其他的欧洲国家都非常害怕。威廉因此也成了整个德国的皇帝，被称为"神圣罗马帝国的皇帝"。他把加冕的地方选在了法国的凡尔赛宫。

法国人认为普鲁士之所以能赢得这场战争，是因为普鲁士人建立的公共学校。普鲁士的孩子都在这样的公共学校里面接受各种训练，因此，他们一入伍就是训练有素的士兵。想到了这一点之后，法国人也开始在全国建立起公共学校，学习普鲁士的军事训练方法。法国人希望这样一来，下一次再有战事的时候，自己会有一支训练得很好的军队可以马上出击。

从那之后，法国就一直是一个共和国。它的元首是总统，立法机关是由人民选举出来的议会。

在当时，意大利也不是像现在这样是一个统一的国家，它同当时的德意志一样，是一个由众多邦国组成的松散的整体。这些邦国有些是独立的，有些属于法国，有些属则于奥地利。这其中有一个邦国的国王叫维托里奥·伊曼纽尔，他希望把这些意大利的邦国都联合起来，形成一个像德国那样统一的合众国。维托里奥·伊曼纽尔身边有两个得力的助手，一个是他的首相，名字叫加富尔；另外一个叫加里波第，是一个莽汉，但又极富有浪漫气息，在民众中非常受欢迎，他是红衫军的英雄。

加里波第曾经流亡纽约，在那里当过蜡烛匠。他的生活非常贫困，可是他却仗义疏财，在民众中的威信非常高。因此，当他登高一呼，召集人们同他一道为心爱的意大利而战的时候，人们马上就云集响应，聚集在他身边，随时可以赴死而战。

公元1870年

最终，这三个人——维托里奥·伊曼纽尔、加富尔和加里波第，成功地统一了意大利。意大利人为他们立了塑像，并且用他们的名字来命名街道。人们在罗马的一座小山岗上为维托里奥·伊曼纽尔修建了一所宏伟的纪念堂，在这里，可以俯瞰整个罗马城。伯利克里时代的雅典城里的建筑，以及文艺复兴时期意大利的任何建筑，都比不上这一座维托里奥·伊曼纽尔的建筑。

如果你集邮，那么一项很有挑战性的任务，那就是收集到当时这三个新兴国家发行的邮票。这三个新兴国家，是新的法兰西共和国、德意志联邦共和国和意大利共和国。

# 第七十七章　充满奇迹的时代

你也许会认为发生奇迹的时代是耶稣生活的那个时期。

可是如果一个生活在那个时期的人在我们这个时代复活了的话，他一定会认为我们这个时候才是充满奇迹的时代。

如果他看见你用一根细细的电线，就可以同远在千里之外的人说话，他一定会认为你是个魔法师。

如果你给他看在屏幕上活动的人和动物，他一定会认为你是个巫师。

如果他看见你打开留声机，在上面播放音乐，他一定会认为你是个魔鬼。

如果他看见你乘坐飞机在天空中飞行，他一定会认为你是神灵。

我们已经非常熟悉现代科技的种种产品，例如电话、电报、留声机、电灯、汽车、电影、无线电，还有飞机，因此我们很难去想象一个没有这些东西的世界——所有这一切完全都没有。可是，实际上这些东西也是在很近代的时候才被发明出来的。在1800年之前，没有一个人知道这些东西。

乔治·华盛顿或拿破仑也都没有见过飞机或汽车，他们也没有使用过电话、电报，甚至都没有骑过自行车。我的祖父就从来没有见过电车或电灯，甚至我的父亲都没有见过留声机、电影、汽车或飞机。

在十九世纪这一百年间，越来越多的人类奇迹被创造发明出来，这个世纪诞生的新鲜玩意儿，超过了过去所有世纪中人类发明的总和。

为我们带来这些神奇科技的人，不是魔术师，而是发明家。在众多的发明家中，苏格兰人詹姆斯·瓦特是其中之一。有一次，瓦特看到火炉上一壶水烧开了之后，冒出来的水蒸气把壶盖不停地顶起来。这给了瓦特灵感，他想既然水蒸气能够顶起壶盖，那么是不是也可以举起别的东西来呢？于是瓦特发明了一种机器，利用水蒸气顶起机器里面的一个盖子，或者更准确地说叫活塞，活塞带动连杆，连杆带动轮子。这就是人类历史上的第一台蒸汽机。

瓦特的蒸汽机可以带动轮子和其他的东西，可是蒸汽机没法移动自己。于是一位叫斯蒂芬森的英国人把瓦特的蒸汽机放到轮子上，让蒸汽机转动轮子，这样就可以让蒸汽机移动起来了。这就是人类历史上的第一台蒸汽机车头。第一台蒸汽机车头诞生之后，越来越多各式各样的蒸汽机车被发明了出来。很快，美国的铁路上就到处跑着造型奇怪的蒸汽机车头了。最初，这些车头只能跑上个十几公里，比如从巴尔的摩跑到费城。

在后来，另一个叫罗伯特·富尔顿的年轻人把瓦特的蒸汽机放到船上，让蒸汽机带动装上了船桨的轮子。人们看到这个样子怪头怪脑的船，觉得很好笑，说这是"富尔顿傻瓜号"。可是事实证明，这条船很好用，在蒸汽机的驱动下开得很好。这下，轮到富尔顿反过来嘲笑那些一开始嘲笑他的人了。他把这艘船命名为"克莱蒙特号"，"克莱蒙特号"在哈德逊河上来来回回运行。

在电报发明出来之前，要想同一个身在远方的人联系，只能靠写信。而电报发明出来之后，一切都不一样了。电报发出一阵"滴滴滴"的声音，电流经过电线的传输，可以从一个地方到另一个地方，多远都可以。如果你在电线的一头，按下发报机的电钮，你就阻断了电线上的电流，从而让电线另一端的发报机发出"滴"的一声。短时间的一声"滴"叫作点；长时间的一声"滴"叫作线，点和线代表的就像写字的字母一样。于是你就可以读出来一条由点和线构成的电报信息了。

A是·—　　　　　　点线

B是—···　　　　　线点点点

E是·　　　　　　　点

H是···　　　　　　点点点

T是—　　　　　　　线

电报这种非常有用的装置，是一位名叫摩尔斯的美国画家发明的。他还在巴尔的摩和华盛顿之间搭建了美国第一条电报线，而他发出的第一条电报内容是："上帝创造了何等奇迹！"

另一位名叫贝尔的学校老师有一个夙愿，希望有办法让耳聋的学生也能够听见声音。为了实现这个愿望，他发明了电话。电报用电流发出的"滴答"声传递信息，电话则直接传送我们说出的话。打电话的时候，你不需要像发电报那样再去学习一套新的文字规则。有了电话，任何一个人都可以同电话另一头的人说话。

我们今天使用的很多发明，在一开始的时候大多都是由不同的人发明的，所以很难说清楚某个发明就是由某个单独的人想出来的。例如，下面这个发明就是由很多人一起合力办到的。他们想，能不能制造一种靠电就可以跑起来的机器。最后他们成功了，这就是电动机。还有些人想到利用空气动力来驱动机器，这样就有了今天的汽车所使用的马达。

我们今天在房间里使用的电灯，是一个叫托马斯·阿尔瓦·爱迪生的人发明的。爱迪生被称为"巫师"，因为在中世纪，只有巫师才会做各种奇妙的乃至不可能的事情，比如说把铅变成金子、让人消失不见，如此等等。可是爱迪生所做的事情，是任何童话故事中的巫师都不曾想过也从未做过的。爱迪生小的时候，家境贫穷，所以他得在火车上卖报纸杂志来贴补家用，他对一切科学实验都感到好奇。因为在列车上的时间长了，他在行李车厢给自己搭了一个桌子，可以在这儿做些小实验。可是他的小实验越做越大，最后把行李车厢弄得一塌糊涂。这可惹恼了列车长，最后列车长把他连同他的实验材料全部扔下了车。爱迪生发明的很多东西同留声机和电影相关。而且，他发明的东西往往都对人们的日常生活非常有用，因而都是些很重要的发明。看起来，爱迪生比那些只知道争执和打仗的国王们要伟大得多啊——我想，要是我们这个世界从来没有这些国王，那世界肯定会变得更好，对不对？

在过去的岁月中，有很多很多人尝试着想要飞上天空，但是他们都失败了。有更多的人认为飞上天空是一件不可能的事情，谁要想尝试这样的事儿，谁就是傻瓜。还有些人甚至说，尝试飞翔是一件邪恶的事情，因为神只允许鸟儿和天使飞翔。可是最终，在长年的准备工作和上千次的实验之后，美国的莱特兄弟俩把不可能变成了可能，他们发明了飞机，并且真的让飞机飞了起来。

一位叫马可尼的意大利人发明了收音机。除此之外，还有其他许许多多的人每天都在不断地发明出新的东西。不过这些故事就要靠你自己去了解了，因为我们的这本书的故事马上就进入到尾声了。

关于发明带给人们生活上的变化，这里有一个很好的辩论题目，让我来告诉你：今天生活在有如此多伟大发明的时代的人们，比起一千年前没有这些发明的人们，谁更快乐？

公元1905年

有了各种各样的发明之后，今天人们的生活变得节奏更快，也更刺激；可是同样的，你得付出更多的辛苦去掌握这些新技术，而且，新技术有时候会带来更多的危险。今天，一家人不会再围坐在噼啪作响的壁炉前，头碰头地一起读一本书。相反，我们在家里用暖气片，到外面去看电影。今天，我们想要听音乐的时候，也不再会唱歌或者拉小提琴，而是打开留声机或者自动钢琴。在听音乐的同时，也许你会怀念音乐带给我们的真正的快乐，那就是自己演奏的快乐。今天，我们再也享受不到在田间野外驾驶马车的乐趣了。一匹老马，你可以信马由缰地让它随意蹀步；相反，我们开汽车，在开车的时候，我们必须全神贯注，毫不分心，认真驾驶。要不然，就会出交通事故。

# 第七十八章 同全世界打仗的德国

本书的最后一章是为数不多的不涉及战争的章节，但是，在最后一章之前，我们还得用一章的篇幅来讲讲历史上的一场世界大战。

在欧洲有一个小国家，名叫塞尔维亚，它同奥地利是邻国。一个塞尔维亚的年轻人枪杀了奥地利的一位大公，小国家塞尔维亚只好为此向奥地利道歉。可是奥地利不接受道歉，坚持要塞尔维亚整个国家付出代价，并真的动手开始进攻塞尔维亚。

我有一次看到这样一件事：一只狗咬了一个大孩子一口，狗主人是个小孩子，他马上向大孩子道歉。可是这个大孩子不接受道歉，相反，因为小孩子的狗咬了他，他就动手打起小孩子来。立刻一大群孩子围了上来，有人是大孩子的朋友，有人是小孩子的朋友，大家打成一片，一场混战。

所以，发生在塞尔维亚和奥地利之间的争端也就像是这么回事。双方矛盾爆发之后，奥地利的一个大朋友，德国立马参战，要教训塞尔维亚。可塞尔维亚也有自己的朋友，那就是俄国，俄国站在塞尔维亚这边。从普法战争之后，在俾斯麦和皇帝威廉的统治下，德国早就做好了战争准备，而它的邻国，为了防御德国，也都有各自的军事准备。在那几年中，几乎所有的欧洲国家慢慢地都形成了两个大的阵营：德国的盟友，或者德国的敌人。这两个阵营早就彼此虎视眈眈，摩拳擦掌，只要奥地利或者德国，或者任何一个国家挑起事端，双方就会扑向对方，战作一团。

可是这一次，德国一开始没有插上手，奥地利不需要德国的帮助来对付塞尔维亚，于是德国就把矛头转向了法国。因为德国知道，法国是自己的老对手，又是俄国的朋友，法国一定会对自己不利。于是德国先发制人，迅猛地扑向了法国，打算在俄国从东边赶来帮忙之前，就把法国摧毁。不过，在进军法国的路上，德国得先经过另一个小国家——比利时。当战争开始，德国的军队丝毫不把小国比利时放在眼里，大军一下就开进了比利时。比利时试图阻止德军，但是毫无用处，德军在比利时境内长驱直入，呼啸去来，箭头直指法国首都巴黎。德军向着巴黎推进，一直来到巴黎三十二公里之外的一条河边。这条河不大，叫作马恩河。可是就在这里，法军在将军约瑟夫·霞飞的指挥下，成功地阻止了德军的继续挺进。法德军队在马恩河的一战是人类历史中的一场重大战役。因为如果德军赢了马恩河一战的话，那他们就能很快攻下巴黎，进而把法国纳入其版图，而整个战争的形势也会越来越有利于德方。

德军在战场上首次使用了毒气，打算毒死它的敌人。德国还首次在战争中投入了潜水艇，从水下对敌人展开进攻。德国甚至还袭击别的国家的客船，要知道客船上面没有武器，上面搭载的人也不是军人。当时，英国的海军是世界上实力最强的，德军只是因为拥有潜水艇，所以才能同英国海军相抗衡。英德之间的海战，是人类历史上首次不仅仅发生在陆地上，也发生在空中和海里的战斗。

英国站在法国和俄国一边——这几个国家被统一称为协约国，它们的对手是德国和奥地利。一开始，战争还只是在这几个国家之间发生，可是，随着战事的发展，几乎世界上所有的国家都站到了德国的对立面，成了德国的对手。因为大家都意识到，如果德国打赢这场战争，那么德国就将有对全世界发号施令的能力。就在战况激烈的当儿，俄国国内爆发了一场革命，俄国人民杀掉了他们的统治者——俄国沙皇及其家属，新的俄国政府表示退出战争，不再继续参战。失去了俄国这样一个有力的盟友，协约国一方看起来形势不妙。

1917年，美国也加入了战争，这一年是这场大战开始之后的第三个年头。美国之所以参战，是因为德国的潜水艇袭击了美国的船只，打死了船上的美国人。

美国离欧洲很远——几乎有五千公里的距离，要让美国跨过大西洋到欧洲参战，几乎是不可能的事情。所以看起来似乎美国没法对战争做出多大贡献。可是，美国制止德国的决心很大，它迅速地派遣了一支部队，跨

德军投降

过大西洋，在欧洲登陆。这支部队有两百万人，由美国的潘辛将军带领。美军一连打了好几个胜仗，狠狠地教训了德军。最终，德国再也无力支撑战局，于是在1918年11月11日签署了停战协定。这样，一场世界大战终于结束了。

公元1918年

# 第七十九章　昨天、今天、明天

我家附近有一个糖果店。糖果店的招牌上面写着"每个小时都有新鲜的糖果出炉"。历史也像这样，每天，甚至每个小时都有新鲜的事情发生。我现在都能听到卖报童在我书房的窗户外面叫喊："号外！号外！"是不是又爆发了什么新的战争？还是又有了什么新的发明？如果你剪报的话，那么从世界大战以来，你的剪贴簿中应该有下面这些事件。

**在凡尔赛**

**签订和平协议**

———

各国同意和平协议各项条款。

———

**爱尔兰自由邦成立**

———

在经历了数个世纪的独立斗争之后，

爱尔兰终于赢得了英国的同意，

成立了自己的政府。

———

**空中的哥伦布**

———

美国人林德伯格，第一位驾驶飞机飞越大西洋的人，

其他人紧随其后。

人类已经数度飞越大西洋。

———

**妇女终于获得投票权**

————

数个世纪以来，妇女在政府中
几乎没有任何权利，也没有办法发出声音；
现在，妇女也获得了投票权。

————————

**禁止饮用烈性酒**

————

由于酒精饮料可能引发众多的犯罪、疾病、死亡以及各种悲剧，
美国禁止饮用葡萄酒及各种烈性酒，
很多其他国家也出台类似政策。
将来的人们也许会惊异于
人们曾经一度为了开心而饮用毒药。

…………


没错，从现在起，你就可以通过阅读每天的报纸来了解"历史"了。

到现在为止，人类历史总是被一场又一场大大小小的战争充斥着。这些战争有的时间长，有的时间短，有的规模大，有的规模小。可是无论怎样，总是有战争在地球上的某个地方发生着。人类历史就是不停地战争、战争、战争，打仗、打仗、打仗。在婴幼儿阶段，小孩子就已经会伸出手抓挠，用腿踢，用牙齿咬。等我们长大之后，我们会慢慢减少用拳头和脚来解决争端。因此，打仗似乎是一种儿童才有的行为。而打仗，或者我们说的战争，反映的是人类世界和我们自己还处在童年期这样的特征。人类世界还是个婴幼儿。

当然，我们尊重和敬仰那些保家卫国的英雄，例如罗马共和国时期的独眼英雄霍拉提乌斯，斯巴达英雄列奥尼达，圣女贞德，还有法国将军约瑟夫·霞飞等等。这就像如果我们的屋子遭到小偷侵入，我们的家人生命被强盗威胁的时候，我们也一样会拿起武器保卫我们自己的财产和家人。可是，至于那些国王、贵族、公子等等，仅仅是为了扩大自己的权力，或者增加自

己的财富，乃至添加一点点荣誉，就去攻打别的国家，夺去千千万万人的性命，那就同入室偷盗的小偷、拦路抢劫的强盗没什么两样了。战争伤害人的性命，破坏社会生活，耗费大量的人类财富——这些人力、这些财富本可以用来使得我们的生活变得更加快乐，而不是带来灾祸、痛苦和不幸；不是制造盲人、瘸子、寡妇和孤儿。战争给交战双方都不能带来好处，即使是战争的胜利者，最终又获得了什么？战争是一场没有胜利者的游戏。从整个人类历史的长远发展来看，战争毫无意义，但似乎这又是人类社会发展所不得不经受的痛苦！

　　然而，有一件事情是确定无疑的：如果不结束战争，那么战争带来的伤害一定会更大、更加致命。到时候，杀人的可能就不仅仅是枪炮，还可能是威力更大，更加可怕的杀人武器。迟早，在我们的实验室里就会培养出比历史上的大瘟疫传染性更强的可怕疾病，这种疾病比历史上的黑死病还更加致命。一旦在战场上使用这样的病毒，感染的人就会一个传一个，最后所有的人都会染上这种致命的疾病，然后全世界的人都因此死去。或者发明出有毒的气体，散布到空气中。毒气随风飞到世界各地，像草原上的野火一样烧成一片，没有人可以逃得掉。到最后，包裹我们整个地球的大气层都变成了毒气，每个人只要吸一口这样的毒气，不论是男人还是女人或者小孩，也不论陆地上的野兽，天空中的飞鸟，都只有死路一条。抑或者发现出比现在的炸药还要厉害一百万倍的炸药。这样的炸药其威力足以把人、房子、城镇、国家，甚至整个地球都给炸飞掉——这样就什么都没有了。（现在的人类不是已经拥有核武器了吗？——译者注）

　　不知道你有没有从显微镜里面看过细菌的战争。细菌非常小，只能通过显微镜观察到。我们能够看到细菌为了争夺养分，相互之间爆发的战斗。也许细菌会仰望头上的显微镜镜头，然后想，在镜头之上，是什么东西在俯瞰着自己。如果是这样，那么我们也

现在

会抬起头，仰望深邃的蓝天，然后想，是不是在天穹的另一边，有全视、全知、全能的某种主宰，在俯瞰着我们毫无意义的争斗。

我们的地球，在我们自己的眼中是辽阔无边的世界，但是放在宇宙之中不过是沧海一粟，宇宙中像这样的星球不知道有多少。当阳光透过窗户，你能看到阳光里面飘浮的尘埃，而我们的地球就是宇宙中的一粒尘埃。谁有锐利的眼光，能够一眼看穿阳光里有多少颗这样的尘埃呢？如果这样一粒微尘要消失，谁又会在乎呢？因此，如果我们称之为"世界"的这个星球被我们自己毁灭掉了，可能没有人会在乎，甚至都没有人会注意到！

我们的这本书到此就结束了，但是历史仍然在前进和发展，是一本永远不会结束的大书。

如果你生活在公元10000年，那对于你来讲，我们现在的生活就是你刚刚开始读的历史。连第一次世界大战你都会觉得十分久远，就像我们读遥远的石器时代发生的事情一样。而所有那些我们觉得奇妙的创造发明，对于你来讲，也许就像发现铁或铜那样普通。

嗯，不知道公元10000年后的历史里面，还会不会充斥着战争？如果地球上的战争终结了，那人类会不会和其他星球上的"人"发生战争？

再如果，战争真的终结了，历史书中还能写些什么呢？新的发明？还会有新的大发现吗？地球上已经几乎没有什么地方是我们不知道的了，人类会开始探索地球的内部？或者别的星球？或者我们的内心世界？

也许那个时候的人们不会再使用火车、蒸汽船、汽车或者飞机了。从一个地方到另一个地方，就真的像坐魔毯一样，念头一转，"嗖"的一声就去了。也许那个时候的人们也不再需要使用书信、电话，或者电报，也不用无线电，只要注意力集中，就可以读出别人的心思。

我们的世界就这样继续发展着——历史没有终结，世界没有尽头……